PELDAÑOS

PELDAÑOS

Stanford University

Robert L. Politzer

Rice University

Hector N. Urrutibeheity

Lexington, Massachusetts / Toronto

XEROX COLLEGE PUBLISHING

ISB Number: 0–536–00848–5
Library of Congress Catalog Card Number: 72-075117
Printed in the United States of America.

CONSULTING EDITOR Joseph Schraibman / *Washington University*

Photograph Credits:

Editorial Photocolor Archives, Inc. — pages 14, 47, 112, 133, 226, 287.
American Airlines — pages 315, 316.
Earl Leaf from Rapho Guillumette — page 271
Braniff International Airlines — page 88
C.I.A.A. Photo — page 31
Creole Petroleum Corporation — pages 225, 258

CONTENTS

Pronunciation and Spelling   **1**

TEMA 1

Presentación   **15**

1. The Indefinite Article: *un, una*   16
2. The Plural of Nouns   17
3. The Definite Article: *el, la*   18
4. The Definite Article: *los, las*   19
5. The Present Tense of -ar Verbs: the *él, ella* Form   20
6. The Present Tense of -ar Verbs: the *usted* Form   21
7. The Present Tense of Verbs: the First Person Singular   22
8. Word Order in Questions   23
9. The Negative *no*   23
10. The Masculine and Feminine of Adjectives   24
11. The Use of *otro, otra, otros, otras*   26
12. The Possessive Adjectives: *mi, mis, su, sus*   27

TEMA 2

Una liquidación   **33**

13. The Present Tense of -er Verbs: the *usted, él, ella,* Form   35
14. The Present Tense of Verbs: the *tú* Form   36
15. The Present Tense of -ar Verbs: the *ustedes, ellos, ellas* Form   36
16. The Present Tense of -er Verbs: the *ustedes, ellos, ellas* Form   37
17. The Present Tense of -ar Verbs: the *nosotros, nosotras* Form   38
18. The Present Tense of -er Verbs: the *nosotros, nosotras* Form   39
19. The Verb *estar* (Present Indicative)   39
20. The Verb *ser* (Present Indicative)   40
21. The Verb *tener* (Present Indicative)   41
22. The Use of *de* to Indicate Possession   41
23. The Use of *algo* and *nada*   42
24. The Use of the Definite Article before Classifying Nouns   43

TEMA 3

En el restaurante   **49**

25. The Verb *conocer* (Present Indicative)   51
26. The Verb *saber* (Present Indicative)   52
27. The Present Tense of -ir Verbs   53
28. The Verb *ir* (Present Indicative)   54
29. The Preposition *a* Followed by the Definite Article   55
30. Telling Time   56

31.	The Use of the Articles with Days of the Week	57
32.	The Demonstrative Adjectives: *este, esta, ese, esa*	58
33.	The Demonstrative Adjectives: *estos, estas, esos, esas*	59
34.	The Present Indicative of Regular Verbs (Summary)	60
35.	Cardinal Numbers	61
36.	Ordinal Numbers	63
37.	Position of Adjectives	64

TEMA 4

Noticias de un amigo   69

38.	The Personal *a*	71
39.	The Direct Object Pronouns: *lo, la, los, las*	72
40.	The Direct Object Pronouns: *me, nos, lo* (you), *la* (you), *los* (you), *las* (you)	73
41.	The Stem Change -o- to -ue- in Verbs	75
42.	The Stem Change -e- to -ie- in Verbs	76
43.	The Stem Change -e- to -i- in Verbs	77
44.	Positions of Object Pronouns	77
45.	The Verb *hacer* (Present Indicative)	79
46.	The Verb *decir* (Present Indicative)	79
47.	The Possessive Adjectives: *tu, tus, su, sus*	80
48.	The Possessive Adjectives: *nuestro, nuestra, nuestros, nuestras*	81
49.	Summary of Possessive Adjectives	82
50.	The Suffix *-ísimo (ísima), -ísimos (-ísimas)*	83
51.	The Use of the Present Indicative after *hace... que*	83

TEMA 5

La invitación de Ricardo   89

52.	The *Pretérito* of -ar- Verbs	91
53.	The *Pretérito* of -er- and -ir- Verbs	93
54.	The Verb *salir* (Present Indicative)	96
55.	The Verb *venir* (Present Indicative)	97
56.	The Verb *ver* (Present Indicative)	98
57.	Reflexive Pronoun: *se*	98
58.	Reflexive Pronouns: *me, te, nos*	100
59.	The *Pretérito* of -ir- Stem-changing Verbs	101
60.	Infinitives after Prepositions	103
61.	The Construction *qué* + {Noun (+Adjective) / Adjective}	104
62.	The Impersonal Expression *hay que*	105
63.	The *Pretérito* of *hacer*	105
64.	The Adjectives *todo, toda, todos, todas*	106

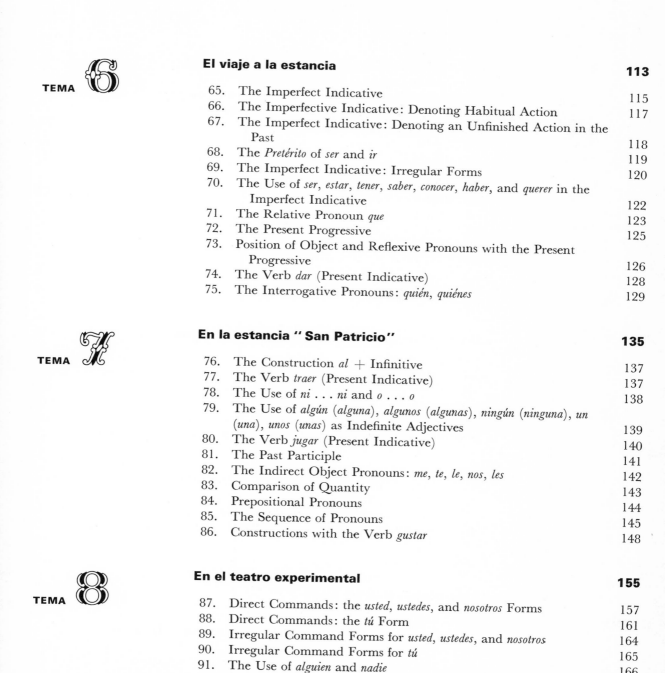

TEMA **6**

El viaje a la estancia 113

65. The Imperfect Indicative	115
66. The Imperfective Indicative: Denoting Habitual Action	117
67. The Imperfect Indicative: Denoting an Unfinished Action in the Past	118
68. The *Pretérito* of *ser* and *ir*	119
69. The Imperfect Indicative: Irregular Forms	120
70. The Use of *ser, estar, tener, saber, conocer, haber,* and *querer* in the Imperfect Indicative	122
71. The Relative Pronoun *que*	123
72. The Present Progressive	125
73. Position of Object and Reflexive Pronouns with the Present Progressive	126
74. The Verb *dar* (Present Indicative)	128
75. The Interrogative Pronouns: *quién, quiénes*	129

TEMA **7**

En la estancia " San Patricio " 135

76. The Construction *al* + Infinitive	137
77. The Verb *traer* (Present Indicative)	137
78. The Use of *ni . . . ni* and *o . . . o*	138
79. The Use of *algún (alguna), algunos (algunas), ningún (ninguna), un (una), unos (unas)* as Indefinite Adjectives	139
80. The Verb *jugar* (Present Indicative)	140
81. The Past Participle	141
82. The Indirect Object Pronouns: *me, te, le, nos, les*	142
83. Comparison of Quantity	143
84. Prepositional Pronouns	144
85. The Sequence of Pronouns	145
86. Constructions with the Verb *gustar*	148

TEMA **8**

En el teatro experimental 155

87. Direct Commands: the *usted, ustedes,* and *nosotros* Forms	157
88. Direct Commands: the *tú* Form	161
89. Irregular Command Forms for *usted, ustedes,* and *nosotros*	164
90. Irregular Command Forms for *tú*	165
91. The Use of *alguien* and *nadie*	166
92. The Sequence of Pronouns with the Command Forms	167
93. The Use of *lo que*	169

94. Nominalized Definite Articles	169
95. Special Uses of *se*	170
96. Noun Clauses Attached to a Noun or an Adjective	172

Una reunión de despedida   **177**

TEMA **9**

97. Meanings of the Indirect Object	179
98. The Use of *alguna vez*, *algunas veces*, and *nunca*	179
99. The Equivalents of "in which"	181
100. The *Pretérito* of *dar*	181
101. The Use of Prepositional Pronouns for Emphasis	182
102. The Pronouns *todo*, *todos*, *todas*	183
103. The Irregular Verb *oír* (to hear)	184
104. The Meaning of *buscar*, *esperar*, and *olvidarse de*	185
105. The *Pretérito* of Verbs with Irregular Stems and Endings	186
106. The Formation of Adverbs	188
107. Verbs Ending in *-uir*	189

Un estudiante norteamericano en la Argentina   **195**

TEMA **10**

108. The Use of *cualquier*, *cualquiera*	197
109. The Use of *mucho*, *muchos*, *poco*, *pocos*, *cuánto*, *cuántos*, *tanto*, *tantos*	198
110. The Use of *desde hace*	199
111. The Construction *lo que* + *más*	200
112. The Use of *en todas partes*, *en alguna parte*, and *en ninguna parte*	200
113. The Use of Nouns with Verbs in the First and Second Person Plural	201
114. The Use of the Definite Article Preceding a Noun that Designates a Part of the Body or an Article of Clothing	202
115. The Use of Reflexive Pronouns when Verbs Denote Actions Affecting Parts of the Body or Articles of Clothing	202
116. The Use of the Third Person Singular of Verbs with Collective Nouns	203
117. The Use of *mismo* (*misma*), *mismos* (*mismas*)	204

Una visita a Buenos Aires   **211**

TEMA **11**

118. The Formation of the Present Subjunctive	212
119. The Use of the Subjunctive after Expressions of Desire or Preference	216
120. The Use of the Subjunctive after Certain Conjunctions	217
121. The Use of the Subjunctive or the Indicative after Certain Conjunctions	218

122. Nouns Used as Count Nouns and Mass Nouns   219
123. The Use of the Indirect Object Pronouns *le* and *les* in Sentences
        with Indirect Object Nouns   220
124. The Emphasis Construction with Inversion of Word Order   221
125. The Suffix *-ito* (*-ita*)   221

TEMA 12 Una cita en la confitería   227

126. The Present Perfect: All Conjugations   229
127. The Use of the Subjunctive after Impersonal Expressions
        Denoting a Wish, a Personal Bias, or Probability   231
128. The Use of the Subjunctive after Expressions of Doubt   232
129. The Comparative of Adjectives and Adverbs   232
130. The Formation of the Present Perfect Subjunctive   234
131. Nominalization   235
132. The Use of Masculine Nouns Referring to Both Sexes   235
133. The Superlative of Adjectives and Adverbs   236
134. The Use of the Subjunctive with Reference to Undetermined
        Things or Persons   237
135. The Use of *ser* or *estar* with the Past Participle   238

TEMA 13 Después del cine   243

136. The Imperfect Subjunctive   245
137. The Use of *sí* (*que*) for Emphasis   246
138. The Omission of the Personal *a* before Direct Objects that
        Refer to People   247
139. The Use of *hay*   247
140. The Use of Nouns Denoting Profession, Nationality, etc., after *ser*   248
141. Shortened Forms of Adjectives   249
142. Adjectives Used before the Noun with a Different Meaning   249
143. The Possessive Pronouns   250
144. The Present Perfect: Irregular Past Participles   251
145. Nominalization with the Article *lo*   252
146. Question Tags   253

TEMA 14 Un partido de fútbol   259

147. The Conditional   261
148. *Si* Clauses   262
149. The Use of the Subjunctive with the Construction *por* + Adverb
        or Adjective + *que*   263

150.	The Construction *qué* + Noun + *más (tan)* + Adjective	263
151.	The Use of the Subjunctive after Expressions of Emotion	264
152.	The Use of *acabar de*	265
153.	The Passive Construction	266
154.	The Use of *se* and *nos* to Express Reciprocity	267

TEMA 15

Una carta de Ralph **273**

155.	The Conditional: Irregular Stems	275
156.	The Pluperfect Indicative	276
157.	The Present Indicative and the Preterit of Verbs Ending in *-ducir*	277
158.	Nominalized Demonstratives	278
159.	The Use of the Imperfect Subjunctive after *como si*	279
160.	The Use of the Construction *cuanto más (menos,* etc.) . . . *más (menos,* etc.)	280
161.	The Future Tense	281
162.	The Use of *lo* + *hacer* to Recall a Verb	282
163.	Verbs Ending in |-i/ar| and |-u/ar|	282

TEMA 16

Hacia Houston **289**

164.	The Use of *más* + Adjective, Adverb or Noun + *de* before a Dependent Clause	291
165.	The Construction *lo* + Adjective or Adverb + *que*	291
166.	The Use of the Subjunctive or the Indicative in Exclamations	292
167.	Conjunctions that Require the Subjunctive	293
168.	The Use of the Past Participle to Indicate Postures	293
169.	The Use of the Subjunctive or Indicative with *tal vez*	294
170.	The Use of Subject Pronouns with *también* and *tampoco*	295
171.	The Use of the Future to Express Probability	295
172.	The Use of *tener (haber)* + Noun or Pronoun + *que* + Infinitive	296
173.	The Construction *no . . . más que*	297
174.	The Conditional Perfect	297

TEMA 17

Hablando de cuestiones lingüísticas **303**

175.	Special Meaning of Certain Verbs When Used in the *Pretérito*	305
176.	The Use of *lo* Replacing the Predicate	305
177.	Infinitives after Another Verb (I)	306
178.	Infinitives after Another Verb (II)	307
179.	Infinitives after Another Verb (III)	307

180. The Use of the Subjunctive in the Relative Clause — 308
181. The Use of *qué* and *cuál* as Interrogative Pronouns and Adjectives Equivalent to "what" — 309
182. Adjectives That Change Meaning Depending on Whether They Are Used with *ser* or *estar* — 310
183. The Use of *lo, los, la, las* to Recall a Noun Previously Mentioned — 311
184. The Use of the Infinitive after *demasiado . . . para* — 311

TEMA 18

La vida diaria en Houston — 317

185. The Use of the Definite Article before a Noun Used in a General Sense — 319
186. The Use of *se* + Indirect Object Pronoun to Indicate Unplanned Occurrences — 319
187. The Use of *el* and *un* with Feminine Nouns — 320
188. The Causative Construction: *hacer* + infinitive — 321
189. The Use of the Definite Article to Indicate Unit of Measure — 322
190. The Use of *deber*, *tener que*, *haber*, *poder*, and *querer* in the Conditional — 322
191. The Use of the Subjunctive in Alternative Expressions — 324
192. The Use of *cual* Preceded by the Definite Article — 325

Una epidemia en el colegio — 331

Las vacaciones en la Chacarita- — 335

APPENDIX A: ## Verbs — 337

Regular Verbs — 337
Stem-Changing Verbs — 340
Irregular Forms of Verbs — 340

APPENDIX B: ## Charts — 345

Spanish-English Vocabulary — 351

Index — 369

ACKNOWLEDGMENTS

We wish to express our appreciation to the many colleagues who have contributed their ideas and suggestions while this book was being tested at Rice University, at the University of St. Thomas, and at Cabrillo College. Our special gratitude goes to Professor Susana Meuldijk, to Professor Andrea Bermúdez, and to Professor James A. Castañeda for their motivation and encouragement in the development of this book as well as for constructive criticism, both theoretical and practical. We also wish to thank Miss Patti Jo Allen, of Rice University, for her help in the careful typing of the manuscript.

INTRODUCTION

I. *General Approach to Language Teaching*

The methodology employed in *Peldaños* is based on the conviction that both habit formation and a knowledge of grammatical principles are essential elements of a first-year college foreign language course. The sequence of events in language learning envisaged by the authors of this book involves essentially the following steps:

    A. Presentation of new material or grammatical principles in a context.

    B. Explanation and understanding of grammatical points by the student.

    C. Practice in structural drills.

    D. Application of new materials in a communication situation.

II. *General Makeup of the Text*

Peldaños consists of the following elements:

    A. 1 pronunciation lesson.

    B. 18 *temas*—selections composed of prose and/or dialogue passages which introduce new vocabulary and structure in a lifelike and culturally significant context.

    C. Cultural and vocabulary notes accompanying the *temas*. (The purpose of these notes is (1) to point up typical features of Latin-American culture and (2) to supplement the vocabulary of the *temas* in order to provide adequate coverage of certain areas of experience (e.g., if a *tema* contains the names of four of the months of the year, the students will quite naturally expect to learn the names of the other eight).

    D. 192 learning steps, each consisting of examples, grammatical explanations, and audio-lingual practice exercises. It must be noted that in some instances (uses of **ser** and **estar** and the use of the imperfect past, for example) only the most frequent uses have been presented.

    E. Question and answer exercises which are divided into (a) exercises dealing with the *tema* and (b) exercises in which the student is expected to talk about himself and the world in a real communication situation.

    F. Cumulative grammatical review exercises.

    G. 2 reading selections with question and answer exercises. These are found at the end of the book and represent a sort of culminating experience which makes clear to the student the degree of mastery and linguistic sophistication reached as the result of having climbed the " steps " of the textbook.

The pronunciation lesson at the beginning of the book may, at the option of the instructor, be taken up before starting with the first *tema*, or it can be spread over the first few weeks of the course and be taken up concurrently with the first *temas* and the accompanying exercises.

Each of the 18 *temas* of the book and the accompanying exercises form a learning cycle. Thus *Peldaños*, in fact, consists of 18 lessons. These 18 lessons, or learning cycles, can be taken up in a fairly intensive (4 to 5 hours a week) 2-quarter sequence (approximately 9 lessons per quarter) or they can be spread over 3 quarters (= 2-semester course). In the latter case, more than half of the material (10–12 cycles) can be presented during the first semester (or equivalent), while the second half of the academic year can be used for presentation of the remaining materials (6–8 cycles) supplemented by a simple basic reader.

III. *The Learning Cycle*

Each of the 18 learning cycles of *Peldaños* consists of the activities described below. The sequence of activities is the one that has been found optimal in several years of experimental utilization of the text.

1. *Presentation of the " tema " by the instructor :* The instructor reads the *tema* out loud, for choral and individual repetitions of the dialogue materials, gives general explanations of meaning of the dialogues, and makes cultural comments. Presentation of the *tema* is repeated several times by the instructor. Students try to follow and comprehend with their books closed.

It should be emphasized that memorization of the *temas* or any part of the *tema* is not recommended at this point of the learning cycle.

2. *Grammatical explanations and learning steps :* Most of the grammatical problems taken up in the learning steps following each *tema* have been introduced in the *tema* itself. They are now taken up in single-emphasis pattern practice exercises. The instructor presents the sample sentences of each learning step and makes sure that the grammatical explanation is understood. In the pattern practice exercises that follow students as well as the instructor can furnish stimulus cues. The instructor makes sure that there is a variation between choral and individual responses. Correct responses are not provided in the text, thus the instructor must be careful to see to it that correct responses are given chorally and/or individually and repeated several times.

3. *Ejercicios de recapitulación.* Cumulative review exercises are provided after the series of single learning steps of each cycle. The purpose of these review exercises is to combine the materials which have been presented previously with a single focus. After learning to deal with one new grammatical point at a time, the student must now learn to deal with several of the new points of grammar in the same exercise. In addition, these exercises also provide for cumulative review of difficult grammar points taken up in previous learning cycles.

4. *Review of the " tema " :* After the grammar and vocabulary used in the tema

have been drilled in the learning steps, the instructor returns to the *tema*. The *tema* is reviewed by the instructor reading it out loud to the class while the class listens with books closed.

It is after this review of the *tema* that the dialogues on selected portions of the dialogues should be assigned for memorization to be acted out by members of the class. (Starting with *tema II*, the portions of dialogue which are recommended for memorization are specifically designated under the heading *Situaciones Corrientes*.) However, the textbook can be used efficiently without memorization of any of the dialogue materials.

5. *Questions about the " tema " :* The questions about the *tema* give the student the opportunity to internalize the materials of the *tema*. In answering the questions, the student reviews the entire *tema* and uses the materials in a conversational exchange. The questions concerning the *tema* thus replace, in a sense, the memorization procedure used in some audio-lingually oriented texts. If necessary, the questions about the *tema* should be repeated several times until the student can respond with some fluency.

6. *" Preguntas generales," " Informe oral" :* These activities constitute the application phase of the cycle. In answering the general questions, the student uses language for real communication in the real world and can " create " within the limitation of the structures that he has practiced. The *Informe oral* is a brief oral composition prepared at home. Several students can be called upon to present their short composition in class. Errors in the oral compositions must, of course, be corrected; but the emphasis should be put on whether or not communication was achieved.

IV. *Laboratory Materials and Workbook*

Peldaños is accompanied by a *tape program* which consists of recordings of

A. the pronunciation lesson,
B. the *temas*,
C. the 192 learning steps,
D. the review exercises and
E. the questions about the temas.

In addition, the tape program also contains

F. 18 laboratory tests which the student can take after having completed each learning cycle.

The *workbook* which accompanies *Peldaños* contains

A. the forms which the student uses to take the laboratory tests, and
B. written exercises accompanying each of the 18 learning cells. These written exercises are keyed to the learning steps and can be assigned as homework to reinforce the audio-lingual work of the classroom and/or laboratory.

PRONUNCIATION AND SPELLING

In this introductory pronunciation lesson we present the various sounds of the Spanish language along with their orthographic representation (spelling). Since the beginner has little or no Spanish vocabulary to draw upon, we illustrate the sounds by listing Spanish geographic names that are likely to be familiar to the student. Using these proper names as examples has the further advantage of underlining the difference between the anglicized pronunciation and the correct Spanish pronunciation which the student must strive to acquire.

Although Spanish spelling is not perfectly regular, it is much more phonetic than English. As a rule, the same symbol represents consistently the same sound.

Vowels

Vowels are sounds which are produced when part of the air stream used in the production of speech sounds is allowed to pass through the speech organs without meeting any obstructions. The sound of the vowel is influenced by the shape of the mouth cavity which varies according to the position of the TONGUE and LIPS. For a vowel sound like the one in English *boot*, the tongue is raised and drawn to the rear. For the vowel sound in *meat*, the tongue is raised and pushed forward. For the vowel sound in *not*, the tongue drops to the bottom of the mouth. In the production of other vowel sounds, the tongue assumes positions intermediate between those just mentioned.

It is customary to present the vowel sounds of a language on a diagram which indicates roughly the relative positions of the tongue in forming vowels. The diagram given below presents a scheme of the Spanish vowels in five meaningful positions:

	Front	Central	Back
High	i		u
Mid	e		o
Low		a	

[i]	Orthographic representation:	i or y

Spanish [i] is a high tense vowel; the tongue is raised as high as possible against the roof of the mouth. Note that it does not have an upglide like the sound in English *lean*, *sea*, etc. Listen to the following contrasts:

ni/knee **si**/sea **ti**/tea **mi**/me

Pronounce the following words:

Lima   Chile   Tampico   Quito   Madrid   Potosí

[e]	Orthographic representation:	e

Spanish [e] is similar to the vowel in *bet,* except that the tongue is held more rigid than in English. Listen to the following contrasts:

mérito/merit   **lento**/lent   **sendo**/send

Pronounce the following words:

**Belén   Guatemala   Venezuela   Alicante   Puebla
Campeche**

[a]	Orthographic representation:	a

Spanish [a] is similar to the English vowel in *not* in most American dialects, but is tenser and shorter in duration. Listen to the following contrasts:

dato/dot   **laca**/lock   **saco**/sock

Pronounce the following words:

Málaga   Panamá   Salamanca   España   Zacatecas

[o]	Orthographic representation:	o

Spanish [o] is somewhat similar to the vowel in *foe,* without the upglide as in English. Listen to the following contrasts:

lo/low   **no**/no   **so**/sew   **do**/dough

Pronounce the following words:

León   Potosí   Ocampo   Barcelona   Sonora   El Paso

[u]	Orthographic representation:	u

Spanish [u] is somewhat similar to the final sound in *shoe,* except that the latter ends in a glide which is absent from the Spanish vowel. Spanish [u] is also shorter in duration. Listen to the following contrasts:

su/Sue   **mu**/moo   **tú**/two

Pronounce the following words:

Durango   Cuba   Honduras   Uruguay

Diphthongs

Spanish has the following diphthongs, most of which should offer no difficulty, as they correspond quite closely to English diphthongs:

[ay]	Orthographic representation:	**ai, ay**

Pronounce the following words:

Jamaica   Caimán   Maracaibo   Buenos Aires   Garay

[aw]	Orthographic representation:	**au**

Pronounce the following words:

Graus   auto   gaucho   caucho   Arauca

[ey]	Orthographic representation:	**ei, ey**

Pronounce the following words:

Neiva   Monterrey   ley   seis

[ew]	Orthographic representation:	**eu**

Pronounce the following words:

Ceuta   Deusto   Teustepe   teutónico   Europa

[oy]	Orthographic representation:	**oi, oy**

Pronounce the following words:

Monroy   Coiba   soy   voy   doy

Semiconsonants and Consonants

Consonants are sounds produced when the air stream used in the production of sounds meets an obstacle in passing through the speech organs. If the air stream is stopped completely during the production of the sound, the sound is called a STOP or a PLOSIVE. For instance, when you say the sound [p], you close your lips and the air stream is stopped for an instant at the lips. Then, as you open your mouth, the air stream is released. If the air stream is not stopped completely but rather continues to pass the obstruction throughout the production of the sound, the resultant sound is called a FRICATIVE. **F** and **v** are fricative sounds. Some fricatives resemble vowels; there is an extreme narrowing of the passage but no real obstacle to the passing of the air stream. Such consonants are referred to as SEMICONSTANTS or, sometimes, as SEMI-VOWELS.

Spanish semiconsonants and consonants will be discussed primarily in connection with the special problems they present for speakers of English.

Spanish has two semiconsonants: [w] and [y].

[w]	Orthographic representation:	**u**

This sound resembles the initial sound in English *water*. It very seldom occurs at the beginning of syllables.

Pronounce the following words:

Guatemala	**Paraguay**	**Guam**	**Ecuador**	**San Luis**

[y]	Orthographic representation:	**i, y, hi, ll**[1]

The [y] resembles the initial sound in English *yes*. In initial position it is sometimes pronounced with a slight friction, similar to the one that occurs when you produce the final consonant of English *rouge*. In eastern and southern Argentina, Uruguay and central Colombia, a voiced[1] fricative, very much like the middle consonant in *vision, measure* is used in place of [y] when this sound is represented in the spelling by *y* or *ll*; **lleno** [ženo], **calle** [kaže], **yerba** [žerßa], but **hierba** [yerßa], **hielo** [yelo].

Pronounce the following words:

Vallarta[2]	**Yerba Buena**	**Yugoslavia**	**Yalta**
Hierro	**Hoyos**	**Villafranca**[2]	**hielo**

[ll]	Orthographic representation:	**ll**

Spanish [ll] sounds like an [l] and a [y] produced simultaneously. The closest English approximation would be the sequence [l + y] in *million*. This sounds occurs only in Spain and a few areas of Latin America. In Mexico, the Antilles, Central America, Venezuela, Colombia, Peru, Bolivia, and Chile, the semiconsonant [y] is used in place of [ll]. In eastern and southern Argentina, Uruguay, and central Columbia [ž] is used.

---

[1] A voiced sound is pronounced with vibration of the vocal cords. The Spanish voiced consonants are: [b], [m], [d], [n], [l], [r], [rr], [ñ], and [g]. The semiconsonants and the vowels are also voiced.

[2] In most of Spain and some areas of Latin America, **ll** represents the sound [ll].

Pronounce the following words (three ways):

Vallarta   **Valladolid**   **Mallorca**   **Villafranca**   **Trujillo**
Sevilla

[p]	Orthographic representation:	**p**

[t]	Orthographic representation:	**t**

[k]	Orthographic representation:	**c** before **a, o, u** **qu** before **e, i** **k**

The three foregoing sounds are the unvoiced stops of Spanish. They are plosives produced without vibration of the vocal cords. The corresponding sounds in English are similar, but they are often followed by a slight puff of air, that is to say, thay are ASPIRATED in certain cases. The Spanish sounds are never aspirated. To avoid aspirating [p], [t], [k], try to pronounce them with tense throat muscles. In producing the Spanish sounds it might also help you to know that English [p], [t], [k] are also unaspirated when they are preceded by [s] (as in *pin* vs. *spin*, *top* vs. *stop*, and *kin* vs. *skin*). Compare the following Spanish and English words:

pan/pan   **pon**/pawn   **pena**/pen
ten/ten   **tan**/ton   **tic**/teak

In intervocalic position American English [t] is usually pronounced as a tap or flap: butter, latter, etc. This flap also exists in Spanish, but it is the [**r**]. You must make sure that you pronounce an unvoiced stop in intervocalic position: **Cata, moto, loto.** The lack of aspiration of Spanish [**p, t, k**] may give you the impression that you are hearing their voiced conterparts. This may make it difficult to distinguish such pairs as:

poca—boca
tomo—domo
cama—gama

Pronounce the following words:

Potosí	Paraguay	Paraná	Panamá	París
Tampico	Toluca	Tampa	Tecate	Mezquita
Cádiz	Colombia	Colorado	Cuenca	

[b]	Orthographic representation:	**b, v**

This sound occurs at the beginning of an utterance or after a nasal. In all other positions [b] becomes a bilabial fricative [ß] which has no counterpart in English.

¡Vámonos! [vamonos]	**árbol** [arßol]
ambos [ambos]	**alba** [alßa]
boca [boka]	**la boca** [la ßoka]

[d]	Orthographic representation:	**d**

This sound occurs at the beginning of an utterance or after [n] or [l]. In all other positions, it becomes an interdental fricative [ð] very similar to the English initial consonant in *then*:

doma [doma]	**la doma** [la ðoma]
¡Andele! [andele]	**las damas** [laz ðamas]
aldea [aldea]	**arduo** [arðwo]

The same as [t], [d] is usually pronounced in American English as a tap or flap: caddy, ladder, etc. You must make sure that you pronounce an interdental fricative and not a flap in words like **cada, moda, todo**.

[g]	Orthographic representation:	**g** before **a, o, u** **gu** before **e, i**

[g] occurs at the beginning of an utterance or after a nasal. In all other positions it becomes a velar frictive [ɣ] without an English counterpart:

Gasa [gasa]	**la gasa** [la ɣasa]
ganga [gaŋga]	**Vargas** [barɣas]

Pronounce the following words:

Venezuela   **para Venezuela**   **Bogotá**   **a Bogotá**
Buenos Aires   **para Buenos Aires**
Diego   **para Diego**   **Durango**   **a Durango**   **Damasco**
para Damasco
Guatemala   **para Guatemala**   **Guadalupe**   **Málaga**
Segovia   **Guayaquil**   **para Guayaquil**

[r]	Orthographic representation:	**r** intervocalically or in final position

This sound never occurs in initial position. It is quite similar to American English [t] or [d] in intervocalic position: *caddy, water, ladder, cutter,* etc.

Pronounce the following words:

**Honduras   Caracas   Nicaragua   Córdoba   Buenos   Aires
Zaragoza   Santander**

[rr]	Orthographic representation:	**r** in initial position or after a consonant **rr** intervocalically

The trilled **r** is pronounced by vibrating the tip of the tongue against the front part of the palate. It is similar to the rolled *r* of some dialects of British English, such as Scottish.

Pronounce the following words:

**Roma   Reno   Monterrey   Israel   Navarra
Corrientes**

[j]	Orthographic representation:	**j** before **a, o, u** **g** or **j** before **e, i**

The sound is pronounced by tightening the area where the velar consonants [k] and [g] are pronounced. It is somewhat similar to English [h] but much tenser and more rasped.

Pronounce the following words:

Méjico   Juárez   Gibraltar   Guadalajara   Jalisco

[l]	Orthographic representation:	**l**

Spanish [l] is not too different from English [l] in initial position. In final position, English [l] has a [w]-like quality, whereas the Spanish final [l] is the same as the one produced in initial position.

Pronounce the following words:

**Lima   El Salvador   San Miguel   Valparaíso
Guadalcanal**

[ñ]	Orthographic representation:	**ñ**

The [ñ] is produced with the front part of the tongue spread against the hard palate. The closest English approximation would be the sequence [n + y] in *canyon.*

Pronounce the following words:

Gran Cañón   **España**   **Montaña**   **La Coruña**

[m] [f] [ch]	These sounds present no particular difficulty to speakers of English.

[n]	Orthographic representation:	**n**

Spanish [n] is similar to English [n]. The most important feature of this sound is that in syllable-final position it assimilates to the following consonant.

[n] before a velar consonant becomes [ŋ][1]:

un kilo [uŋ kilo]
un gesto [uŋ jesto]
un huevo [uŋ weßo]
un coche [uŋ koche]

[n] before a bilabial becomes [m]:

un poco [um poko]
un bolo [um bolo]
un foco [um foko]

[n] before the palatal [ch] becomes [ñ]:

un chino [uñ chino]

[s]	Orthographic representation:	**s** **z** before **a, o, u** or in final position **c** before **e, i**

Spanish [s] is similar to English [s]. The most important characteristic of this sound is that in syllable-final position it assimilates to the following consonant:

las casas [las kasas]   but   **las gasas** [laz gasas]

Note that [s] before a voiced consonant becomes [z][2].

In some dialects of Spain, in the Antilles, in some areas of Central America and in eastern Argentina and Uruguay, [s] in syllable-final position becomes [h]:

las casas [lah kasah]   **las gasas** [lah gasah]

---

[1] Similar to the sound of English *n* in ta*n*k or *ng* in si*ng*.
[2] Similar to the sound of English *z* in *lazy*.

Syllabication

In every Spanish word there is one vowel per syllable and one syllable per vowel. Thus, the word **compañero,** with four vowels, has four syllables: **com-pa-ñe-ro.**

When **i** or **u** appear next to another vowel, they may represent a vowel or a consonant sound. If they represent a consonant sound, they form one syllable with the adjacent vowel: **cria- da, pier-de, nue-vo, ac-tual-men-te, deu-da.** If they represent a vowel sound, they form a separate syllable and carry a written accent: **Ra-úl, Ma-rí-a, pa-ís.**

The Accent

Spanish words ending in a vowel or **n** or **s** have an oral accent on the next to the last syllable:

Guatemala	Carmen	Caracas
Florida	resumen	Honduras
Durango	crimen	Matamoros
Guadalajara	virgen	Nogales
Mallorca	examen	Dolores

Words ending in a consonant other than **n** or **s** have an oral accent on the last syllable:

Salvador	Gibraltar
Guayaquil	Veracruz
Ecuador	Trinidad
Madrid	Israel

All words whose oral accent does not conform to the two preceding rules carry a written accent on the accented vowel:

Panamá	Almadén	San Cristóbal
Bogotá	León	Cádiz
Méjico	Asunción	Tánger
Córdoba	Yucatán	Islas Vírgenes

When **i** and **u** do not form one syllable with contiguous vowels, a written accent is placed on them:

María	*but:*	Valencia
Almería		Bolivia
Bahía		Colombia
Raúl		Segovia
Valparaíso		Buenos Aires

Note that the infinitive ending **-ir** never carries a written accent: **oir, reir.**

A written accent is used to distinguish certain homonyms and interrogatives from non-interrogatives:

si (if)	**sí** (yes)
tu (your)	**tú** (you)
el (the)	**él** (he)
que (that)	**qué** (what)
de (of)	**dé** (give)
mi (my)	**mí** (me)
donde (where)	**dónde** (where?)
cuando (when)	**cuándo** (when?)
cuanto (how much)	**cuánto** (how much?)
como (like, how)	**cómo** (how?)

Contiguous Vowel Sequences

In the spoken language when one word ends in a vowel and the following begins with a vowel sound, they tend to form a diphthong. If they are identical vowels, they are reduced to a single vowel.

When one of the vowels is an unaccented [i] it becomes the semiconsonant [y], or if it is an unaccented [u] it becomes the semiconsonant [w]. Here is a list of the most common combinations:

-i + e-	becomes	[ye]:	**mi hermano**
-i + a-	becomes	[ya]:	**mi amigo**
-i + o-	becomes	[yo]:	**mi orden**
-i + u-	becomes	[yu]:	**mi universidad**
-e + i-	becomes	[ey]:	**me invita**
-e + u-	becomes	[ew]:	**me ubica**
-a + i-	becomes	[ay]:	**la invitación**
-a + u-	becomes	[aw]:	**la universidad**
-o + i-	becomes	[oy]:	**lo invita**
-o + u-	becomes	[ow]:	**lo ubica**
-u + e-	becomes	[we]:	**su hermano**
-u + a-	becomes	[wa]:	**su amigo**
-u + o-	becomes	[wo]:	**su orden**

Two identical adjacent vowels become a single vowel:

mi hijo
lo ordeno

la amiga
le escribe
su último

In all other cases each vowel remains in its own syllable:

quiere irse
quiero irme
quiere uno
quiero uno
quiere algo
quiero éste

Consonant + Vowel Combinations

In the spoken language when one word ends in a consonant and the following word begins with a vowel sound, the final consonant of the first word becomes the initial consonant of the second word:

quieres irte [kye-re-sir-te]
algún hermano [al-gu-ner-ma-no]
los hijos [lo-si-jos]

Intonation

We shall describe briefly the most common Spanish intonation patterns. For a more detailed treatment of Spanish intonation you may consult J. Donald Bowen and Robert P. Stockwell, *Patterns of Spanish Pronunciation*, The University of Chicago Press, 1960.

For *normal statements* the pitch usually rises on the first stressed syllable in the sentence and then drops very low in the last stressed syllable in the sentence. The voice change is only a change of pitch, not of loudness:

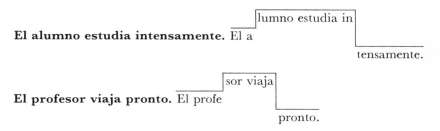

El alumno estudia intensamente. El alumno estudia intensamente.

El profesor viaja pronto. El profesor viaja pronto.

In *questions that elicit information* the pitch is highest on the stressed syllable of the interrogative word:

¿ Dónde estudia el alumno?   ¿Dón de estudia el alumno?

¿ Cuándo viaja el profesor?   ¿Cuán do viaja el profesor?

In *questions that can be answered with yes or no* the pitch is usually highest on the last syllable:

¿ Estudia el alumno? ¿ Estudia el alumn no?

¿ Viaja el profesor? ¿ Viaja el profe sor?

The sounds, combinations of sounds, and intonation patterns described in this introductory lesson are practiced in detail in the laboratory sessions.

Some Characteristics of Spanish Orthography

The [k] sound is represented by c before a, o, u and by qu- before e, i :

casa   cosa   cuna   quema   quien

[g] or [ɣ] are represented by g before a, o, u and by gu- before e, i :

gana   goma   guante   guerra   guitarra

A dieresis ¨ is placed over the letter u to indicate that it is pronounced before e or i :

averigüe   lingüística

The letter z becomes c before e or i :

lápiz   lápices

Conversely, c becomes z before a, o, u :

comenzar   comience

The letter g becomes j before a, o, u :

dirigir   dirijo   dirija

The letter $\boxed{\mathbf{h}}$ is never pronounced. It has been kept in the language to indicate that the original Latin word had an **h** or sometimes **f** or **g**.

The letter $\boxed{\mathbf{x}}$ is usually pronounced [s] before a voiceless consonant and [ks] between vowels:

expreso [espreso]   **taxi** [taksi]

The Spanish alphabet includes 25 simple and 4 compound letters, all of which represent distinct sounds:

a [a]	**n** [ene]
b [be]	**ñ** [eñe]
c [se]	**o** [o]
ch [che] or [se ache]	**p** [pe]
d [de]	**q** [ku]
e [e]	**r** [ere]
f [efe]	**rr** [erre]
g [je]	**s** [ese]
h [ache]	**t** [te]
i [i]	**u** [u]
j [jota]	**v** [be] or [uße]
k [ka]	**w** [doßle ße] or [uße doßle]
l [ele]	**x** [ekis]
ll [elle]	**y** [i ɣrieɣa]
m [eme]	**z** [seta]

Spanish uses inverted questions and admiration marks at the beginning of a sentence:

¿ Qué es esto ?
¡ Qué bonito!

Avenue of July 9 in
Buenos Aires.

Presentación

Pedro Barceló estudia inglés intensamente en el Instituto ICANA de Buenos Aires. Necesita hablar inglés muy bien porque dentro de tres meses viaja para Houston, Tejas. Piensa estudiar física nuclear en la Universidad Rice.

Por la tarde pasa una hora en el laboratorio de idiomas. También practica inglés con sus amigos norteamericanos y con otros alumnos. Por la noche escucha discos en inglés o mira una película norteamericana o inglesa en la televisión.

Su amigo Raúl Echeverry también piensa estudiar en la Universidad Rice. Trabaja en una oficina durante el día y por la noche estudia inglés con un profesor particular.

En el Instituto ICANA

PEDRO: Usted viaja para los Estados Unidos muy pronto, ¿verdad?

MARTA: Sí, dentro de un mes.

PEDRO: ¿Dónde piensa estudiar?

MARTA: En la Universidad de Míchigan.

PEDRO: ¿Cuál es su especialidad?

MARTA: La química. El departamento de química allí es excelente.

PEDRO: Las clases en las universidades de los Estados Unidos comienzan generalmente en septiembre, ¿por qué viaja antes?

MARTA: Porque pienso pasar dos meses con una familia norteamericana para perfeccionar mi inglés.

Observaciones sobre el vocabulario

ICANA = Instituto Cultural Argentino-Norteamericano
por la mañana in the morning
por la tarde the afternoon
por la noche evening, at night
un profesor particular a private tutor
porque because

Idiomas:	inglés	Especialidades:	química
	español o castellano		historia
	francés		sociología
	ruso		ingeniería

Los meses:	enero	julio
	febrero	agosto
	marzo	septiembre o setiembre
	abril	octubre
	mayo	noviembre
	junio	diciembre

Question words: **¿Qué?** What?
                   ¿Quién? Who?
                   ¿Cuándo? When?
                   ¿Dónde? Where?
                   ¿Por qué? Why?
                   ¿Cómo? How?
                   ¿Cuál? Which?

Notas de interés

Until World War II French was the most commonly taught language in the Argentine schools. In the past twenty years English has increasingly gained in status, becoming the most widely studied foreign language.

Most big cities in Argentina have several evening schools where people of all ages study English for periods of time ranging from three to six years. The Argentine-North American Cultural Institute of Buenos Aires offers intensive six-month or one-year courses for people interested in acquiring a knowledge of English in a short period of time.

Since the seasons are reversed in the southern hemisphere, school normally begins in March. The school year is over at the end of November.

 ## The Indefinite Article: *un, una*

¿Qué es esto?	Es	**una**	universidad.
	Es	**una**	película.
	Es	**una**	calle.
	Es	**una**	ciudad.

¿Qué es esto?	Es	**un**	libro.
	Es	**un**	cuaderno.
	Es	**un**	laboratorio de idiomas.
	Es	**un**	lápiz.

All Spanish nouns are divided into two genders: *feminine* and *masculine*.

Most nouns ending in -o are masculine and nouns ending in -a are usually feminine. Nouns with other endings may be either masculine or feminine.

The indefinite article is **una** for feminine nouns and **un** for masculine nouns.

Some nouns ending in ⟨ -a ⟩ are masculine, e.g.

    un idioma
    un programa
    un día
    un astronauta

(a) Practique la descripción de los dibujos en la Sección I.[1]

    EJEMPLOS: una calle
               una ciudad
               una tienda, etc.

(b) Coloque el artículo indefinido correspondiente delante de cada palabra.[2]

    EJEMPLOS: calle   libro
              una calle un libro

una 1. tienda   5. lápiz *un*
un 2. cuaderno   6. universidad *una*
una 3. ciudad   7. película *una*
un 4. laboratorio 8. camisa *una*

(c) Mirando los dibujos de la Sección I conteste a las preguntas siguientes de acuerdo al ejemplo.[3]

    ¿Qué es esto?
    Es una calle.

2. The Plural of Nouns

Es	**una**	**calle.**	Son	**calles.**
Es	**una**	**película.**	Son	**películas.**
Es	**una**	**ciudad.**	Son	**ciudades.**

Es	**un**	**libro.**	Son	**libros.**
Es	**un**	**cuaderno.**	Son	**cuadernos.**
Es	**un**	**lápiz.**	Son	**lápices.**

---

[1] Practice describing the pictures in Chart I.
[2] Put the corresponding indefinite article in front of each word.
[3] Look at the pictures in Chart I and answer the following questions according to the example.

If the singular ends in an unstressed vowel, the plural is formed by adding ⌐-s.⌐

The plural of nouns ending in a consonant is usually formed by adding ⌐-es⌐ to the singular.

Words ending in ⌐-s⌐ in the singular do not change in the plural if the last syllable is not stressed, e.g.

     Es una crisis.   Son crisis.

(a) Cambie al plural las palabras siguientes de acuerdo al ejemplo.[1]

    una calle
    calles

1. una ciudad *ciudades*
2. un lápiz *lápices*
3. un astronauta *astronautas*
4. una tienda *tiendas*
5. un día *días*
6. un cuaderno *cuadernos*

(b) Cambie al plural las oraciones siguientes de acuerdo al modelo.[2]

    Es una calle.
    Son calles.

1. Es una camisa. *Son camisas.*
2. Es un lápiz. *Son lápices.*
3. Es un laboratorio. *Son laboratorios.*
4. Es un libro. *Son libros.*
5. Es una ciudad. *Son ciudades.*
6. Es una tienda. *Son tiendas*

3. The Definite Article: *el, la*

Es	un	libro.		Es	el	libro.
Es	un	laboratorio.		Es	el	laboratorio.
Es	un	astronauta.		Es	el	astronauta.

---

[1] Change the following words to the plural according to the example.
[2] Change the following sentences to the plural according to the example.

Es	una	universidad.
Es	una	ciudad.
Es	una	calle.

Es	la	universidad.
Es	la	ciudad.
Es	la	calle.

The feminine definite article is **la**. The masculine definite article is **el**.

(a) Cambie las oraciones siguientes de acuerdo a los modelos.

Es una calle.
Es la calle.

Es un saco.
Es el saco.

1. Es un laboratorio. *es el laboratorio*
2. Es una universidad. *es la universidad*
3. Es una ciudad. *es la ciudad*
4. Es un cuaderno. *es el cuaderno*
5. Es un libro. *es el libro*
6. Es una tienda. *es la tienda*
7. Es una camisa. *es la camisa*

(b) Coloque el artículo definido correspondiente delante de cada palabra.

EJEMPLO: día
el día

el 1. astronauta
el 2. laboratorio
la 3. idioma
la 4. cuidad
el 5. lápiz
el 6. amigo
el 7. profesor

The Definite Article: *los, las*

Es	el	laboratorio.
Es	el	disco.
Es	el	lápiz.

Son	los	laboratorios.
Son	los	discos.
Son	los	lápices.

Es	**la**	universidad.	Son	**las**	universidades.
Es	**la**	ciudad.	Son	**las**	ciudades.
Es	**la**	película.	Son	**las**	películas.

The plural definite articles are **los** for masculine nouns and **las** for feminine nouns.

(a) Cambie las oraciones siguientes al plural de acuerdo al modelo.

Es la calle.
Son las calles.

1. Es la clase. Son las clases.
2. Es la hora. Son las horas,
3. Es el amigo. Son los amigos.
4. Es la profesora. Son las profesoras
5. Es el alumno. Son los alumno,
6. Es el profesor. Son los profesores
7. Es la tienda. Son las tiendas.

(b) Coloque el artículo definido correspondiente delante de cada palabra.

EJEMPLO: días
los días

los 1. astronautas
las 2. películas
las 3. alumnas
los 4. sacos
las 5. idiomas
los 6. laboratorios
los 7. profesores

5. The Present Tense of [*-ar*] Verbs: the *él, ella* Form

Pedro El Marta Ella	necesita	estudiar. study hablar. speak viajar. travel practicar. practice trabajar. work mirar. look at	Pedro El Marta Ella	estudi a. habl a. viaj a. practic a. trabaj a. mir a.

El, **ella** are pronouns corresponding to "he" and "she." $\boxed{\text{-ar}}$ verbs end in $\boxed{\text{-a}}$ in the **él**, **ella** form.

(a) Practique la descripción de los dibujos en la Sección II.

EJEMPLO: El alumno estudia inglés.

(b) Mirando los dibujos de la Sección II conteste a las preguntas siguientes de acuerdo al ejemplo.

¿Qué hace el alumno?
What is the pupil doing?

El alumno estudia inglés.

(c) Cambie las oraciones siguientes de acuerdo al modelo.

Pedro estudia.
Pedro necesita estudiar.

1. Pedro trabaja. *pedro necesita trabajar*
2. Raúl practica inglés. *Raúl necesita practicar inglés*
3. El profesor viaja. *El profesor necesita viajar*
4. La alumna habla español. *La alumna necesita hablar español.*
5. Pedro escucha discos. *Pedro necesita escuchar discos*
6. El alumno pasa una hora en la laboratorio. *El alumno necesita pasar...*

6. The Present Tense of $\boxed{\text{-ar}}$ Verbs: the *usted* Form

Pedro	estudi|a
	viaj|a
	habl|a
Usted	practic|a
	trabaj|a
	mir|a

Usted is equivalent to the English "you." It is used as the *formal* (or *polite*) form to address a person in the *singular*. $\boxed{\text{-ar}}$ verbs end in $\boxed{\text{-a}}$ in the **usted** form.

Note that the **él**, **ella** form and the **usted** form are identical.

Cambie las oraciones siguientes de acuerdo al modelo.

Pedro estudia español.
¿Usted estudia español también?

1. Raúl trabaja aquí. *¿Usted trabaja aquí también?*
2. La profesora escucha discos. *¿Usted escucha discos también?*
3. Pedro practica inglés. *¿Usted pratica inglés también?*
4. El alumno viaja para Houston. *¿Usted viaja para Houston también?*
5. Pedro mira películas inglesas. *¿Usted mira películas inglesas también?*

H. The Present Tense of Verbs: the First Person Singular

Yo	escuch|o	discos.
Yo	trabaj|o	por la noche.
Yo	viaj|o	para Houston.
Yo	habl|o	inglés.

The first person singular of Spanish verbs ends in $\boxed{\text{-o}}$ in the present tense.

The subject pronoun **yo** (*I*) is capitalized only at the beginning of a sentence.

Subject pronouns are omitted in Spanish, except for emphasis.

(a) Conteste a las preguntas siguientes según el modelo.[1]

> ¿Quién trabaja aquí?
> Yo trabajo aquí.

1. ¿Quién estudia español? *Yo estudio español.*
2. ¿Quién viaja para Houston? *Yo viajo para Houston.*
3. ¿Quién mira la televisión? *Yo miro la televisión.*
4. ¿Quién escucha discos en inglés? *Yo escucho discos en inglés.*
5. ¿Quién pasa una hora en el laboratorio? *Yo paso una hora en el laboratori.*
6. ¿Quién practica inglés? *Yo pratico inglés.*

(b) Conteste a las preguntas siguientes de acuerdo al modelo.

> ¿Usted habla inglés?
> Sí, hablo inglés.

1. ¿Usted trabaja? *Sí, trabajo.*
2. ¿Usted necesita practicar? *Sí, necesito praticar.*
3. ¿Usted escucha discos en español? *Sí, escucho discos en español.*
4. ¿Usted estudia español? *Sí, estudio español.*
5. ¿Usted viaja pronto? *Sí, viajo pronto.*
6. ¿Usted mira películas inglesas? *Sí, miro películas inglesas.*

---

[1] Answer the following questions according to the model.

8. Word Order in Questions

Las clases comienzan.	¿ Comienzan las clases?
Pedro viaja.	¿ Viaja Pedro?
Usted habla inglés.	¿ Habla usted inglés?
Raúl trabaja intensamente.	¿ Trabaja Raúl intensamente.

In questions the subject usually follows the verb.

Very frequently, a statement is changed into a question by a change in *intonation* alone:

Usted estudia inglés.
¿ Usted estudia inglés?

(a) Cambie las oraciones siguientes a la forma interrogative de acuerdo al modelo.[1]

Pedro estudia inglés.
¿Estudia Pedro inglés.

1. Las clases comienzan en septiembre. *¿Comienzan la clases en septiembre?*
2. Raúl trabaja durante el día. *¿Trabaja Raúl durante el día?*
3. El alumno escucha discos. *¿Escucha el alumno discos?*
4. Pedro viaja dentro de tres meses. *¿Viaja Pedro dentro de tres meses.*
5. Raúl piensa estudiar física nuclear. *¿Piensa Raúl estudiar física nuclear?*

(b) Cambie las oraciones siguientes a la forma interrogative utilizando la entonación apropiada.[2]

1. ¿Usted habla inglés.?
2. ¿Pedro estudia en Buenos Aires.?
3. ¿Raúl trabaja.?
4. ¿Marta viaja en septiembre.?
5. ¿Usted escucha discos por la tarde.?

9. The Negative *no*

Pedro	habla	inglés.
Raúl	viaja	pronto.
Mi amigo	es	inglés.
Yo	hablo	inglés.

---

[1] Change the following sentences to the interrogative form according to the model.
[2] Change the following sentences to the interrogative form using the appropriate intonation.

Pedro	no	habla	inglés.
Raúl	no	viaja	pronto.
Mi amigo	no	es	inglés.
Yo	no	hablo	inglés.

In the negative construction, **no** is placed directly before the verb.

(a) Cambie las oraciones siguientes a la forma negativa de acuerdo al modelo.

> Yo hablo español.
> Yo no hablo español.

1. Usted viaja pronto.
2. Pedro estudia español.
3. Marta viaja en septiembre.
4. Yo miro la televisión.
5. Yo trabajo durante el día.
6. Usted escucha discos en español.

(b) Conteste a las preguntas siguientes de acuerdo al modelo.

> ¿Habla usted inglés?
> No, no hablo inglés.

1. ¿Necesita usted trabajar? No, no necesito trabajar.
2. ¿Viaja usted pronto? No, no viajo pronto.
3. ¿Escucha usted la radio? No, no escucho la radio
4. ¿Pasa usted una hora en el laboratorio? No, no paso una hora...
5. ¿Viaja usted en septiembre? No, No viajo en septiembre.
6. ¿Mira la televisión por la mañana. No, No miro la televison...

 The Masculine and Feminine of Adjectives

El	amigo	norteamerican	o.
La	amiga	norteamerican	a.

El	profesor	inglés.	
La	profesora	inglés	a.

El	alumno	particular	
La	alumna	particular.	

El	profesor	excelente.
La	profesora	excelente.

Adjectives are usually placed after the noun. They agree in number and gender with the nouns they modify.

Adjectives which modify masculine nouns usually end in -o. If an adjective modifies a feminine noun, it usually ends in -a.

Adjectives of nationality whose masculine ends in a consonant add -a for the feminine. Other adjectives which do not end in -o in the masculine do not usually change for the feminine.

The plural of adjectives is formed in the same manner as the plural of nouns.

> Los amigos norteamericanos.
> Las profesoras particulares.
> Los alumnos excelentes.

(a) Haga concordar los adjetivos con los sustantivos.[1]

> EJEMPLO: El amigo norteamericano. (la amiga)
> La amiga norteamericana.

1. el profesor *norteamericano*
2. la profesora *norteamericana*
3. inglesa
4. el amigo *ingleso*
5. la amiga *inglesa*
6. interesante
7. el amigo *interesante*
8. el alumno *interesanta*

(b) Cambie las frases siguientes al plural.

> EJEMPLO: El amigo norteamericano.
> Los amigos norteamericanos.

1. El profesor particular. *Los profesores particulares*
2. La amiga interesante. *Las amigas interesantes*
3. El alumno norteamericano. *Los alumnos norteamericanos*
4. El amigo inglés. *Los amigos inglés*
5. La profesora particular. *Las profesoras particularas.*
6. La amiga inglesa. *Las amigas inglesas.*

---

[1] Make the adjectives and nouns agree in gender.

11. The use of *otro, otra, otros, otras*

Necesito	otro otra	libro. película.

Necesito	otros otras	libros. películas.

Pienso hablar con	el otro la otra	profesor. profesora.

Pienso hablar con	los otros las otras	profesores. profesoras.

Otro (otra) is never preceded by the indefinite article. It agrees in gender and number with the noun it modifies.

Compare the following constructions:

Necesito otro libro.   *I need another book.*
Necesito otros libros.   *I need other books.*

(a) Cambie las oraciones siguientes de acuerdo a los modelos.

Necesito un libro.
Necesito otro libro.

Necesito libros.
Necesito otros libros.

1. Escucho un disco. Escucho otro disco.
2. Hablo con un alumno. Otro
3. Necesito lápices. otros
4. Hablo con profesoras. Otras
5. Estudio con un profesor. Otro
6. Miro una película inglesa. Otra

(b) Cambie las oraciones siguientes de acuerdo al modelo.

Necesito el libro.
Necesito el otro libro.

1. Necesito los libros.
2. Escucho los discos. otros
3. Hablo con las profesoras. otras
4. Estudio con el profesor. otro
5. Viajo con los alumnos. otros
6. Trabajo con las alumnas. otras

12. The Possessive Adjectives: *mi, mis, su, sus*

Mi is the possessive adjective that corresponds to the pronoun **yo**. It agrees in number with the following noun.

Su is the possessive adjective for **usted** and for the third person masculine and feminine. Thus, it may be equivalent to English "your," "his," and "her." It may also mean "their," as explained in Step 47. **Su** agrees in number with the following noun.

(a) Conteste a las preguntas según los modelos.

¿Habla con un amigo?
Sí, hablo con mi amigo.

¿Habla con amigos?
Sí, hablo con mis amigos.

1. ¿Trabaja con un amigo? *Si, trabajo con mi amigo.*
2. ¿Viaja con alumnos? *Si, viajo con mis alumnos.*
3. ¿Escucha discos? *Si, escucho mis discos.*
4. ¿Mira libros? *Si, miro mis libros.*
5. ¿Necesita un disco? *Si, necesito mi disco.*

(b) Conteste a las preguntas según el modelo.

¿Habla con mi amigo?
Sí, hablo con su amigo.

1. ¿Trabaja con mis alumnos? *Si, Trabajo con sus alumnos.*
2. ¿Escucha mi disco? *Si, escucho su disco.*
3. ¿Practica con mi profesora? *Si, pratico con su profesor*
4. ¿Viaja con mis amigos? *Si, viajo con sus amigos.*
5. ¿Mira mis películas? *Si, miro sus películas.*

(c) Conteste a las preguntas según el modelo.

¿Trabaja con el amigo de Raúl?
Sí, trabajo con su amigo.

1. ¿Estudia con el alumno de Marta? *Si, Estudio con su alumno.*
2. ¿Viaja con el profesor de Pedro? *Si, viajo con su profesor.*
3. ¿Escucha los discos de la profesora? *Si, escucho sus discos.*
4. ¿Necesita el libro de Marta? *Si, necesito su libro.*
5. ¿Habla con las amigas de Marta? *Si, hablo con sus amigas.*

EJERCICIO DE RECAPITULACIÓN

Conteste a las preguntas siguientes:

1. ¿Necesita practicar el tema uno?
2. ¿Piensa escuchar discos en el laboratorio?
3. ¿Quién habla español muy bien en la clase?
4. ¿Mira usted la televisión por la mañana?
5. ¿Habla usted francés?
6. ¿Necesita usted perfeccionar su inglés?

7. ¿Practica usted el tema uno con sus amigos?
8. ¿Estudia usted química en la universidad?
9. ¿Qué idioma habla el profesor en la clase de español?
10. ¿Escucha usted discos españoles?

PREGUNTAS SOBRE EL TEMA UNO

1. ¿Quién estudia inglés?
2. ¿Qué estudia Pedro Barceló?
3. ¿Dónde estudia inglés Pedro?
4. ¿Quién necesita hablar inglés muy bien?
5. ¿Por qué necesita Pedro hablar inglés?
6. ¿Cuándo viaja Pedro?
7. ¿Para dónde viaja Pedro?
8. ¿Qué piensa estudiar en Houston Pedro?
9. ¿En qué universidad piensa estudiar Pedro?
10. ¿Dónde pasa una hora por la tarde Pedro?
11. ¿Con quién practica inglés?
12. ¿Qué escucha por la noche?
13. ¿Qué mira en la televisión?
14. ¿Quién es el amigo de Pedro?
15. ¿Dónde piensa estudiar Raúl?
16. ¿Qué hace Raúl durante el día?
17. ¿Con quién estudia inglés Raúl?
18. ¿Quién viaja para los Estados Unidos muy pronto?
19. ¿Cuándo viaja Marta?
20. ¿Dónde piensa estudiar Marta?
21. ¿Cuál es la especialidad de Marta?
22. ¿Por qué piensa estudiar Marta en la Universidad de Míchigan?
23. ¿Cuándo comienzan las clases en las universidades de los Estados Unidos generalmente?
24. ¿Por qué viaja Marta antes?

PREGUNTAS GENERALES

1. ¿Estudia usted francés?
2. ¿Qué idioma estudia usted?
3. ¿Dónde estudia usted español?
4. ¿Piensa usted viajar pronto?
5. ¿Pasa usted una hora en el laboratorio de idiomas?
6. ¿Practica usted castellano con sus amigos?
7. ¿Con quién practica usted castellano?

8. ¿Escucha usted discos en español?
9. ¿Mira usted películas en la televisión?
10. ¿Mira usted la televisión por la mañana?
11. ¿Cuándo mira usted la televisión?
12. ¿Trabaja usted durante el día en una oficina?
13. ¿Estudia usted castellano con un profesor particular?
14. ¿Cuál es su especialidad?
15. ¿En qué mes comienzan las clases?
16. ¿Piensa usted perfeccionar su castellano?

Formule las preguntas que correspondan a las respuestas :[1]

1. Estudio por la mañana.
2. Practico con mi profesor particular.
3. No, no miro películas españolas.
4. La química.
5. Dentro de un mes.
6. En la Universidad de San Francisco.
7. Pienso estudiar física.

INFORME ORAL[2]

Narrate the contents of the *Presentación* as if you were Pedro Barceló.

---

[1] Ask the questions that correspond to these answers.
[2] Oral report.

Church on a hill near
Santiago, Chile.

Calle Lavalle in Buenos
Aires.

Una liquidación

PEDRO: Hay una liquidación de ropa de verano en « El Hombre Elegante ». Si estás libre por la tarde y no tienes otros planes...

RAÚL: ¡Magnífica idea ! Tengo toda la tarde libre. Necesitamos comprar ropa de verano para el clima de Houston.

PEDRO: Precisamente en el diario de hoy hay un artículo sobre la ciudad de Houston.

RAÚL: ¿Ah, sí? ¿Dice algo del clima?

PEDRO: Sí, dice que el verano allí es muy largo. Hace mucho calor desde mayo hasta octubre.

En la tienda « El Hombre Elegante »

RAÚL: ¡Ernesto! ¡Qué sorpresa! ¿Trabajas aquí? ¿Desde cuándo?

ERNESTO: Sí, trabajo aquí desde el mes de marzo. El señor Levy, un amigo de mi padre, es el dueño. El está muy enfermo y no trabaja más. Soy el nuevo gerente.

PEDRO: ¿Tienes ropa realmente buena y barata para los amigos?

ERNESTO: Aquí en el primer piso nada es barato, pero en la planta baja hay ropa muy buena a precios muy razonables. ¿Qué buscan en particular?

PEDRO: De todo un poco : sacos, pantalones, trajes, camisas, corbatas, ropa interior...

. . . . . .

ERNESTO: ¿Qué color de camisa prefieres? Amarillo, blanco, celeste... ¿De manga corta o de manga larga?

RAÚL: Necesito dos camisas de manga corta, color amarillo o celeste, si es posible.

ERNESTO: ¿De qué medida?

RAÚL: Creo que cuarenta, más o menos.

PEDRO: ¿Qué precio tienen los sacos de sport?

ERNESTO: Aquí vendemos todo a precios muy buenos. Cien pesos los dos. ¿Qué color prefieres? Tenemos sacos en azul, verde oscuro, marrón claro, gris...

PEDRO: El azul y el gris.

ERNESTO: También tenemos impermeables importados de Inglaterra de muy buena calidad. ¿Comprendes las instrucciones en inglés?

PEDRO: Sí, ahora leo el inglés sin mucha dificultad. ¡El problema es cuando hablo con los norteamericanos!

Observaciones sobre el vocabulario

libre/ocupado
algo/nada

allí/aquí
Hace calor./Hace frío.
largo/corto
enfermo/sano, en buena salud
barato/caro
bueno/malo
(un) poco/mucho
claro/oscuro

planta baja first floor
primer piso second floor (*lit.*, first floor)
¿Ah, sí? Is that right?
de todo un poco a little of everything
ropa interior underwear
¿Qué color de camisa prefieres? What color shirt do you prefer?
de manga corta short-sleeved
¿De quién es el libro? Whose book is it?
¿De qué medida? What size?

Las estaciones: verano
otoño
invierno
primavera

Colores: blanco
negro
azul
verde
amarillo
celeste
rojo o colorado

Ropa de señoras: blusa
vestido (dress)
falda o pollera[1] (skirt)
medias (stockings)

Notas de interés

The climate in the central zone of Argentina (which includes the province of Buenos Aires where the city of Buenos Aires is located) is somewhat similar to that of the states of Tennessee, North Carolina, and Georgia. Winters are relatively cold, and the temperature rarely goes below 32°. The average summer temperature is 75°.

---

[1] **Pollera** is used mostly in Argentina, Uruguay, Chile, and Bolivia.

In referring to the floors of a building or a house, the first floor is referred to as the *planta baja* (ground floor), the second floor as the *primer piso* (literally, first floor), and so on.

13. The Present Tense of -er Verbs: the *usted, él, ella* Form

| Raúl
María
Usted | necesita | vender.
creer.
comprender.
leer. | | El
Ella
Usted | vend|e.
cre|e.
comprend|e.
le|e. |

 -er verbs end in -e in the **usted, él, ella** forms.

(a) Practique la descripción de los dibujos en la Sección III.

EJEMPLO: Ernesto vende ropa.

(b) Mirando los dibujos de la Sección III conteste a las preguntas siguientes de acuerdo al ejemplo.

¿Qué hace Ernesto?
Ernesto vende ropa.

(c) Conteste a las preguntas de acuerdo al modelo.

¿Por qué vende la casa Marta?
Porque necesita vender la casa.

1. ¿Por qué viaja Pedro en mayo? *Porque necesita viajar en mayo*
2. ¿Por qué estudia inglés Raúl? *Porque necesita estudiar inglés*
3. ¿Por qué trabaja Marta? *Porque necesita trabajar*
4. ¿Por qué compra ropa Raúl? *Porque necesita comprar ropa*
5. ¿Por qué practica inglés Pedro? *Porque necesita pratcar inglés.*

(d) Formule las preguntas que correspondan a las respuestas.

EJEMPLO: Sí, leo un libro.
¿Lee usted un libro?

1. Sí, comprendo muy bien. *¿Comprende usted muy bien?*
2. Sí, creo que estudia. *¿Cree usted qué estudia?*
3. Sí, como en la universidad. *¿Come usted en la universidad?*
4. Sí, vendo libros. *¿Vende usted libros?*

14. The Present Tense of Verbs: the *tú* Form

Compare the examples in the two columns:

Usted	trabaj a estudi a	Tú	trabaj as estudi as
Usted	vend e le e	Tú	vend es le es

Tu is the subject pronoun used in informal forms of address among close friends, within the family, and by adults addressing children. Note that an `-s` is added to make this verbal form.

(a) Cambie las oraciones siguientes de acuerdo al modelo.

> Usted vende la casa.
> Tú también vendes la casa, ¿verdad?

1. Usted trabaja allí. *Tu también trabajas allí, ¿verdad?*
2. Usted viaja pronto. *Tu " viajas pronto "*
3. Usted estudia intensamente. *Tu también estudias intensamente "*
4. Usted lee en inglés. *" " lees en inglés, ¿verdad?*
5. Usted comprende muy bien. *" " comprendes muy bien "*
6. Usted necesita practicar. *" " necesitas praticar "*

(b) Formule las preguntas que correspondan a las respuestas.

> EJEMPLO: Sí, viajo pronto.
> ¿Viajas tu pronto?

1. Sí, estudio español. *¿Estudias tú español?*
2. Sí, trabajo aquí. *¿Trabajas tú aquí?*
3. Sí, busco ropa de verano. *¿Busces tú ropa de verno?*
4. Sí, vendo camisas. *¿Vendes tú camis?*
5. Sí, comprendo las instrucciones. *¿Comprendes tú las instrucciones?*
6. Sí, leo el inglés. *¿lees tú el inglés.*

15. The Present Tense of `-ar` Verbs: the *ustedes, ellos, ellas* Form

Ustedes Ellos Ellas	practic an necesit an escuch an estudi an busc an

-ar verbs end in -an in the **ustedes, ellos, ellas** forms.

Ustedes serves as the plural of both **usted** and **tú.**[1]

Ellos is the plural of **él,** and **ellas** the plural of **ella. Ellos** is also used to refer to both masculine and feminine.

(a) Cambie las oraciones siguientes al plural de acuerdo a los modelos.

> El escucha.
> Ellos escuchan.
>
> Usted estudia.
> Ustedes estudian.

1. El trabaja. *Ellos trabajan.*
2. Usted practica. *Ustedes pratican*
3. Ella habla. *Ellas hablan*
4. El viaja. *Ellos viajan*
5. Usted trabaja. *Ustedes trabajan*
6. Ella busca. *Ellas buscan*

(b) Complete las oraciones según el modelo.

> Yo trabajo
> Y ustedes, ¿ trabajan también?

1. Yo estudio. *Y ustedes ¿ estudian también?*
2. Yo viajo. *Y ustedes, ¿ viajan también?*
3. Yo hablo español. *Y ustedes, ¿ hablan español también?*
4. Yo practico. *Y ustedes, ¿ pratican también?*
5. Yo escucho. *Y ustedes, ¿ escuchan también?*

16. The Present Tense of -er Verbs: the *ustedes, ellos, ellas* Form

	comprend en
Ustedes	vend en
Ellos	le en
Ellas	cre en

-er verbs end in -en in the **ustedes, ellos, ellas** forms.

---

[1] In Spain **vosotros** and **vosotras** are used as the plural of **tú.** See Appendix for verb forms.

(a) Cambie las oraciones siguientes al plural de acuerdo a los modelos.

El lee.
Ellos leen.

Usted lee.
Ustedes leen.

1. El comprende. *Ellos comprenden*
2. Ella lee. *Ellos leen*
3. Usted vende. *Ustedes venden*
4. Usted come. *Ustedes comen*
5. El cree. *Ellos creen.*

(b) Complete las oraciones según el modelo.

Yo como aquí.
Y ustedes, ¿comen aquí también?

1. Yo vendo ropa. *Y ustedes, ¿venden ropa también?*
2. Yo comprendo algo. *Y ustedes, ¿comprenden algo también?*
3. Yo leo el diario inglés. *Y ustedes, ¿leen el diario inglés también?*
4. Yo creo en ella. *Y ustedes, ¿creen en ella también.*

The Present Tense of -ar Verbs: the *nosotros, nosotras* Form

Nosotros	trabaj	amos
Nosotras	estudi	amos
Pedro y yo	viaj	amos
María y yo	compr	amos

The subject pronouns for the first person plural are **nosotros** for the masculine
and **nosotras** for the feminine. **Nosotros** is also used to refer to both masculine
and feminine. -ar verbs end in -amos in the **nosotros, nosotras** form.

Conteste a las preguntas de acuerdo al modelo.

¿Trabajan ustedes en la tienda?
Sí, trabajamos en la tienda.

1. ¿Compran ustedes ropa de verano? *Sí, compramos ropa de verano.*
2. ¿Estudian ustedes castellano? *Sí, estudiamos castellano.*
3. ¿Buscan ustedes ropa de verano? *Sí, buscamos ropa de verano.*
4. ¿Viajan ustedes para los Estados Unidos? *Sí, viajamos para los —*
5. ¿Necesitan ustedes el laboratorio? *Sí, necesitamos el laboratorio.*

The Present Tense of -er Verbs: the *nosotros, nosotras* Form

Nosotras	comprend	emos.
Pedro y yo	vend	emos.
Nosotros	le	emos.
Raúl y yo	cre	emos.

-er verbs end in -emos in the **nosotros, nosotras** form.

Conteste a las preguntas de acuerdo al modelo.

> ¿Leen ustedes el tema dos?
> Sí, leemos el tema dos.

1. ¿Comprenden ustedes el tema uno? *Si, comprendemos el tema uno*
2. ¿Venden ustedes ropa de verano? *Si, vendemos ropa de verano.*
3. ¿Tienen ustedes ropa barata? *Si, tienemos ropa barata.*
4. ¿Leen ustedes el diario? *Si, leemos el diario*

The Verb *estar* (Present Indicative)

Study the forms of the irregular verb **estar** (*to be*).

Yo	estoy	en la universidad.
Tú	estás	en el Instituto.
Usted, él	está	enfermo.
Nosotros	estamos	libres.
Ustedes, ellos	están	aquí.

Estar may indicate where the subject is or what the subject is *temporarily*. It may also indicate that the speaker is noticing a recent change in the subject:

> ¡Qué barata está la ropa!

(a) Cambie las oraciones siguientes a la forma negativa.

> EJEMPLO: El está aquí.
> El no esta aquí.

1. Tu estás enformo. *Tu no estás enformo.*
2. Nosotros estamos libres. *Nosotros no estamos libres*
3. Usted está en la universidad. *Usted no está*
4. Yo estoy enfermo.
5. Ustedes están en el Instituto.
6. Ellos están libres.

(b) Reemplace las formas del verbo *trabajar* por las formas correspondientes de *estar*.[1]

EJEMPLO: Yo trabajo aquí.
Yo estoy aquí.

1. Nosotros trabajamos en la tienda. *Estamos*
2. Tú trabajas en el Instituto. *Estás*
3. Pedro trabaja en la universidad. *está*
4. Ustedes trabajan en la ciudad. *están*
5. Yo trabajo en el negocio. *Estoy*

The Verb *ser* (Present Indicative)

Study the forms of the irregular verb **ser** (*to be*).

Yo	**soy**	el gerente.
Tú	**eres**	el dueño.
Usted, él	**es**	enfermo.
Nosotros	**somos**	de Buenos Aires.
Los libros	**son**	de Pedro.

Ser is another equivalent of the English verb "to be." It is used to indicate what the subject is *permanently*. It may also indicate origin or possession.

(a) Cambie las oraciones siguientes a la forma interrogativa.

EJEMPLO: Pedro es de Buenos Aires.
¿Es Pedro de Buenos Aires?

1. Nosotros somos los dueños. *¿Somos nosotros los dueños?*
2. Ustedes son de La Plata. *¿Son ustedes de la Plata?*
3. Tú eres el gerente. *¿Eres tú el gerente?*
4. Ellos son enfermos. *¿Son ellos enfermo?*
5. Yo soy el alumno. *¿Soy yo el alumno?*

(b) Dé la forma del verbo *ser* que corresponda según el sujeto indicado.[2]

EJEMPLO: Pedro es de La Plata. (Ellos)
Ellos son de La Plata.

---

[1] Replace the forms of the verb **trabajar** with the corresponding forms of **estar**.
[2] Give the form of **ser** which corresponds to the subject indicated.

1. Yo *Yo soy de La Plata*
2. Mirta *Mirta Es de la Plata*
3. Nosotros *Nosotros somos de la plata*
4. Usted *Usted Es de la plata.*
5. Tú *Tú Eres de la plata*

21. The Verb *tener* (Present Indicative)

Study the forms of the irregular verb **tener** (*to have, to possess*).

Tengo	tiempo libre.
Tienes	ropa barata.
Tiene	un saco de sport.
Tenemos	mucho tiempo.
Tienen	buenos precios.

(a) Cambie las oraciones siguientes a la forma negativa.

1. Nosotros tenemos ropa barata.
2. Yo tengo un saco de sport.
3. Pedro tiene tiempo libre.
4. Tú tienes mi saco.
5. Ustedes tienen los libros.
6. Ellos tienen la ropa.

(b) Dé la forma del verbo *tener* que corresponda de acuerdo al sujeto.

   Pedro tiene tiempo libre.

1. Yo *tengo*
2. Usted *tiene*
3. Nosotros *tenemos*
4. Ellos *tienen*
5. Tú *tienes*
6. Ustedes *tienen*

22. The Use of *de* to Indicate Possession

El libro	**de la**	**profesora.**
El libro	**del**	**profesor.**
El plan	**de las**	**profesoras.**
El plan	**de los**	**profesores.**

The preposition **de** (+ definite article) is used to indicate possession.

The article **el** contracts with the preposition **de** and forms **del.**

Compare the following constructions:

el libro de Pedro   *Peter's book*
el libro del profesor   *the teacher's book*
el libro de los profesores *the teachers' book*

Cambie las oraciones siguientes de acuerdo al modelo.

La profesora tiene un libro.
Es el libro de la profesora.

1. Las profesoras tienen un libro. *Es el libro de los profesores.*
2. El alumno tiene un libro.
3. Los dueños tienen un libro.
4. Raúl tiene un libro.
5. Marta tiene un libro.

The Use of *algo* and *nada*

| ¿ Hay | **algo?** | Sí, hay | **algo.** |
| ¿ Tiene | **algo?** | Sí, tengo | **algo.** |

| No, | **no** | hay | **nada.** | **No** | dice | **nada.** |
| No, | **no** | tengo | **nada.** | **No** | tiene | **nada.** |

| **Nada** | dice. |
| **Nada** | tiene. |

Algo is equivalent to English "something," "anything" and is normally used in *affirmative* and *interrogative* sentences.

Nada (*nothing, not anything*) may be placed before or after the verb. If after, **no** is added before the verb.

Both **algo** and **nada** are only modified by a *masculine* adjective:

algo nuevo.

(a) Conteste a las preguntas de acuerdo al modelo.

¿Estudia algo?
No, no estudio nada.

1. ¿Necesita algo?
2. ¿Busca algo?
3. ¿Vende algo?
4. ¿Compra algo?
5. ¿Tiene algo?
6. ¿Comprende algo?

(b) Cambie las oraciones siguientes de acuerdo al modelo.

Nada buscamos.
¿Buscan ustedes algo?

1. Nada tenemos. Tienen ustedes algo
2. Nada vendemos.
3. Nada estudiamos.
4. Nada hablamos.
5. Nada necesitamos.

24. The Use of the Definite Article before Classifying Nouns

Compare the two sets of examples:

El	señor Levy	es el dueño.
El	doctor López	es mi médico.
La	señora Ana	es inglesa.
La	señora Smith	es de Kansas.
El	ingeniero Pérez	trabaja aquí.
El	arquitecto Sosa	vive en La Plata.
Las	señoritas López	van mañana.
Los	señores González	son de Méjico.

Buenos días,

doctor López.
señor Levy.
señora Smith.
arquitecto.
ingeniero.
señorita Sosa.

The definite article is used before a noun that classifies a proper name, except in direct address.

Note that titles such as **ingeniero** and **arquitecto** are normally used in Spanish.

Cambie las oraciones siguientes de acuerdo al modelo.

> Buenos días, señor López.
> El señor López está en la universidad.

1. Buenos días, doctor Pérez.
2. Buenas tardes, señorita Marta.
3. Buenas noches, señora de López.
4. Buenas tardes, arquitecto Grassi.
5. Buenos días, profesor Pérez.

EJERCICIO DE RECAPITULACIÓN

Conteste a las preguntas siguientes:

1. ¿Vende Ernesto diarios?
2. ¿Por qué necesita Raúl estudiar inglés?
3. ¿Dónde come usted?
4. ¿Comprenden los alumnos las instrucciones en español?
5. ¿Busca usted algo?
6. ¿Lee usted mucho?
7. ¿Estudian ustedes mucho?
8. ¿Trabajan ustedes mucho?
9. ¿Están ustedes libres hoy?
10. ¿Está usted libre hoy?
11. ¿Es usted francés?
12. ¿Tiene usted amigos aquí?
13. ¿De quién es el libro azul?
14. ¿Quién tiene un pantalón marrón?
15. ¿Qué precio tiene el libro de inglés?

PREGUNTAS SOBRE EL TEMA DOS

1. ¿Dónde hay una liquidación de ropa de verano?
2. ¿Qué es "El Hombre Elegante"?
3. ¿Quién esta libre por la tarde?
4. ¿Por qué piensa Raúl que Pedro tiene una magnífica idea?
5. ¿Por qué necesitan ropa de verano Pedro y Raúl?

6. ¿Qué dice el artículo del diario?
7. ¿Cómo es el verano en Houston?
8. ¿Cuándo comienza el verano en Houston?
9. ¿Con quién hablan Raúl y Pedro en la tienda?
10. ¿Desde cuándo trabaja Ernesto en la tienda?
11. ¿Quién es el dueño de la tienda?
12. ¿Por qué no trabaja más el señor Levy?
13. ¿Quién es el nuevo gerente de la tienda?
14. ¿Hay algo barato en el primer piso?
15. ¿Dónde hay ropa muy buena a precios muy razonables?
16. ¿Qué ropa buscan Pedro y Raúl?
17. ¿Qué color de camisa prefiere Raúl? ¿De manga corta o de manga larga? ¿De qué medida?
18. ¿Qué precio tienen los sacos de sport?
19. ¿Qué color de saco prefiere Pedro?
20. ¿De dónde son los impermeables?
21. ¿Comprende Pedro las instrucciones en inglés?
22. ¿Lee Pedro el inglés sin mucha dificultad?
23. ¿Qué problema tiene Pedro con el inglés?

PREGUNTAS GENERALES

1. ¿Cuándo hay liquidaciones de ropa de verano aquí?
2. ¿Cuándo hay liquidaciones de ropa de invierno?
3. ¿Está usted libre por la mañana o por la tarde generalmente?
4. ¿Está usted libre por la tarde hoy?
5. ¿Qué hace usted cuando tiene todo el día libre?
6. ¿Necesita usted comprar ropa de verano ahora?
7. ¿Hay un artículo sobre esta universidad en el diario de hoy?
8. ¿Cuándo comienza el verano aquí?
9. ¿Es el verano muy largo aquí?
10. ¿Hace mucho calor en verano aquí?
11. ¿Desde cuándo hace calor aquí?
12. ¿Hasta cuándo hace calor aquí?
13. ¿Hasta cuándo hace frío aquí?
14. ¿Desde cuándo estudia usted castellano?
15. ¿En qué piso estamos?
16. ¿De dónde es usted?
17. ¿Es usted norteamericano?
18. ¿Qué color de ropa prefiere?
19. ¿Necesita usted ropa de verano ahora?

20. Describa la ropa de un estudiante de la clase.
21. ¿Dónde venden ropa buena a precios razonables?
22. ¿Comprende usted mis preguntas sin dificultad?
23. ¿Lee usted el español sin dificultad?
24. ¿Tiene usted problemas cuando habla en español?

Formulen las preguntas que correspondan a las respuestas:

1. Sí, estoy libre por la tarde.
2. Dice que hace mucho calor en verano.
3. Desde mayo hasta septiembre.
4. Desde el mes de septiembre.
5. No, no necesito nada.
6. Cien pesos los tres.
7. Prefiero el gris.

INFORME ORAL

Tell why Pedro wants to go shopping that afternoon.

Busy dock in Buenos Aires.

Ezeiza Airport near
Buenos Aires.

En el restaurante

RAÚL: (*Mira el reloj*). ¡Las doce! ¿No tienes hambre?

PEDRO: Sí, mucha. ¿Dónde comemos?

RAÚL: ¿Conoces «El Palacio de la Papa Frita»?

PEDRO: Sí, es el restaurante favorito de mi padre. Es famoso por las papas «soufflé».

. . . . . .

MOZO: El menú, señores.

RAÚL: Muchas gracias. A ver . . . Para mí un bife con ensalada, nada más. (*A Pedro*) Estoy a régimen desde el jueves.

PEDRO: Buena idea, sé que en los Estados Unidos comen muy poco a mediodía. (*Al mozo*) Voy a comer un jamón con melón de entrada y como segundo plato una milanesa con papas «soufflé».

MOZO: ¿Van a tomar algo?

RAÚL: Una cerveza.

PEDRO: Un vaso de vino tinto.

MOZO: ¿Y de postre?

RAÚL: Un flan con crema.

PEDRO: Duraznos en almíbar.

. . . . . .

PEDRO: ¿Qué hora tienes?

RAÚL: La una y media.

PEDRO: ¿Sabes a qué hora abren los consulados?

RAÚL: Sé que por la mañana abren a las nueve, pero no sé si abren por la tarde. ¿Vas a ir al consulado norteamericano hoy?

PEDRO: No, pienso ir el jueves.

En el consulado norteamericano

PEDRO: Buenas tardes. Necesito saber cuáles son los trámites necesarios para conseguir una visa.[1]

EMPLEADO: ¿Qué clase de visa?

PEDRO: Una visa de estudiante.

EMPLEADO: Bueno, ahora es un poco tarde. Son casi las tres. El consulado cierra dentro de pocos minutos. ¿Vive aquí?

PEDRO: Sí, pero generalmente estoy muy ocupado por la tarde.

EMPLEADO: En ese caso . . . ¿Tiene una beca?

PEDRO: Sí, tengo una beca de la Universidad Rice, de Houston.

---

[1] In Spain the word **visado** is used.

EMPLEADO: Tiene que llenar estos formularios, traer tres fotografías y un certificado de buena salud. También necesita un certificado de admisión a la universidad donde va a estudiar.

PEDRO: Tengo todo menos el certificado de admisión a la universidad . . .

EMPLEADO: Entonces tiene que escribir de inmediato. Si no recibe el certificado pronto, va a tener dificultades con la visa.

Observaciones sobre el vocabulario

tener hambre to be hungry
tener sed to be thirsty
estar a régimen to be on a diet
tener reloj to have a watch
cuánto how much
A ver . . . Let's see . . .
de entrada as an entrée, as first course
de postre as dessert, for dessert
vino tinto red wine
vino clarete claret wine
vino blanco white wine
buenas tardes good afternoon, good evening
buenas noches good evening, good night
¿Cuál es? Which is?
¿Cuáles son? Which are?
¿Qué clase de . . .? What kind of . . .?
tener que to have to, must
de inmediato = inmediatamente

abrir/cerrar
mucho/poco
bueno/malo
bueno/malo
tarde/temprano

Platos: milanesas
      bifes (*en España*: **bistecs**)
      arroz (rice)
      pescado (fish)
      sopa
      hamburguesas

Bebidas: cerveza
      vino
      sidra
      gaseosa (soda pop)

Frutas: duraznos
      bananas o plátanos
      manzanas (apples)
      peras (pears)
      uva (grapes)

Notas de interés

In most of the Spanish-speaking world people have a big meal at lunchtime. In Spain and Mexico, among others, lunch is usually served between two and three in the afternoon.

In Argentina people generally have breakfast between seven and nine, lunch between twelve and one, tea or a snack around five and dinner between eight and ten.

Stores in Argentina are usually open from 8:30 in the morning until 12:30. They open again in the afternoon from 3:30 to 7:30. Banks and government offices are open during the morning or the afternoon depending on the season.

25. The Verb *conocer* (Present Indicative)

Study the forms of the irregular verb **conocer** (*to know*).

Conozco	el restaurante.
Conoces	la universidad.
Conoce	la calle.
Conocemos	Buenos Aires.
Conocen	a mi padre.

Conocer is equivalent to English "to know" meaning "to be familiar or acquainted with" or "to have met."

(a) Cambie las oraciones siguientes a la forma interrogativa.

1. Usted conoce la universidad. ¿Conoche usted la universidad?
2. Nosotros conocemos el restaurante.
3. Pedro conoce Buenos Aires.
4. Tú conoces la calle.
5. Yo conozco el libro.
6. Ustedes conocen el instituto.

(b) Dé la forma del verbo *conocer* que corresponda según el sujeto.

EJEMPLO: Pedro conoce la universidad. (Nosotros)
Nosotros conocemos la universidad.

1. Yo
2. Nosotros
3. Tú
4. Usted
5. Ellos

The Verb *saber* (Present Indicative)

Study the forms of the irregular verb **saber** (*to know*).

Sé	que estudia mucho.
Sabes	la gramática muy bien.
Sabe	a qué hora abren los negocios.
Sabemos	el poema.
Saben	hablar español.

Saber is also equivalent to English "to know" and is used when referring to things that you know through your study, or when referring to facts. When **saber** is followed by an infinitive, it means "to know how to."

Compare and study the following examples:

Conozco el restaurante.   *I know the restaurant. (I'm familiar with it.)*
Conozco a su padre.   *I know your father. (I've met him.)*
Conozco Buenos Aires.   *I know Buenos Aires. (I've been there.)*
Sé el poema.   *I know the poem. (I've studied it.)*
Sé a que hora abren   *I know at what time they open. (I know this fact.)*
Sé hablar inglés.   *I know how to speak English. (I know how to do something.)*

(a) Cambie las oraciones siguientes a la forma negativa.

1. Nosotros no sabemos la gramática.
2. Tú sabes el poema.
3. Raúl sabe dónde está.
4. Yo sé mucho.
5. Ustedes saben el poema.
6. Ellas saben hablar bien.

(b) Dé la forma del verbo *saber* que corresponda según el sujeto.

Nosotros sabemos el poema.

1. Tú
2. Yo
3. Ustedes
4. Pedro
5. Ellos

The Present Tense of [*-ir*] **Verbs**

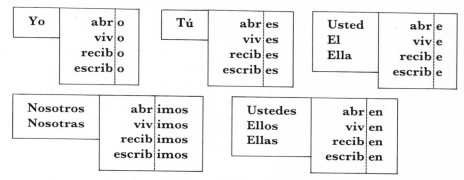

Except for the first personal plural (**-imos** instead of **-emos**), [**-ir**] verbs have the same endings as [**-er**] verbs.

(a) Practique la descripción de los dibujos de la Sección IV.

EJEMPLO: Ernesto abre la tienda.

(b) Mirando los dibujos de la Sección IV conteste a las preguntas siguientes según el modelo.

¿Qué hace Ernesto?
Ernesto abre la tienda.

(c) Conteste a las preguntas según el modelo.

¿Abren la tienda ahora?
Sí, abrimos la tienda ahora.

1. ¿Reciben cartas de España?
2. ¿Abren los libros?
3. ¿Escriben en castellano?
4. ¿Viven aquí?

(d) Cambie las oraciones de acuerdo al modelo.

Voy a abrir la tienda mañana.
Tú abres pronto, ¿verdad?

1. Voy a recibir la visa el lunes.
2. Voy a escribir a mis amigos mañana.
3. Voy a abrir las cartas mañana.
4. Voy a vivir con mis padres el jueves.

(e) Formule las preguntas que correspondan a estas respuestas.

> Sí, vivimos en Buenos Aires.
> ¿Viven en Buenos Aires?

1. Sí, abrimos por la mañana.
2. Sí, escribimos al dueño.
3. Sí, vivimos en la Argentina.
4. Sí, recibimos pocas cartas.

(f) Dé la forma del verbo *vivir* que corresponda según el sujeto.

> Raúl vive en Buenos Aires.

1. Yo
2. Usted
3. Ellas
4. Tú
5. Ustedes
6. Nosotros

 The Verb *ir* (Present Indicative)

Study the forms of the irregular verb **ir** (*to go*).

Voy	a Buenos Aires.
Vas	a la calle.
Va	a Méjico.
Vamos	a la universidad.
Van	a la ciudad.

Voy	a	**saber**	los trámites.
Vas	a	**hablar**	mañana.
Va	a	**estar**	aquí hoy.
Vamos	a	**comer**	en la universidad.
Van	a	**viajar**	el jueves.

The verb **ir** may be followed by **a** + NOUN (usually a place) or by **a** + INFINITIVE. When it is followed by an infinitive, it expresses the idea of immediate future:

> Voy a estudiar.   *I'm going to study.*

(a) Cambie las oraciones siguientes a la forma negativa.

1. Vamos a la universidad.
2. Van a Méjico.
3. Vas a la ciudad.
4. Va a Buenos Aires.
5. Voy a la calle.

(b) Dé la forma del verbo *ir* que corresponda según el sujeto.

   Nosotros vamos a la universidad.

1. Usted
2. Tú
3. Ustedes
4. Pedro
5. Yo
6. Ellos

(c) Conteste a las preguntas según el modelo.

   ¿Sabe el trámite?
   No, pero voy a saber el trámite mañana.

1. ¿Viaja hoy?
2. ¿Trae las fotografías?
3. ¿Escribe ahora? NOW
4. ¿Está libre hoy?
5. ¿Trabaja aquí?

29. The Preposition *a* Followed by the Definite Article

Hablan	a la	profesora.
	al	profesor.
	a las	profesoras.
	a los	profesores.

The preposition **a** contracts with the article **el** and forms **al**.

(a) Cambie las oraciones de acuerdo al modelo.

   Hablo con la profesora.
   Hablo a la profesora.

1. Hablo con las alumnas.
2. Hablo con los alumnos.
3. Hablo con el alumno.
4. Hablo con el profesor.
5. Hablo con los profesores.

(b) Cambie las oraciones según la clave.

EJEMPLO: Voy a la tienda (tiendas)
Voy a las tiendas.
Voy a la ciudad.

1. calle
2. universidad
3. negocio
4. restaurante
5. consulados

 Telling Time

¿Qué hora es?	Es Son Son	la las las	una.[1] dos. doce.	

¿Qué hora tiene?	La Las Las Las Las	una. tres tres diez once	 y y y y	 cinco. cuarto. veinte. media.

¿A qué hora va?	A las A las A las	ocho. nueve siete	 menos menos	 diez. cuarto.

Note that hours later than one o'clock require a plural verb and article. Fractions of time after the hour are preceded by $\boxed{\text{y}}$; those before the hour require $\boxed{\text{menos}}$.

---

[1] To be more specific one may add: **de la mañana, de la tarde** (until around 7 p.m.), and **de la noche.**

(a) Diga en voz alta la hora que aparace indicada en cada uno de los dibujos de la Sección V.[1]

EJEMPLO: Es la una.

(b) Mire los dibujos de la Sección V y conteste a la pregunta que se hará sobre cada uno de ellos.[2]

EJEMPLO: ¿Qué hora es?
Es la una.

(c) Formule las preguntas que correspondan a las respuestas.

EJEMPLO: Escuchan la radio a las siete.
¿A qué hora escuchan la radio?

1. Comienzan a las diez.
2. Comen a las ocho.
3. Abren a las dos y media.
4. Estudian a las tres.
5. Viajan a las seis menos cuarto.

31. The Use of the Articles with Days of the Week

Compare the Spanish constructions with their English equivalents.

Va a hablar	**el**	**lunes.**
Trabaja	**los**	**martes.**
Voy a ir	**el**	**miércoles.**

He's going to speak	**(on)**	Monday.
He works	**(on)**	Tuesdays.
I'm going to go	**(on)**	Wednesday.

El	**jueves**	es el quinto día de la semana.
Los	**viernes**	son días de trabajo aquí.

---

[1] Say aloud the time indicated in each of the pictures in Chart V.
[2] Look at the pictures in Chart V and answer the questions based on each of them.

Thursday	is the fifth day of the week.
Fridays	are working days here.

Voy a ir	**un**	**domingo.**
I'm going to go	on a	Sunday.

Hoy es	**sábado.**	Today is	Saturday.
Mañana es	**domingo.**	Tomorrow is	Sunday.

Note that no article is used in Spanish when a specific day of the week is identified: **Hoy es . . .**

(a) Conteste a las preguntas según el modelo.

   Hoy es martes, ¿vas a trabajar?
   Sí, los martes trabajo.

1. Hoy es jueves, ¿vas a estudiar?
2. Hoy es sábado, ¿vas a viajar?
3. Hoy es miércoles, ¿vas a practicar?
4. Hoy es viernes, ¿vas a mirar la televisión?

(b) Formule las preguntas que correspondan a las respuestas.

   EJEMPLO: Sí, este martes voy a trabajar.
             ¿Va a trabajar el martes?

1. Sí, este viernes voy a viajar.
2. Sí, este sábado voy a comprar ropa.
3. Sí, este domingo voy a escuchar discos.
4. Sí, este lunes voy a practicar.
5. Sí, este jueves voy a estudiar.

The Demonstrative Adjectives: *este, esta, ese, esa*

Este	formulario es importante.
Esta	ciudad es muy interesante.

Ese	profesor vive en Buenos Aires.
Esa	profesora es de Montevideo.

The demonstrative adjectives **este, esta** are the equivalents of the English "this," while **ese, esa** are the equivalents of "that."

(a) En las oraciones siguientes reemplace el artículo definido por *este* o *esta*.[1]

> EJEMPLO: Necesito el libro.
> Necesito este libro.

1. Necesito la camisa.
2. Necesito la corbata.
3. Necesito el lápiz.
4. Necesito el certificado.
5. Necesito la foto.

(b) Conteste a las preguntas según el modelo.

> ¿Qué libro necesitas?
> Necesito ese libro.

1. ¿Qué camisa prefieres?
2. ¿Qué saco vas a comprar?
3. ¿Qué restaurante prefieres?
4. ¿Qué reloj vas a comprar?
5. ¿Qué postre vas a comer?

 The Demonstrative Adjectives: *estos, estas, esos, esas*

Este	señor habla bien.	**Estos**	señores hablan bien.
Esta	señora comprende.	**Estas**	señoras comprenden.
Ese	traje es caro.	**Esos**	trajes son caros.
Esa	camisa es barata.	**Esas**	camisas son baratas.

Note that the plurals of the feminine forms **esta** and **esa** are regular, while **este** and **ese** change to **estos** and **esos**.

(a) Formule las preguntas que correspondan a las respuestas.

> MODELO: Sí, necesito esos libros.
> ¿Necesita estos libros?

---

[1] In the following sentences replace the definite article with **este** or **esta**.

1. Sí, prefiero esas camisas.
2. Sí, necesito esos pantalones.
3. Sí, voy a comprar esas corbatas.
4. Sí, voy a comer esas milanesas.

(b) Conteste a las preguntas según el modelo.

¿Cuáles libros necesitas?
Necesito esos libros.

1. ¿Cuáles relojes necesitas?
2. ¿Cuáles camisas necesitas?
3. ¿Cuáles corbatas prefieres?
4. ¿Cuáles impermeables vas a comprar?

The Present Indicative of Regular Verbs (Summary)

We have studied the complete set of regular verb forms in the present tense. Study and review the ending of each grammatical person as follows:

habl|ar		**vend|er**	
Yo	habl|o	Yo	vend|o
Tú	habl|as	Tú	vend|es
Usted) El)	habl|a	Usted) El)	vend|e
Nosotros	habl|amos	Nosotros	vend|emos
Ustedes) Ellos)	habl|an	Ustedes) Ellos)	vend|en

viv|ir	
Yo	viv|o
Tú	viv|es
Usted) El)	viv|e
Nosotros	viv|imos
Ustedes) Ellos)	viv|en

Cambie cada una de las oraciones siguientes según el pronombre que se da como clave.[1]

1. Yo hablo inglés.
2. Yo comprendo el español.
3. Yo vivo en Buenos Aires.

    a) usted
    b) ustedes
    c) nosotros

    EJEMPLO: Usted habla inglés.

35. Cardinal Numbers

0	cero	10	diez	20	veinte
1	uno	11	once	21	veintiuno
2	dos	12	doce	22	veintidós
3	tres	13	trece	23	veintitrés
4	cuatro	14	catorce	24	veinticuatro
5	cinco	15	quince	25	veinticinco
6	seis	16	dieciséis	26	veintiséis
7	siete	17	diecisiete	27	veintisiete
7	ocho	18	dieciocho	28	veintiocho
9	nueve	19	diecinueve	29	veintinueve

Uno becomes **un** before a masculine noun: **un libro, veintiún alumnos**. It agrees in gender with the following noun: **una casa** (*one house*), **veintiuna corbatas**.

30	treinta
31	treinta y uno
42	cuarenta y dos
53	cincuenta y tres
64	sesenta y cuatro
75	setenta y cinco
86	ochenta y seis
97	noventa y siete

---

[1] Change each of the following sentences according to the pronoun given as clue.

From 30 up the units are added after ⬚ **y** .

100	cien[1]	101	ciento uno
200	doscientos	108	ciento ocho
300	trescientos	516	quinientos dieciséis
400	cuatrocientos	720	setecientos veinte
500	quinientos	976	novecientos setenta y seis
600	seiscientos		
700	setecientos		
800	ochocientos		
900	novecientos		

Note that in Spanish the hundreds are not followed by a conjunction:

doscientos ocho   *two hundred and eight*

Cien becomes **ciento** when followed by a number smaller than 100. **Ciento** agrees in gender and number with the noun that comes after it: **doscientas camisas**.

1.000	mil
1.970	mil novecientos setenta
10.000	diez mil
100.000	cien mil
500.000	quinientos mil
710.435	setecientos diez mil cuatrocientos treinta y cinco
1.000.000	un millón
2.350.415	dos millones trescientos cincuenta mil cuatrocientos quince

Note that **mil** is not pluralized before another numeral, while **millón** is.

Mil and **cien** are not preceded by an indefinite article as their English counterparts.

mil libros   *a (one) thousand books*
cien libros   *a (one) hundred books*

Millón is followed by **de** before a noun or noun equivalent:

un millón de personas   *one million people*

Numerals are punctuated with a period in Spanish where a comma is used in English. The comma is used in Spanish as a decimal point.

(a) Diga en voz alta cada número de la Sección VI.[2]

---

[1] In Spain the form **ciento** is used in this case.
[2] Read out each of the numbers in Chart VI.

(b) Conteste a las siguientes preguntas:

1. ¿Cuánto es cuatro más cuatro?
2. ¿Cuánto es diez más cinco?
3. ¿Cuánto es cincuenta más treinta?
4. ¿Cuánto es ochenta más veinte?
5. ¿Cuánto es trescientos más doscientos?
6. ¿Cuánto es seiscientos más trescientos?
7. ¿Cuánto es ochocientos más doscientos?

 Ordinal Numbers

1^0 primero (1er primer)
2^0 segundo
3^0 tercero (3er tercer)
4^0 cuarto
5^0 quinto
6^0 sexto
7^0 séptimo
8^0 octavo
9^0 noveno
10^0 décimo

Ordinal numbers, when functioning as adjectives, agree in gender and number with the noun they modify.[1]

Primero and **tercero** are shortened to **primer** and **tercer** before a masculine singular noun:

el tercer mes
el primer día

In spoken Spanish, and more and more in the written language as well, cardinal numbers are used after **décimo**:

la calle dieciocho

The days of the month are indicated by cardinal numbers, except for the first:

el primero de octubre
el tres de junio

---

[1] The abbreviations for the feminine forms are: **1ª, 2ª,** etc.

(a) Dé los números ordinales que correspondan a los números cardinales siguientes.

EJEMPLO: tres
               tercero

1. uno
2. tres
3. cinco
4. siete
5. nueve
6. dos
7. cuatro

(b) Cambie las oraciones siguientes según el modelo.

¿Vive en el piso siete?
¿Vive en el séptimo piso?

1. ¿Vive en el piso dos?
2. ¿Vive en el piso ocho?
3. ¿Vive en el piso diez?
4. ¿Vive en el piso seis?
5. ¿Vive en el piso cuatro?

 Position of Adjectives

Adjectives generally follow the noun except in certain cases where the subject expresses a value judgement or gives his personal opinion:

Es una universidad buena.
Here the speaker is describing the type of university this particular one is.

Es una buena universidad.
Here the speaker is expressing what he thinks about this particular university.

Adjectives like **bueno, magnífico, excelente,** which reveal the speaker's opinion about something, are usually placed before the noun.

Numerals (ordinal and cardinal) normally precede the noun.

los seis libros
el tercer piso

Cambie las oraciones siguientes según los modelos.

Pienso que la universidad es buena.
Es una buena universidad.

Dicen que la universidad es buena.
Es una universidad buena.

1. Pienso que el libro es excelente.
2. Pienso que el restaurante es magnífico.
3. Dicen que el restaurante es excelente.
4. Dicen que la tienda es buena.
5. Pienso que la tienda es buena.
6. Dicen que el negocio es bueno.

EJERCICIO DE RECAPITULACIÓN

Conteste a las preguntas siguientes:

1. ¿Conoce usted un restaurante famoso en esta ciudad? ¿Cuál es?
2. ¿Sabe usted qué hora es?
3. ¿Sabe usted dónde vivo yo?
4. ¿Va usted a las tiendas los sábados?
5. ¿Va usted a escuchar discos esta tarde?
6. ¿Qué hora tiene?
7. ¿A qué hora estudia usted generalmente?
8. ¿Estudia usted los domingos?
9. ¿De quién es este libro?
10. ¿Cuánto es trece más quince?
11. ¿Cuánto es dieciocho menos cuatro?
12. ¿En qué piso estamos?
13. ¿Cuál es el segundo día de la semana?
14. ¿Cuál es el tercer mes?

PREGUNTAS SOBRE EL TEMA TRES

1. ¿Qué mira Raúl?
2. ¿Qué hora tiene Raúl?
3. ¿Quién tiene hambre?
4. ¿Qué es «El Palacio de la Papa Frita»?
5. ¿Por qué es famoso ese restaurante?
6. ¿Cuál es el restaurante favorito del padre de Pedro?
7. ¿Quién trae el menú?
8. ¿Qué va a comer Raúl?
9. ¿Por qué come poco Raúl?

10. ¿Desde cuándo está a régimen?
11. ¿Dónde comen muy poco a mediodía?
12. ¿Qué va a comer Pedro de entrada?
13. ¿Qué va a comer Pedro como segundo plato?
14. ¿Quién va a tomar una cerveza?
15. ¿Qué va a tomar Pedro?
16. ¿Qué va a comer Pedro de postre? ¿Y Raúl?
17. ¿A qué hora abren los consulados en Buenos Aires?
18. ¿Cuándo piensa ir Pedro al consulado norteamericano?
19. ¿Qué necesita saber Pedro?
20. ¿Qué clase de visa necesita conseguir Pedro?
21. ¿Por qué dice el empleado que es un poco tarde?
22. ¿A qué hora cierra el consulado?
23. ¿Dónde vive Pedro?
24. ¿Tiene Pedro una beca? ¿De dónde?
25. ¿Cuáles son los trámites necesarios para conseguir una visa de estudiante?
26. ¿Qué necesita traer Pedro?
27. ¿Qué certificados necesita Pedro?
28. ¿Qué certificado no tiene Pedro?
29. ¿Qué tiene que hacer Pedro?
30. ¿Por qué?

PREGUNTAS GENERALES

1. ¿Tiene usted reloj?
2. ¿Qué hora es?
3. ¿Tiene hambre ahora?
4. ¿A qué hora come usted por la noche?
5. ¿Come usted en su casa o en un restaurante?
6. ¿Cuál es su restaurante favorito?
7. ¿Qué come usted generalmente a mediodía?
8. ¿Qué toma usted generalmente a mediodía?
9. ¿Está usted a régimen?
10. ¿Conoce usted el flan?
11. ¿Conoce usted las papas en «soufflé»?
12. ¿Como usted poco o mucho a mediodía?
13. ¿A qué hora abre esta universidad por la mañana?
14. ¿A qué hora abren las tiendas en esta ciudad?
15. ¿Hay consulados en esta ciudad?
16. ¿Piensa usted viajar pronto?
17. ¿Necesita usted una visa para viajar a Canadá?

18. ¿A qué hora cierran las tiendas aquí?
19. ¿En qué calle vive usted?
20. ¿Tiene usted una beca? ¿Qué clase de beca tiene usted?
21. ¿Está usted muy ocupado durante la tarde?
22. ¿Tiene usted que estudiar mucho para esta clase?

Formule las preguntas que correspondan a las respuestas:

1. No, no pienso comer aquí.
2. Un vaso de vino tinto.
3. Las tres y cuarto.
4. Viernes.
5. No, no sé.
6. Voy a ir mañana.
7. Prefiero esta camisa.
8. Porque estoy a régimen.
9. En Buenos Aires.

INFORME ORAL

Tell what the clerk at the American consulate told Pedro he has to do in order to get a visa.

Machu Picchu in Peru.

Noticias de un amigo

PEDRO: ¿Recuerdas a David Pérez?

RAÚL: ¿El peruano? Sí, lo recuerdo muy bien. ¿Qué es de su vida?

PEDRO: Hace dos años que vive en los Estados Unidos. Su padre enseña literatura hispanoamericana en una universidad cerca de San Francisco. David va a terminar el doctorado en arqueología a fines de junio.

RAÚL: ¿Piensa volver a su país?

PEDRO: Sí. Precisamente en una de sus cartas habla de la posibilidad de ir a vivir en Cuzco.

RAÚL: ¡Qué gran idea! Cuzco es un lugar interesantísimo y está muy cerca de Machu Picchu, un paraíso para arqueólogos.

PEDRO: En su última carta dice que se casa en julio. Aquí la tengo, ¿quieres leerla?

La carta de David

San Francisco, 22 de mayo

Querido Pedro:

Estoy contentísimo con la noticia de tu viaje a Houston. Te felicito por la decisión de estudiar en la Universidad Rice. Tengo dos buenos amigos que estudian arquitectura allí: Jorge Landa y Carlos Elgart. Los dos son de Córdoba. Al pie de esta carta te mando su dirección.

No puedo escribir más a menudo porque en estos momentos estoy muy ocupado con la tesis, los exámenes y los preparativos de mi boda. Hace tres meses que no como ni duermo. Si todo va bien, recibo mi diploma en junio, ¡y pierdo mi libertad de inmediato! Mi novia se llama Patricia, es de Los Angeles y sigue cursos de literatura española en la universidad donde enseña papá. Tiene veintitrés años, es rubia, alta, de ojos azules, está loca por mí . . . ¡y dice que va a soportarme hasta el fin de nuestros días!

Vamos a pasar nuestra luna de miel en Cuzco. Pensamos volver allí en forma permanente el año próximo.

Quiero invitarte a pasar las vacaciones de navidad en casa. Vivimos en Santa Cruz, un lugar ideal para descansar, con playas y montañas cerca. ¡Te esperamos en diciembre sin falta!

Ahora recuerdo que tu cumpleaños es el 2 de junio. ¡Que los cumplas muy felices!

Bueno, termino por ahora. Espero tus noticias. Muchos saludos a tus padres y hermanos.

Un abrazo
David

P.D. La dirección de mis amigos es:
2205 Dorrington
Houston, Texas

Observaciones sobre el vocabulario

¿Qué es de su vida? What's become of him (you)? (*lit.*, What is it of his (your) life?)
rubia / morena
a fines de / a comienzos de
El se casa. He's getting married.
El se llama . . . He's called . . . (*lit.*, He calls himself . . .)
felicitar por to congratulate on
seguir cursos to take courses (*lit.*, to follow courses)
tener veinte años to be twenty years old
Esta loca por mí. She's crazy about me.
luna de miel honeymoon
en forma permanente = permanentemente
¡Que los cumplas muy felices! Many happy returns!
    (*lit.*, May you be happy on your anniversary!)
Muchos saludos a tus padres. Say hello to your parents.
    (*lit.*, Many regards to your parents.)
un abrazo a hug (This is a formula used mostly by men to finish a letter to a friend.)
P.D. = Post Data P.S.
la noticia *singular form*
las noticias *plural form*

Note that, except for the first day of the month, cardinal numbers are used to indicate
    dates:

    El primero de mayo
    El dos de mayo

Nacionalidades:
    peruano
    argentino
    mejicano
    guatemalteco
    venezolano
    chileno
    uruguayo

Carreras:
    arquitectura
    ingeniería
    sociología
    psicología
    medicina
    profesorado (teaching as a career)

Notas de interés

Machu Picchu served as a last refuge for the Incas who were fleeing the Spaniards. To this day no one knows why or when this city was abandoned by its inhabitants. Its ruins were discovered in 1911.

Since the end of World War II there has been a steady influx of professional people from Latin America to the United States.

38. The Personal *a*

Conozco	**tu libro.**
Comprende	**mi carta.**
Buscamos	**el libro.**
Traen	**la ropa.**

Conozco	**a**	**tu padre.**
Comprende	**a**	**mis amigos.**
Buscamos	**al**	**profesor.**
Traen	**a**	**las profesoras.**

The preposition **a** is used before a direct object that refers to a specific person or persons. **A** does not usually occur after the verb **tener**:

Tengo $\begin{cases} \text{muchos libros.} \\ \text{muchos amigos.} \end{cases}$

(a) Cambie las oraciones de acuerdo a los modelos

Ese lugar es ideal.
Conozco ese lugar.

Ese profesor es interesante.
Conozco a ese profesor.

1. Esas chicas son argentinas.
2. Este libro es muy bueno.
3. Estos alumnos son excelentes.
4. Esta profesora es inglesa.
5. Esos sacos son baratos.
6. Esas camisas son de Inglaterra.

(b) Cambie la oración del modelo según la clave.[1]

¿Recuerdas la noticia? (David Pérez?)
¿Recuerdas a David Pérez?

---

[1] Change the model sentence according to the clue.

1. la profesora
2. el libro
3. el programa
4. el gerente
5. la alumna
6. mi amiga

 The Direct Object Pronouns: *lo, la, los, las*

| Conozco | **tu libro.** | | **Lo** | conozco. |
| Conozco | **a tu padre.** | | **Lo** | conozco. |

| No comprende | **mi carta.** | No | **la** | comprende. |
| No comprende | **a mi amiga.** | No | **la** | comprende. |

| Buscan | **los libros.** | | **Los** | buscan. |
| Buscan | **a los amigos.** | | **Los** | buscan. |

| Traen | **las camisas.** | | **Las** | traen. |
| Traen | **a las amigas.** | | **Las** | traen. |

Lo (*him, it*) and **los** (*them*) replace a masculine noun.
La (*her, it*) and **las** (*them*) replace a feminine noun.

Note that **no** precedes object pronouns.

(a) Cambie las oraciones siguientes reemplazando el objeto directo por un pronombre.[1]

EJEMPLOS: Recuerdo la calle.
La recuerdo.

Recuerdo las calles.
Las recuerdo, etc.

1. Recuerdo el programa.
2. Recuerdo la universidad.
3. Recuerdo las calles.

---

[1] Change the following sentences replacing the direct object with a pronoun.

los 4. Recuerdo los negocios.

las 5. Recuerdo las tiendas.

lo 6. Recuerdo el restaurante.

(b) Cambie las oraciones según el modelo.

¿Conoce a David Pérez?
¿Lo conoce?

lo 1. ¿Conoce a mi amigo?

los 2. ¿Conoce a los dueños?

las 3. ¿Conoce a las alumnas?

los 4. ¿Conoce a los profesores?

lo 5. ¿Conoce al profesor?

la 6. ¿Conoce a la profesora?

(c) Conteste a las preguntas de acuerdo al modelo.

¿Recuerdas a David Pérez?
Sí, lo recuerdo.

la 1. ¿Recuerdas a Marta López?

los 2. ¿Recuerdas a mis amigos?

la 3. ¿Recuerdas a mi amiga?

lo 4. ¿Recuerdas al profesor?

lo 5. ¿Recuerdas a la profesora?

(d) Conteste a las preguntas según el modelo.

¿Busca a la alumna?
No, no la busco.

1. ¿Busca el libro?

2. ¿Busca a mi amigo?

3. ¿Busca a las alumnas?

4. ¿Busca al profesor?

5. ¿Busca a sus amigos?

40. The Direct Object Pronouns: *me, nos, lo* (you), *la* (you), *los* (you), *las* (you)

Compare the two sets of examples and note in each case the object pronoun that corresponds to the subject pronoun:

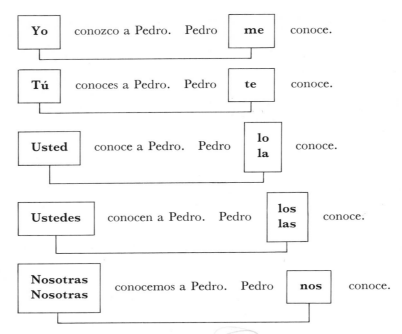

Note that the object pronouns **me, te,** and **nos** do not distinguish gender.

(a) Cambie las oraciones de acuerdo a los modelos.

Yo conozco a Pedro.
Pedro me conoce.

Tú conoces a Pedro.
Pedro te conoce.

Nosotros conocemos a Pedro.
Pedro nos conoce.

1. Yo escucho a Pedro.
2. Yo miro a Pedro.
3. Nosotros buscamos a Pedro.
4. Tú escuchas a Pedro.
5. Nosotros miramos a Pedro.

(b) Conteste a las preguntas según los modelos.

Yo soy Raúl, ¿me busca su padre?
Sí, mi padre lo busca.

Yo soy Teresa, ¿me busca su amigo?
Sí, mi amigo la busca.

1. Yo soy David, ¿me necesita su padre?
2. Yo soy Marta, ¿me conoce su amigo?
3. Yo soy María, ¿me busca su madre?
4. Yo soy Ernesto, ¿me conoce su profesor?
5. Yo soy Pancho, ¿me necesita su amigo?

(c) Conteste a las preguntas según los modelos.

Somos los señores López, ¿nos conoce su padre?
Sí, mi padre los conoce.

Somos las señoritas López, ¿nos conoce su madre?
Sí, mi madre las conoce.

1. Somos Teresa y María, ¿nos busca su amigo?
2. Somos Pedro y Raúl, ¿nos busca su padre?
3. Somos las señoritas Pérez, ¿nos conoce su madre?
4. Somos los señores Landa, ¿nos necesita su amigo?
5. Somos Jorge y Carlos, ¿nos busca su profesor?

 The Stem Change ⎡-o-⎤ **to** ⎡-ue-⎤ **in Verbs**

rec ⎡o⎤ rdar	Rec│ue│rdo	a David.
	Rec│ue│rdas	las calles.
	Rec│ue│rda	la ciudad.
	Rec│ o │rdamos	al profesor.
	Rec│ue│rdan	a Pedro.

Some verbs such as **recordar** which have ⎡-o-⎤ as the last stem vowel change
it to ⎡-ue-⎤ when it is *stressed*. Verbs such as **volver** (*to come back*), **poder** (*can,
to be able*), and **dormir** (*to sleep*) undergo this change.

Cambie cada una de las oraciones siguientes según el pronombre que se da
como clave.

1. Yo recuerdo a David.
2. Yo vuelvo a Perú.

3. Yo puedo escribir de inmediato.
4. Yo duermo por la tarde.

   a) tú
   b) él
   c) ellos
   d) nosotros
   e) usted

EJEMPLO: Tú recuerdas a David.

 The Stem Change -e- to -ie- in Verbs

qu e rer

Qu·ie·ro	escribir a mis amigos.
Qu·ie·res	leer la carta.
Qu·ie·re	ir mañana.
Qu· e ·remos	estudiar en California.
Qu·ie·ren	viajar a los Estados Unidos.

Some verbs such as **querer** which have -e- as the last stem vowel change it
to -ie- when it is *stressed*. Verbs such as **pensar** (*to think, to plan*), **preferir**
(*to prefer*), **comenzar** (*to begin*), **perder** (*to lose*), and **cerrar** (*to close*) undergo
this change.

Cambie cada una de las oraciones siguientes según el pronombre que se da
como clave.

1. Yo quiero leer la carta.
2. Yo pienso viajar pronto.
3. Yo comienzo las clases en septiembre.
4. Yo prefiero ir mañana.
5. Yo pierdo la libertad.

   a) usted
   b) tú
   c) él
   d) ellas
   e) nosotros

EJEMPLO: Usted quiere leer la carta.

43. The Stem Change -e- to -i- in Verbs

gu - hard "g" - not "goo"

s [e] guir		cursos de inglés.
	Si go	cursos de inglés.
	Si gues	arquitectura.
	Si gue	a su novia.
	Se guimos	dos cursos.
	Si guen	cursos de español.

Some verbs such as **seguir**, **conseguir**, and **servir** (*to serve*) which have -e- as the last stem vowel change it to -i- when it is *stressed*.

Cambie cada una de las oraciones siguientes según el pronombre que se da como clave.

1. Yo consigo la visa.
2. Yo sigo un curso de español.
3. Yo sirvo el postre.

   a) usted
   b) nosotros
   c) tú
   d) ella
   e) ellos

EJEMPLO: Usted consigue la visa. Nosotros . . . , etc.

44. Positions of Object Pronouns

Lo	compro.
La	vendo.
Los	leo.
Las	sigo.

Voy a	comprarlo.
Pienso	venderla.
Quiero	leerlos.
Puedo	seguirlas.

Lo	voy a	comprar.
la	pienso	vender.
Los	quiero	leer.
Las	puedo	seguir.

Object pronouns normally precede the verb. They may precede or follow constructions made up of VERB (+ **a**) + INFINITIVE.

Note that INFINITIVE + PRONOUN is spelled as one word.

(a) Cambie las oraciones de acuerdo al modelo.

Quiero comprar la casa.
Quiero comprarla.
La quiero comprar.

1. Quiero buscar las camisas.
2. Quiero terminar el doctorado.
3. Quiero mandar la dirección.
4. Quiero escribir las cartas.
5. Quiero comer el postre.

(b) Conteste a las preguntas según el modelo.

¿Va a comprar la casa?
Sí, voy a comprarla.
Sí, la voy a comprar.

1. ¿Va a escuchar los discos?
2. ¿Va a buscar la corbata?
3. ¿Va a leer el libro?
4. ¿Va a abrir la tienda?
5. ¿Va a estudiar este tema?

(c) Conteste a las preguntas según el modelo.

¿Quiere vender el coche?
Sí, lo quiero vender.

1. ¿Piensa comprar la casa?
2. ¿Puede traer las fotografías?
3. ¿Tiene que llenar los formularios?
4. ¿Va a recibir el certificado?
5. ¿Puede conseguir la visa?
6. ¿Quiere conocer a Pedro?

(d) Conteste a las preguntas según el modelo.

¿Quiere leer el diario?
No, no quiero leerlo.
No, no lo quiero leer.

1. ¿Puede comprar el traje?
2. ¿Piensa estudiar el libro?
3. ¿Va a escribir las cartas?
4. ¿Tiene que llenar los formularios?
5. ¿Tiene que traer las fotografías?

The Verb *hacer* (Present Indicative)

Study the forms of the irregular verb **hacer** (*to do, to make*).

Hago	un viaje.
Haces	todo el trabajo.
Hace	mi trabajo.
Hacemos	investigaciones.
Hacen	calles.

(a) Cambie las oraciones siguientes a la forma negativa.

1. Hacen preguntas.
2. Hacemos un flan.
3. Hace un viaje.
4. Haces el trabajo.
5. Hago un examen.

(b) Dé la forma del verbo *hacer* que corresponda según el sujeto.

   Pedro hace un viaje.

1. Usted
2. Ustedes
3. Tú
4. Nosotros
5. Yo

 The Verb *decir* (Present Indicative)

Study the forms of the irregular verb **decir** (*to say, to tell*).

Digo	el poema.
Dices	la noticia.
Dice	que me conoce.
Decimos	la verdad.
Dicen	que no van.

(a) Cambie las oraciones siguientes a la forma interrogativa.

1. Dicen la noticia.
2. Dice que no van.
3. Dices la verdad.
4. Digo el poema.
5. Decimos la verdad.

(b) Dé la forma del verbo *decir* que corresponda según el sujeto.

Dice que va a hacer calor.

1. Tú
2. Usted
3. Ellos
4. Pedro
5. Yo
6. Nosotros

 The Possessive Adjectives: *tu, tus, su, sus*

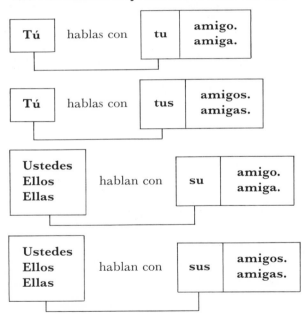

(a) Conteste a las preguntas según los modelos.

¿Vas a hablar con mi amigo?
Sí, voy a hablar con tu amigo.

¿Va a hablar con mi amigo?
Sí, voy a hablar con su amigo.

1. ¿Quiere hablar con mi amigo?
2. ¿Puedes hablar con mi amigo?

3. ¿Necesita hablar con mis amigos?
4. ¿Tiene que hablar con mi amiga?
5. ¿Quieres hablar con mis amigas?
6. ¿Tienes que hablar con mi amigo?
7. ¿Va a hablar con mis amigos?

(b) Conteste a las preguntas según el modelo.

> ¿Vas a hablar con el amigo de Pedro?
> Sí, voy a hablar con su amigo.

1. ¿Vas a comer con el padre de María?
2. ¿Vas a viajar con los hermanos de Pedro y Raúl?
3. ¿Vas a estudiar con las amigas de Marta?
4. ¿Vas a hablar con la hermana de Raúl?

 The Possessive Adjectives: *nuestro, nuestra, nuestros, nuestras*

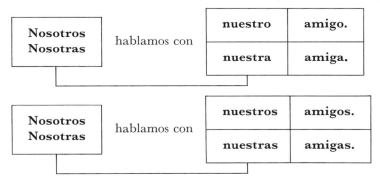

Note that the above possessive adjectives are the only ones that agree in *number* and *gender* with the noun they modify.

Conteste a las preguntas según el modelo.

> ¿Hablan ustedes con sus profesores en español?
> Sí, hablamos con nuestros profesores en español.

1. ¿Trabajan ustedes con sus hermanos?
2. ¿Viajan ustedes con sus padres?
3. ¿Viven ustedes con su madre?
4. ¿Estudian ustedes con sus amigas?
5. ¿Viven ustedes con su padre?
6. ¿Comen ustedes con sus hermanas?

Summary of Possessive Adjectives

Study and review the possessive adjectives that correspond to each subject pronoun:

SUBJECT PRONOUN	POSSESSIVE ADJECTIVE
yo	mi, mis
tú	tu, tus
usted	su, sus
él	su, sus
ella	su, sus
nosotros	nuestro, nuestra nuestros, nuestras
nosotras	nuestro, nuestra nuestros, nuestras
ustedes	su, sus
ellos	su, sus
ellas	su, sus

(a) Conteste a las preguntas según el modelo.

> ¿Van a hablar ustedes con sus amigos?
> Sí, vamos a hablar con nuestros amigos.

1. ¿Van a comer ustedes con sus hermanas?
2. ¿Vas a estudiar tú con tus amigos?
3. ¿Va a viajar Teresa con sus padres?
4. ¿Van a vivir ustedes con sus hermanos?
5. ¿Va a invitar usted a sus amigas?

(b) Cambie las oraciones siguientes de acuerdo al modelo.

Yo tengo un libro interesante.
Mi libro es interesante.

1. Yo tengo un amigo argentino.
2. Usted tiene un profesor inglés.
3. Nosotros tenemos una casa alta.
4. Tú tienes un impermeable importado.
5. Ustedes tienen amigos norteamericanos.
6. Ellos tienen ropa cara.
7. Marta tiene un reloj barato.

 The Suffix -*ísimo* (-*ísima*), -*ísimos* (-*ísimas*)

un libro	particular		un libro	particular	ísimo
una casa	particular		una casa	particular	ísima
libros	particulares		libros	particular	ísimos
casas	particulares		casas	particular	ísimas

To add emphasis to the idea expressed by an adjective or some adverbs, a form of the suffix **-ísimo** is appended. Adjectives ending in a vowel drop the vowel before adding **-ísimo**. In normal conversational style, the form in **-ísimo** is interchangeable with **muy** + ADJECTIVE:

contentísimo = muy contento

Cambie los adjetivos de las oraciones siguientes de acuerdo al modelo.

Estoy muy contento con la noticia.
Estoy contentísimo con la noticia.

1. Estoy muy ocupado en estos momentos.
2. El libro es muy interesante.
3. Mi novia es muy alta.
4. El postre es muy bueno.
5. Los profesores son muy altos.

 The Use of the Present Indicative after *hace* . . . *que*

¿Cuánto tiempo hace que . . .?

Hace	dos años	que	enseña literatura.
	un mes		vive en Santa Cruz.

| Hace | tres días
dos días | que | no
no | duerme.
come. |

Hace . . . que is used to indicate the period of time during which something has or has not been taking place. Note that Spanish uses the present indicative regardless of whether it is an affirmative or negative statement.

Compare the following constructions:

| **Hace** | **dos meses** | **que** | **estudio español.** |

| I have been studying | Spanish | for two months. |

| **Hace** | **dos meses** | **que** | **no** | **estudio español.** |

| I haven't studied | Spanish | for two months. |

(a) Combine las frases siguientes de acuerdo al modelo.[1]

> Estudio inglés. (tres meses)
> Hace tres meses que estudio inglés.

1. Trabajo aquí. (dos días)
2. Enseño inglés. (dos años)
3. Estudio español. (tres meses)
4. Leo este libro. (cuatro horas)
5. Escribo esta carta. (media hora)

(b) Conteste a las preguntas de acuerdo al modelo.

> ¿Cuánto tiempo hace que estudia español? (tres meses)
> Hace tres meses que estudio español.

1. ¿Cuánto tiempo hace que busca el libro? (una hora)
2. ¿Cuánto tiempo hace que trabaja aquí? (un día)
3. ¿Cuánto tiempo hace que enseña aquí? (diez años)
4. ¿Cuánto tiempo hace que practica? (tres horas)
5. ¿Cuánto tiempo hace que lee? (media hora)

---

[1] Combine the following phrases according to the model.

(c) Formule preguntas de acuerdo al modelo.

Hace dos meses que viajo.
¿Cuánto tiempo hace que viaja?

1. Hace cinco años que vivo aquí.
2. Hace dos años que estudio arquitectura.
3. Hace dos días que no duermo.
4. Hace tres meses que no descanso.
5. Hace un año que no escribo.

EJERCICIO DE RECAPITULACIÓN

Conteste a las preguntas siguientes:

1. ¿Conoce usted San Francisco?
2. ¿Recuerda la película «Navidad Blanca»?
3. ¿Recuerda a Laurel y Hardy?
4. ¿Me comprende bien cuando hablo español?
5. ¿Me escucha cuando hablo en clase?
6. ¿Duerme usted mucho los sábados?
7. ¿A qué hora vuelve a su casa generalmente?
8. ¿Puede estudiar por la noche?
9. ¿Puede comprenderme cuando hablo español?
10. ¿Quiere usted estudiar francés?
11. ¿Qué prefiere, descansar el sábado o el domingo?
12. ¿Sigue usted cursos de arquitectura?
13. ¿Qué hace usted cuando tiene hambre?
14. ¿Cuánto tiempo hace que estudia castellano?
15. ¿Cuándo terminan las clases este año?
16. ¿Está usted muy ocupado (ocupada) por la tarde?
    ¿Qué hace por la tarde?
17. ¿A qué hora cierran las tiendas los sábados?
18. ¿Espera viajar para navidad?

PREGUNTAS SOBRE EL TEMA CUATRO

1. ¿De qué nacionalidad es David?
2. ¿Recuerda Raúl a David?
3. ¿Qué hace el padre de David?
4. ¿Cuánto tiempo hace que David vive en los Estados Unidos?
5. ¿Cuándo va a terminar David el doctorado en arqueología?
6. ¿Piensa volver a su país?

7. ¿Cómo sabe Pedro que David piensa volver a Perú?
8. ¿Dónde piensa ir a vivir David?
9. ¿Por qué dice Raúl que es una gran idea?
10. ¿Por qué es Cuzco un lugar interesantísimo?
11. ¿Cuándo se casa David?
12. ¿Desde dónde escribe David?
13. ¿Con qué está muy contento David?
14. ¿Por qué felicita David a Pedro?
15. ¿Qué estudian los amigos de David?
16. ¿Cómo se llaman los amigos de David?
17. ¿De dónde son?
18. ¿Dónde manda la dirección de Jorge y Carlos?
19. ¿Por qué no puede escribir David más a menudo?
20. ¿Por qué no come ni duerme?
21. ¿Cuándo recibe su diploma?
22. ¿Cuándo «pierde su libertad»?
23. ¿Como se llama la novia de David?
24. ¿De dónde es?
25. ¿Qué estudia?
26. ¿Dónde estudia?
27. ¿Cuántos años tiene?
28. ¿Cómo es?
29. ¿Piensa usted que Patricia está loca por David? ¿Por qué?
30. ¿Dónde van a pasar su luna de miel Patricia y David?
31. ¿Dónde piensan vivir en forma permanente? ¿Cuándo?
32. ¿Cuándo es el cumpleaños de Pedro?
33. ¿A qué invita David a Pedro?
34. ¿Dónde viven David y sus padres?
35. ¿Cómo es Santa Cruz?
36. ¿A quién manda saludos David?
37. ¿Cuándo espera David a Pedro?

PREGUNTAS GENERALES

1. ¿De dónde es usted?
2. ¿Recuerda usted al general Eisenhower?
3. ¿Conoce usted San Francisco?
4. ¿Vive usted cerca de la playa o cerca de la montaña?
5. ¿Quién enseña sociología en esta universidad?
6. ¿Cuándo piensa terminar sus estudios?
7. ¿Piensa volver a su ciudad?

8. ¿Piensa usted ir a vivir en Nueva York?
9. ¿Qué lugares interesantísimos hay cerca de aquí?
10. ¿Qué sabe usted de Machu Picchu?
11. ¿Qué lugar en este país es un paraíso para arqueólogos?
12. ¿Qué día es hoy?
13. ¿Cómo comienza usted una carta en español?
14. ¿Cómo la termina?
15. ¿Está usted muy contento con sus cursos en la universidad?
16. ¿Quiere usted viajar este verano? ¿Adónde?
17. ¿Recibe usted buenas noticias a fines de semestre?
18. ¿Cómo felicita usted a sus amigos el día de su cumpleaños?
19. ¿Cuál es su dirección?
20. ¿Puede usted escribir a menudo a sus padres?
21. ¿Está usted muy ocupado en estos momentos? ¿Por qué?
22. ¿Tiene exámenes esta semana?
23. ¿Duerme bien cuando tiene exámenes?
24. ¿Sigue usted cursos de literatura inglesa?
25. ¿Cuántos años tiene usted?
26. ¿Cuándo es su cumpleaños?
27. ¿Qué color de ojos tiene usted?
28. ¿Piensa usted que va a poder soportar este curso mucho tiempo?
29. ¿Dónde piensa usted vivir en forma permanente?
30. ¿Dónde piensa usted pasar las vacaciones de navidad?
31. ¿Qué prefiere, la playa o las montañas?
32. ¿Cuándo espera ir a su casa?

Formule las preguntas que correspondan a estas respuestas:

1. Sí, lo recuerdo muy bien.
2. Hace cinco meses que enseña aquí.
3. En agosto.
4. ¡Qué gran idea!
5. No, muchas gracias.
6. Porque estoy ocupadísimo.
7. Se llama Marta.
8. En San Antonio.
9. El 15 de febrero.
10. Cerca de Santa Cruz.

INFORME ORAL

Give a summary of David's letter.

Typical courtyard in Lima.

La invitación de Ricardo

El lunes por la mañana Raúl recibió una llamada de larga distancia de Ricardo Williams, un viejo amigo del colegio secundario.

RICARDO: Hola, ¿con quién hablo? ¿Raúl? ¿Qué tal? Tanto tiemp . . .

RAÚL: ¡Ricardo! ¡Qué sorpresa! ¿De dónde llamas?

RICARDO: Estoy en el Aeropuerto de Ezeiza.

RAÚL: ¿Vienes a Buenos Aires, verdad?

RICARDO: Esta vez no puedo, estoy muy apurado. Llegué de Mar del Plata hace diez minutos y me voy dentro de media hora. Voy a Montevideo para conocer a mi primer sobrino que nació hace dos días.

RAÚL: ¡Felicitaciones! Me imagino la alegría de toda la familia.

RICARDO: ¿Qué sabes de Roberto, José y Pancho? Tengo muchísimas ganas de ver a toda la barra.

RAÚL: Están todos muy bien. José piensa casarse pronto. Precisamente ayer comimos un asado en casa de Pancho. ¿Vas a venir a Buenos Aires antes de volver a Mar del Plata? Hace siglos que no te vemos . . .

RICARDO: Tengo que volver directamente a Mar del Plata pero quiero invitarlos a pasar el fin de semana próximo en la estancia. ¿Puedes venir?

RAÚL: Sí, con mucho gusto. Si quieres ahorrar tiempo, puedo llamar a los muchachos . . .

RICARDO: Me haces un gran favor . . . Todavía no saqué el pasaje y mi avión sale a las diez.

RAÚL: ¿Qué trenes hay los sábados?

RICARDO: Pueden tomar el tren que sale de Constitución a las seis de la mañana y llega a mediodía.

RAÚL: Perfecto. Si no podemos ir, mandamos un telegrama. Muchos saludos a Gladys y a su marido.

RICARDO: Gracias. Bueno, hasta el sábado, espero. Un abrazo.

. . . .

El viernes por la noche Raúl se acostó muy temprano. Se durmió después de leer el diario de la tarde. A la mañana siguiente se despertó a las cuatro y media y de inmediato se levantó. Tardó sólo veinte minutos en ducharse, afeitarse y vestirse. Hizo la valija y salió rápidamente sin tomar el desayuno.

A una cuadra de su casa tomó el ómnibus que va a la Estación Constitución. En quince minutos llegó a la estación.

EMPLEADO: ¿Para dónde el boleto, señor?

RAÚL: Para . . . ¡Caramba! ¡Qué tonto soy! No recuerdo bien si hay que bajar en Mar del Plata o en un pueblo antes. Voy a preguntar a mis amigos.

Raúl salió de la cola y corrió hasta el andén. Buscó en vano a sus amigos. Cuando miró el reloj del hall para verificar la hora comprendió su error.

RAÚL: ¡Las cuatro y media! ¡Qué memoria! Ayer cambiaron la hora y me olvidé de atrasar el reloj.

Observaciones sobre el vocabulario

Tanto tiempo. It's been so long (*lit.*, such a long time).
llegar de to arrive from
llegar a to arrive at, in
hace media hora half an hour ago
ir to go
irse to go away, to leave
estancia ranch (*rancho* en Méjico, *cortijo* en España)
colegio secundario secondary school
nacer to be born
tener ganas de to want very much to, to feel like
casarse to get married (**Se casó** He got married.)
casarse con to marry (**Se casó con Ana.** He married Ana.)
fin de semana weekend
sacar un boleto to get a ticket (for train)
sacar un pasaje to get a ticket (for plane or boat)
marido/esposa
a la mañana siguiente the next morning
al día siguiente the next day
hacer la valija (o las valijas) to pack
ómnibus = autobús (*en España*), **camión** (*en Méjico*)
Tardó veinte minutos en ducharse. It took him twenty minutes to take a shower.
a una cuadra de . . . (at) one block from . . .
¿adónde? whereto?

Parientes: padre, madre
hermano, hermana
sobrino, sobrina
tío, tía
abuelo, abuela

Notas de interés

Uruguay and Argentina are separated by the River Plate, the largest river in the world. There are very close ties between the two countries. The language spoken on both sides of the River Plate is almost identical.

The two main railroad stations in Buenos Aires are *Constitución* and *Retiro*.

The *Pretérito* of -ar- Verbs

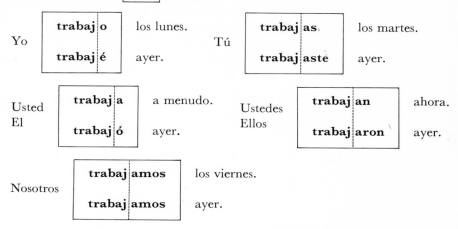

Yo   **trabaj** o   los lunes.
     trabaj é   ayer.

Tú   **trabaj** as   los martes.
     trabaj aste   ayer.

Usted   **trabaj** a   a menudo.
El   **trabaj** ó   ayer.

Ustedes   **trabaj** an   ahora.
Ellos   **trabaj** aron   ayer.

Nosotros   **trabaj** amos   los viernes.
           trabaj amos   ayer.

The *pretérito* is a past tense denoting a simple, completed action in the past.

Note that the endings of the **nosotros** form are the same in the present and in the *pretérito*. The meaning is determined by the context.

-er and -ar stem-changing verbs do not change the stem in the *pretérito*.

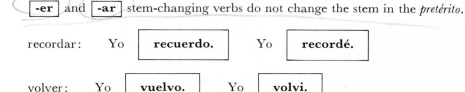

recordar: Yo   **recuerdo.**   Yo   **recordé.**

volver: Yo   **vuelvo.**   Yo   **volvi.**

(a) Formule preguntas según el modelo.

   Usted eneña español.
   ¿Enseñó usted español ayer?

1. Usted viaja a Buenos Aires.
2. Usted habla con el profesor.
3. Usted estudia castellano.
4. Usted manda la carta.
5. Usted llama a sus amigos.

(b) Conteste a las preguntas según el modelo.

   ¿Usted enseñó español ayer?
   Sí, ayer enseñé español.

1. ¿Usted llegó ayer?
2. ¿Usted mandó la dirección ayer?
3. ¿Usted soportó a su profesor ayer?
4. ¿Usted pasó una hora aquí ayer?
5. ¿Usted descansó mucho ayer?
6. ¿Usted esperó a Pedro ayer?

(c) Formule las preguntas que correspondan según el modelo.

> Sí, viajé el lunes.
> ¿Viajo el lunes?

1. Sí, terminé el jueves.
2. Sí, descansé el domingo.
3. Sí, miré la película el sábado.
4. Sí, felicité a mis amigos ayer.
5. Sí, mandé las cartas el martes.
6. Sí, estudié el tema tres el viernes.

(d) Formule las preguntas que correspondan según el modelo.

> Tú trabajas los lunes.
> ¿Y ayer, trabajaste también?

1. Tú descansas los sábados.
2. Tú estudias los martes.
3. Tú viajas los jueves.
4. Tú enseñas los miércoles.
5. Tú practicas los viernes.
6. Tú trabajas los sábados.

(e) Formule las preguntas que correspondan según los modelos.

> Ustedes trabajan los martes.
> ¿Y ayer, trabajaron también?

> Ellos estudian los jueves.
> ¿Y ayer, estudiaron también?

1. Ustedes descansan los domingos.
2. Ustedes viajan los jueves.
3. Ellos practican los lunes.
4. Ustedes enseñan los martes.
5. Ellas estudian los sábados.
6. Ellos trabajan los miércoles.

(f)   Conteste a las preguntas según los modelos.

    ¿Viajó ayer?
    Sí, ayer viajé.

    ¿Viajaron ayer?
    Sí, ayer viajamos.

1. ¿Estudiaron ayer?
2. ¿Descansó ayer?
3. ¿Practicó ayer?
4. ¿Llamaron ayer?
5. ¿Terminó ayer?
6. ¿Enseñaron ayer?

(g)   Cambie las oraciones siguientes al pretérito según el modelo.

    Recuerdo la dirección.
    Recordé la dirección.

1. Pienso ir el lunes.
2. Comienzo las clases esta mañana.
3. Cierro la tienda a las seis.
4. Recuerdo a mis amigos.
5. Piensan comprar esta casa.
6. Comienzan el viaje a las cinco.

 The *Pretérito* of -er- and -ir Verbs

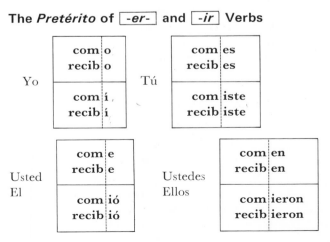

com	**emos**
recib	**imos**

Nosotros

com	**imos**
recib	**imos**

| -er | and | -ir | verbs have the same endings in the *pretérito*.

Most verbs whose stem ends in a vowel (**cre-er, le-er,** etc.) place an accent mark over the **i** of | iste | and | -imos |.

tú
nostros

leíste
leímos

Likewise, the **i** of | -ió | and | -ieron | is changed to **y.**

él
ellos

leyó
leyeron

(a) Formule las preguntas que correspondan según el modelo.

Usted vende la casa.
¿Usted vendió la casa ayer?

1. Usted come en un restaurante.
2. Usted recibe muchas cartas.
3. Usted escribe las instrucciones.
4. Usted lee el tema cuatro.
5. Usted comprende el disco.
6. Usted abre la tienda.

(b) Conteste a las preguntas según el modelo.

¿Usted vendió la casa ayer?
Sí, ayer vendí la casa.

1. ¿Usted abrió las cartas ayer?
2. ¿Usted escribió a sus padres ayer?
3. ¿Usted creyó a los diarios ayer?
4. ¿Usted comprendió la película ayer?
5. ¿Usted recibió la visa ayer?
6. ¿Usted comió en la universidad ayer?

(c) Formule las preguntas que correspondan según el modelo.

Sí, viví aquí antes.
¿Vivió aquí antes?

1. Sí, vendí mucho el jueves.
2. Sí, abrí la tienda a las ocho.
3. Sí, viví en Buenos Aires antes.
4. Sí, leí los diarios.
5. Sí, recibí las cartas.
6. Sí, comprendí las instrucciones.

(d) Formule las preguntas que correspondan según el modelo.

Tú abres la tienda los sábados.
¿Y ayer, abriste la tienda también?

1. Tú vendes libros los lunes.
2. Tú escribes a tus padres los domingos.
3. Tú recibes a tus amigos los sábados.
4. Tú comes en el restaurante los martes.
5. Tú lees los diarios los domingos.

(e) Formule las preguntas que correspondan según los modelos.

Ustedes comen aquí los martes.
¿Y ayer, comieron aquí también?

Ellos comen aquí los jueves.
¿Y ayer, comieron aquí también?

1. Ustedes ven películas españolas los domingos.
2. Ellos leen los diarios los sábados.
3. Ellos comen en casa los jueves.
4. Ustedes reciben cartas los martes.
5. Ustedes abren a las nueve.

(f) Conteste a las preguntas según los modelos.

¿Recibió los formularios?
Sí, recibí los formularios.

¿Recibieron los formularios?
Sí, recibimos los formularios.

1. ¿Comieron en la universidad?
2. ¿Vendieron la casa?
3. ¿Escribó a la universidad?
4. ¿Leyó el último libro de Pedro?
5. ¿Comprendió las instrucciones?
6. ¿Abrieron la tienda ayer?

(g) Conteste a las preguntas según el modelo.

>   ¿Vuelve a la universidad el lunes?
>   No, volví ayer.

1. ¿Pierde su libertad en agosto?
2. ¿Vuelve a su casa pronto?
3. ¿Pierde sus libros a menudo?
4. ¿Vuelve al consulado a menudo?

The Verb *salir* (Present Indicative)

Study the forms of the irregular verb **salir** (*to leave, to go out*).

Sal go	a las cinco.
Sal es	con María.
Sal e	a menudo.
Sal imos	muy temprano.
Sal en	para Madrid.

(a) Formule preguntas usando *cuándo* o *con quién* según los modelos.[1]

>   Pedro sale con Teresa.
>   ¿Con quién sale Pedro?

>   Pedro sale mañana.
>   ¿Cuándo sale Pedro?

1. Nosotros salimos el jueves.
2. Ellos salen con mis amigos.
3. Usted sale el martes.
4. Yo salgo con mis padres.
5. Yú sales mañana.

---

[1] Ask questions using **cuándo** or **con quién** according to the models.

(b) Dé la forma del presente del verbo *salir* que corresponda según el sujeto.

Pedro sale el domingo.

1. Nosotros
2. Tú
3. Yo
4. Ustedes
5. Usted
6. Ellas

55. The Verb *venir* (Present Indicative)

Study the forms of the irregular verb **venir** (*to come*).

Veng|o	temprano.
Vien|es	a las seis.
Vien|e	con Pedro.
Ven|imos	a Buenos Aires.
Vien|en	de Montevideo.

(a) Formule preguntas con *cuándo* o *de dónde* según los modelos.

Viene el domingo.
¿Cuándo viene?

Viene de Buenos Aires.
¿De dónde viene?

1. Vienen de Montevideo.
2. Venimos el martes.
3. Vengo pronto.
4. Vienes de San Francisco.
5. Viene los miércoles.

(b) Dé la forma del presente del verbo *venir* que corresponda según el sujeto.

Viene a Buenos Aires el lunes próximo.

1. Ustedes
2. Yo
3. Tú
4. Nosotros
5. Usted
6. Ellas

The Verb *ver* (Present Indicative)

Study the forms of the irregular verb **ver** (*to see*).

Ve	o	el tren.
V	es	a mis amigos.
V	e	a su familia.
V	emos	a nuestro sobrino.
V	en	la película.

Note that the first person singular is the only irregular form of the present indicative of this verb.

(a) Formule preguntas usando *qué* o *a quién* según los modelos.

> Ven el tren.
> ¿Qué ven?
>
> Ven a Pedro.
> ¿A quién ven?

1. Vemos a la amiga de Marta.
2. Ven las montañas.
3. Veo a tu novia en la universidad.
4. Ves a mis amigos a menudo.
5. Ve películas norteamericanas.

(b) Dé la forma del presente del verbo *ver* que corresponda según el sujeto.

> MODELO: Hace siglos que no te vemos. (yo)
> Hace siglos que no te veo.

1. ellos
2. nosotros
3. ella
4. yo

 Reflexive Pronoun: *se*

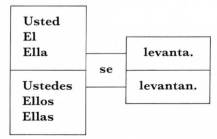

Se is the reflexive pronoun that corresponds to the subject pronouns **usted, él, ella, ustedes, ellos, ellas**.

Reflexive pronouns occupy the same positions as object pronouns.

Spanish reflexive pronouns correspond to the English "myself," "yourself," "himself," etc. in reflexive constructions.

Juan no se comprende.	*Juan does not understand himself.*
Juan se estudia.	*Juan studies himself.*

In many cases reflexive pronouns do not have a definite meaning in themselves, but they are necessary for the total meaning of the verb:

Juan se olvidó.   *Juan forgot.*

Many verbs whose meaning implies a change in the subject's feelings or emotions are reflexive in Spanish:

Juan se irrita	*Juan becomes irritated.*
Juan se calma.	*Juan calms down.*
Juan se preocupa.	*Juan worries.*

A reflexive pronoun may change the meaning of certain verbs:

Juan duerme	*Juan sleeps.*
Juan se duerme.	*Juan falls asleep.*
Juan va.	*Juan goes.*
Juan se va.	*Juan leaves.*

The infinitive form of a reflexive verb without reference to any particular person takes the pronoun **se**:

acostarse	*to go to bed*
ducharse	*to take a shower*

(a) Formule preguntas según el modelo.

Raúl se levanta temprano.
¿Quién se levanta temprano?
¿Cuándo se levanta Raúl?

1. Raúl se acuesta a las ocho.
2. Los muchachos se van el lunes.
3. José se afeita por la tarde.
4. Roberto y Pancho se levantan a las seis.
5. José se casa pronto.
6. Raúl se viste rápidamente.

(b) Cambie las oraciones según el modelo.

> Raúl se acuesta ahora.
> Raúl se va a acostar a las diez.

1. José se ducha ahora.
2. Usted se viste ahora.
3. Roberto se va ahora.
4. Pancho se despierta ahora.
5. Los muchachos se duermen ahora.
6. Ustedes se levantan ahora.

(c) Conteste a las preguntas según el modelo.

> ¿Cuándo se va a acostar Raúl?
> Raúl va a acostarse ahora.

1. ¿Cuándo se va a levantar José?
2. ¿Cuándo se va a vestir Pancho?
3. ¿Cuándo se va a despertar Roberto?
4. ¿Cuándo se va a duchar Ricardo?
5. ¿Cuándo se va a afeitar Raúl?
6. ¿Cuándo se va a ir el profesor?

58. Reflexive Pronouns: *me, te, nos*

Yo	me	levanto.
Yo	me	baño.

Tú	te	levantas.
Tú	te	bañas.

Nosotros	nos	levantamos.
Nosotras	nos	bañamos.

The reflexive pronouns that correspond to the subject pronouns **yo, tú,** and **nosotros** are the same as the object pronouns.

(a) Conteste a las preguntas según el modelo.

> ¿Se levanta usted temprano?
> Sí, me levanto temprano.

1. ¿Se viste usted rápidamente?
2. ¿Se acuesta usted temprano?
3. ¿Se ducha usted por la mañana?
4. ¿Se duerme usted temprano?

5. ¿Se va usted mañana?

6. ¿Se despierta usted a las siete?

(b) Conteste a las preguntas del ejercicio anterior según el modelo.[1]

¿Se levanta usted temprano?

No, no me levanto temprano.

59. The *Pretérito* of $\boxed{-ir-}$ Stem-changing Verbs

Compare the stem-changes of the verbs in the present indicative with those of the *pretérito*.

s $\boxed{e}$ guir

S i go	S e guí
S i gues	S e guiste
S i gue	S i guió
S e guimos	S e guimos
S i guen	S i guieron

pref $\boxed{e}$ rir

Pref ie ro	**Pref e rí**
Pref ie res	**Pref e riste**
Pref ie re	**Pref i rió**
Pref e rimos	**Pref e rimos**
Pref ie ren	**Pref i rieron**

d $\boxed{o}$ rmir

D ue rmo	**D o rmí**
D ue rmes	**D o rmiste**
D ue rme	**D u rmió**
D o rmimos	**D o rmimos**
D ue rmen	**D u rmieron**

Stem-changing verbs whose infinitive ends in $\boxed{-ir}$ have a special set of stem-changes in the *pretérito* which only effect the third person singular and plural.

Present	*Pretérito*
e ~ i	**e ~ i**
e ~ ie	**e ~ i**
o ~ ue	**o ~ u**

---

[1] Answer the questions in the preceding exercise according to the model.

(a) Conteste a las preguntas según el modelo.

¿Durmió en su casa?
Sí, dormí en mi casa.

seguí
preferí
Dormí,
Dormí
preferí

1. ¿Siguió un curso de física?
2. ¿Prefirió ir a la playa?
3. ¿Durmió en la estancia?
4. ¿Se durmió pronto?
5. ¿Prefirió ir a la montaña?

(b) Conteste a las preguntas según el modelo.

¿Durmieron en la estancia?
Sí, dormimos en la estancia.

seguimos
preferimos
dormimos
seguimos,
preferimos

1. ¿Siguieron las instrucciones?
2. ¿Prefirieron no ir?
3. ¿Se durmieron temprano?
4. ¿Siguieron el coche?
5. ¿Prefirieron no hablar?

(c) Conteste a las preguntas según el modelo.

¿Se duchan ustedes por la mañana?
Sí, nos duchamos por la mañana.

dormimos
despertamos
vamos
acuestamos
vistamos

1. ¿Se duermen ustedes temprano?
2. ¿Se despiertan ustedes a las siete?
3. ¿Se van ustedes mañana?
4. ¿Se duchan ustedes por la noche?
5. ¿Se acuestan ustedes temprano?
6. ¿Se visten ustedes rápidamente?

(d) Formule preguntas según el modelo.

No, no me duermo temprano.
¿Te duermes temprano?

1. No, no me levanto a las cinco.
2. No, no me voy el lunes.
3. No, no me despierto temprano.
4. No, no me acuesto por la tarde.
5. No, no me visto rápidamente.
6. No, no me ducho por la noche.

(e)   Conteste a las preguntas siguientes según el modelo.

  ¿Va a levantarse temprano mañana?
  Sí, voy a levantarme temprano mañana.

1. ¿Va a acostarse temprano hoy?
2. ¿Va a ducharse por la noche hoy?
3. ¿Va a despertarse temprano mañana?
4. ¿Va a vestirse muy bien mañana?
5. ¿Va a irse mañana?
6. ¿Va a levantarse a las siete mañana?

(f)   Conteste a las preguntas del ejercicio anterior según este modelo.

  ¿Va a levantarse temprano mañana?
  No, no voy a levantarme temprano mañana.

Infinitives after Prepositions

sin	tomar		without	taking
para	estudiar		for	studying
en	llegar		in	arriving

The construction PREPOSITION + INFINITIVE corresponds to English PREPOSITION +
–ING form of the verb.

(a)   Conteste a las preguntas según la clave.

  MODELO: ¿Cuánto tiempo tardó en vestirse? (diez minutos)
        Tardé diez minutos en vestirme.

1. ¿Cuánto tiempo tardó en llegar? (quince minutos)
2. ¿Cuánto tiempo tardó en levantarse? (cinco minutos)
3. ¿Cuánto tiempo tardó en dormirse? (una hora)
4. ¿Cuánto tiempo tardó en terminar? (media hora)
5. ¿Cuánto tiempo tardó en tomar el desayuno? (diez minutos)

(b)   Conteste a las preguntas según el modelo.

  ¿Va usted a estudiar?
  Sí, vuelvo para estudiar.

1. ¿Va usted a trabajar?
2. ¿Va usted a enseñar?

3. ¿Va usted a vender la casa?
4. ¿Va usted a comprar un coche?
5. ¿Va usted a comer?

(c) Conteste a las preguntas según el modelo.

¿Usted no toma el desayuno?
No, salgo sin tomar el desayuno.

1. ¿Ustedes no practican para el examen?
2. ¿Ustedes no toman el desayuno?
3. ¿Usted no come por la mañana?
4. ¿Usted no llama a sus amigos?
5. ¿Ustedes no estudian el tema?

 The Construction *qué* + $\begin{cases} \textbf{Noun (+Adjective)} \\ \textbf{Adjective} \end{cases}$

¡Qué	sorpresa!	
¡Qué	libro	interesante!
¡Qué	chica	tonta!

¡Qué	interesante!
¡Qué	tonto!
¡Qué	moderno!

Qué is used in exclamations with the meaning of "What a." Before an adjective not accompanying a noun, it is equivalent to English "How."

Traduzca las oraciones siguientes.[1]

1. What a surprise!
2. What a memory!
3. How silly!
4. What a city!
5. How interesting!
6. What an interesting book!

---

[1] Translate the following sentences.

The Impersonal Expression *hay que*

Hay que	bajar en Mar del Plata.
Hay que	llegar más temprano.
Hay que	ir hoy.
Hay que	estudiar mucho más.

Hay que basically means "one must" or "we must." It may also be used as a softened command.

Hay que llegar mas temprano   *You must arrive earlier.*

Conteste a las preguntas según el modelo.

¿Estudiamos todo?
Sí, hay que estudiar todo.

1. ¿Viajamos hoy?
2. ¿Sacamos los pasajes ahora?
3. ¿Nos levantamos temprano?
4. ¿Nos acostamos a las diez?
5. ¿Tomamos el desayuno aquí?

 The *Pretérito* of *hacer*

Hice	la valija rápidamente.
Hiciste	una cola larga.
Hizo	el desayuno.
Hicimos	un largo viaje.
Hicieron	muchos viajes.

(a) Formule las preguntas que correspondan según el modelo.

José hizo las valijas.
¿Qué hizo José?

1. Los muchachos hicieron el postre.
2. Usted hizo el desayuno.
3. Nosotros hicimos la valija.
4. José y Pancho hicieron el doctorado.
5. Yo hice la película.

(b) Dé las formas del pretérito del verbo *hacer* que correspondan según el sujeto.

Nosotros hicimos las valijas.

1. Yo hice
2. Usted hizo
3. Ustedes hicieron
4. Raúl hizo
5. Tú hiciste
6. Ellos hicieron

64. The Adjectives *todo, toda, todos, todas*

Todo	**el**	libro es interesante.
Toda	**la**	familia está contenta.
Todos	**los**	muchachos están bien.
Todas	**las**	mañanas llamo a mis padres.

Todo (**toda**) followed by the definite article means "the whole" or "the entire." **Todos** (**todas**) followed by the definite article means "all the" or "every."

Conteste a las preguntas según el modelo.

¿Es interesante el libro?
Sí, todo el libro es interesante.

1. ¿Están apurados los alumnos?
2. ¿Son largos los exámenes?
3. ¿Son buenas las películas inglesas?
4. ¿Son cortas las vacaciones?
5. ¿Son interesantes sus cartas?
6. ¿Está contenta la familia?

EJERCICIO DE RECAPITULACIÓN

Conteste a las preguntas siguientes:

1. ¿Pasó una hora en el laboratorio de idiomas ayer?
2. ¿Miró la televisión ayer?
3. ¿Descansó este fin de semana?

4. ¿Cuándo terminamos el tema tres?
5. ¿Cuándo comenzamos el tema cinco?
6. ¿Comprendió bien las instrucciones en el laboratorio de idiomas?
7. ¿Dónde comió ayer por la noche?
8. ¿Leyó el diario esta mañana?
9. ¿Recibió cartas ayer?
10. ¿A qué hora volvió a su casa ayer?
11. ¿Pierde sus libros a menudo?
12. ¿Sale usted los fines de semana?
13. ¿Qué hizo el fin de semana pasado?
14. ¿De dónde viene su familia?
15. ¿Viene usted a la universidad los sábados?
16. ¿Ve usted películas españolas en la televisión?
17. ¿Qué clase de películas prefiere ver?
18. ¿A qué hora se levanta usted generalmente?
19. ¿Se acuesta usted muy temprano los sábados?
20. ¿Va usted a acostarse temprano hoy?
21. ¿Se duerme usted rápidamente?
22. ¿Se durmió usted en la clase de español la semana pasada?
23. ¿Cuánto tiempo tarda en/tomar el desayuno?)to have breakfast
24. ¿Son interesantes todos sus cursos?

PREGUNTAS SOBRE EL TEMA CINCO

1. ¿Cuándo recibió una llamada de larga distancia Raúl?
2. ¿De quién recibió una llamada de larga distancia?
3. ¿Quién es Ricardo Williams?
4. ¿De dónde llama Ricardo?
5. ¿Va a Buenos Aires esta vez Ricardo?
6. ¿Por qué?
7. ¿De dónde llegó?
8. ¿Cuándo llego?
9. ¿Cuándo se va?
10. ¿Adónde va?
11. ¿Para qué va a Montevideo?
12. ¿Cuándo nació su sobrino?
13. ¿Tiene Ricardo muchos sobrinos?
14. ¿Qué dice Raúl cuando sabe que Ricardo tiene un sobrino?
15. ¿A quién tiene ganas de ver Ricardo?
16. ¿Cómo están los amigos de Ricardo y Raúl?
17. ¿Qué noticias hay de José?

18. ¿Dónde comieron un asado?
19. ¿Va a ir a Buenos Aires Ricardo antes de volver a Mar del Plata?
20. ¿Hace mucho o poco tiempo que Raúl no ve a Ricardo? ¿Cómo lo sabe usted?
21. ¿Adónde tiene que volver directamente Ricardo?
22. ¿A qué quiere invitar a sus amigos?
23. ¿Puede ir Raúl?
24. ¿Quiere Ricardo ahorrar tiempo? ¿Por qué?
25. ¿Quién va a llamar a los muchachos?
26. ¿Qué trenes hay los sábados para ir a la estancia?
27. ¿De dónde salen los trenes?
28. ¿Qué van a hacer los muchachos si no pueden ir?
29. ¿A quién manda saludos Raúl?
30. ¿Cuándo se acostó muy temprano Raúl?
31. ¿Cuándo se durmió?
32. ¿A qué hora se despertó a la mañana siguiente?
33. ¿Qué hizo de inmediato?
34. ¿Qué hizo después de levantarse?
35. ¿Cuánto tiempo tardó en ducharse, afeitarse y vestirse?
36. ¿Qué hizo antes de salir?
37. ¿Qué hizo después de hacer la valija?
38. ¿Tomó el desayuno?
39. ¿Dónde tomó el ómnibus?
40. ¿Qué ómnibus tomó?
41. ¿Cuánto tiempo tardó en llegar a la estación?
42. ¿Quién sabe dónde hay que bajar para ir a la estancia?
43. ¿A quién va a preguntar Raúl donde hay que bajar?
44. ¿Qué hizo Raúl cuando salió de la cola?
45. ¿A quién buscó?
46. ¿Para qué miró el reloj del hall?
47. ¿Qué comprendió entonces?
48. ¿De qué se olvido Raúl cuando cambiaron la hora?

PREGUNTAS GENERALES

1. ¿Recibe usted muchas llamadas de larga distancia? ¿De quién?
2. ¿Ve usted a menudo a sus amigos del colegio secundario?
3. ¿Qué dice usted cuando llama a un amigo por teléfono?
4. ¿Hay un aeropuerto cerca de esta ciudad?
5. ¿Cómo se llama?
6. ¿Viene usted a la clase de español todas las semanas?

7. ¿A qué hora llega usted a la clase de español generalmente?
8. ¿A qué hora llegó ayer a su casa por la tarde?
9. ¿Hace usted todo bien cuando está apurado?
10. ¿Se va usted a la playa este fin de semana?
11. ¿Se va usted a su casa después de esta clase?
12. ¿Tiene usted sobrinos? ¿Cuántos?
13. ¿En qué año nació usted?
14. ¿Dónde nació usted?
15. ¿Qué sabe usted de sus amigos del colegio secundario?
16. ¿Tiene usted muchas ganas de volver a su ciudad? ¿Por qué?
17. ¿Piensa usted casarse pronto? ¿Cuando?
18. ¿Va usted a ir a Nueva York antes de volver a su casa para navidad?
19. ¿Cuándo piensa volver a su casa?
20. ¿Cuánto tiempo hace que no ve a sus padres?
21. ¿Puede usted estudiar para un examen de español este fin de semana?
22. ¿Puede usted ahorrar? ¿Por qué?
23. ¿Recibe usted favores de sus amigos a menudo?
24. ¿Hace usted favores a sus amigos a menudo?
25. ¿Mandó usted un telegrama a su madre para su cumpleaños?
26. ¿A qué hora se acostó ayer?
27. ¿Lee usted la televisión antes de dormirse?
28. ¿Mira usted la televisión antes de dormirse?
29. ¿A qué hora se despierta generalmente?
30. ¿A qué hora se levanta generalmente?
31. ¿Cuánto tiempo tarda usted en vestirse?
32. ¿Toma generalmente el desayuno antes de salir de su casa?
33. ¿Cuánto tiempo tarda en llegar a su primera clase?
34. ¿Hay que estudiar mucho en esta universidad?
35. ¿Cuándo cambiaron la hora?
36. ¿Se olvidó usted de atrasar el reloj cuando cambiaron la hora?

Formule las preguntas que correspondan a estas respuestas:

1. Llamo desde Montevideo.
2. Dentro de diez minutos.
3. Nació ayer.
4. No, no tengo muchas ganas de ir.
5. Creo que piensa casarse en febrero.
6. No, no puedo.
7. Sí, con mucho gusto.
8. Sí, me haces un gran favor.

9. No, todavía no lo saqué.
10. Gracias.
11. ¡Caramba! ¡Qué tonto soy!
12. Hay que bajar en Mar del Plata.

INFORME ORAL

Tell what Raúl did Friday night and Saturday morning.

Seat of the legislature in
La Plata.

Tierra del Fuego.

El viaje a la estancia

El tren de Mar del Plata salió a las seis en punto. Después de ocupar sus asientos, Raúl y sus amigos fueron a tomar el desayuno. A esa hora de la mañana el coche-comedor estaba todavía casi vacío.

JOSÉ: Menos mal que no te fuiste cuando no nos viste en el andén . . .

RAÚL: Generalmente cuando leo los diarios me intereso más por las noticias sensacionales que por las informaciones prácticas . . . ¡Pero esta vez aprendí la lección!

ROBERTO: Aquí viene el mozo. ¿Leyeron el menú?

JOSÉ: Todavía no. ¿Qué hay de bueno?

PANCHO: Cada vez que viajo tengo un hambre atroz . . .

ROBERTO: Si quieren podemos pedir un desayuno completo.

PANCHO: ¿Qué dan con el completo?

ROBERTO: Dan una taza de café o té con leche, mediaslunas, tostadas con manteca, alfajores de dulce de leche . . .

RAÚL: (*Al mozo*) Conociendo a mis amigos creo que todos vamos a pedir un desayuno completo . . .

En ese momento dos chicas muy bonitas y elegantes entraron en el coche-comedor. Se sentaron detrás de los muchachos. Era evidente que una de ellas no era argentina porque hablaba con un ligero acento extranjero. Pancho, como de costumbre, pensó en un buen pretexto para empezar la charla:

PANCHO: Perdón, señoritas, pero mis amigos y yo teníamos una discusión hace un momento. Ellos insistían en que ustedes eran francesas. Yo, en cambio, pensaba que eran norteamericanas. ¿Quién de nosotros tenía razón?

GRACIELA: Usted . . . en parte. Mi amiga, Anita Hudson, es norteamericana, pero yo soy argentina.

PANCHO: Mi nombre es Francisco. Francisco Gordillo, pero todos me llaman Pancho. (*Señalando a sus amigos*) Roberto Serra, José Bauer y Raúl Echeverry.

ROBERTO: Muchísimo gusto . . .

GRACIELA: Encantada. Graciela Peralta.

ANITA: Mucho gusto.

PANCHO: ¡Qué agradable coincidencia! ¿Es la primera vez que usted, Anita, viene a la Argentina?

ANITA: Sí. Graciela y yo éramos compañeras de cuarto cuando estudiábamos en la Universidad de Carolina del Norte. Ahora estamos estudiando en la Universidad de Buenos Aires. Graciela está en filosofía y yo sigo cursos de literatura argentina.

JOSÉ: ¿Qué diferencia encuentra usted entre la juventud norteamericana y la argentina?

ANITA: Muy poca. Creo que allá como aquí los jóvenes buscan otros valores. No están satisfechos con el estilo de vida de la generación anterior. Se sienten defraudados por la política del gobierno y se preocupan enormemente por el futuro de un mundo que corre el riesgo de desaparecer por la contaminación o la guerra total.

Observaciones sobre el vocabulario

a las seis en punto at six o'clock sharp
menos mal que . . . luckily, it's a good thing that (*lit.*, it's less evil that)
¿Que hay de bueno? What's new?
pensar en to think of
manteca butter (In Spain and other Latin American countries **mantequilla**.)
dulce de leche caramel sauce (*lit.*, milk preserve)
entrar en to enter
detrás de / delante de
como de costumbre as usual
insistir en to insist (on)
tener razón to be right
mucho gusto It's a pleasure. Nice meeting you. (*lit.*, much pleasure)
compañera de cuarto roommate
defraudado = desilusionado
contaminación pollution
anterior / siguiente, posterior
discusión argument
todavía no not yet

Verbos reflexivos:
  interesarse (por) to be interested (in, by)
  sentarse to sit
  sentirse to feel
  preocuparse (por) to worry (about)

Verbos que cambian de raíz (stem-changing verbs):
  pedir (e-i) to ask for, to request
  sentarse (e-ie)
  empezar (e-ie) comenzar
  encontrar (o-ue) to find
  sentirse (e-ie)

Notas de interés

There are very good railroad connections between Buenos Aires and the principal cities of Argentina. You can also travel by train from Buenos Aires to Santiago, Lima, Asunción, La Paz, and, if you are willing to take a ferryboat ride, to Montevideo and the main cities of Brazil.

The Imperfect Indicative

The imperfect indicative in another past tense. Study the endings given in the following examples:

Me	levant aba	temprano el año pasado.
Te	levant abas	temprano el año pasado.
Se	levant aba	temprano el año pasado.
Nos	levant ábamos	temprano el año pasado.
Se	levant aban	temprano el año pasado.

Yo	cre ía	que trabajaban.
Tú	cre ías	que trabajaban.
Usted) El)	cre ía	que trabajaban.
Nosotros	cre íamos	que trabajaban.
Ustedes) Ellos)	cre ían	que trabajaban.

Viv ía	aquí en 1951.
Viv ías	aquí en 1951.
Viv ía	aquí en 1951.
Viv íamos	aquí en 1951.
Viv ían	aquí en 1951.

Note that the endings of -er and -ir verbs in the imperfect indicative are the same. There is no stem-change in the imperfect.

(a) Conteste a las preguntas siguientes según el modelo.

> ¿Trabaja usted aquí?
> No, trabajaba aquí antes.

1. ¿Habla usted francés?
2. ¿Ahorra usted mucho?
3. ¿Compra usted ropa ahora?
4. ¿Estudia usted física?
5. ¿Descansa usted mucho?
6. ¿Viaja usted mucho ahora?

(b) Conteste a las preguntas siguientes según el modelo.

> ¿Viajan ustedes mucho ahora?
> No, viajábamos mucho antes.

1. ¿Estudian ustedes mucho?
2. ¿Practican ustedes mucho ahora?
3. ¿Trabajan ustedes aquí?
4. ¿Ahorran ustedes mucho?
5. ¿Descansan ustedes ahora?
6. ¿Se levantan temprano ahora?

(c)   Formule preguntas según el modelo.

> Sí, ahorraba mucho antes.
> ¿Ahorrabas tú mucho antes?

1. Sí, trabajaba aquí antes.
2. Sí, me acostaba temprano antes.
3. Sí, practicaba más antes.
4. Sí, viajaba a menudo antes.
5. Sí, buscaba amigos antes.

(d)   Repita el ejercicio anterior según el modelo siguiente.

> Sí, ahorraba mucho antes.
> ¿Ahorraba usted mucho antes?

(e)   Formule preguntas según el modelo.

> Trabajamos aquí ahora.
> Sí, pero ¿dónde trabajaban antes?

1. Estudiamos aquí ahora.
2. Practicamos en el laboratorio.
3. Enseñamos en la universidad.
4. Descansamos en la playa.
5. Comemos en la universidad.

(f)   Conteste a las preguntas según el modelo.

> ¿Vive usted en San Francisco todavía?
> No, vivía en San Francisco el año pasado.

1. ¿Vende casas todavía?
2. ¿Duerme aquí todavía?
3. ¿Come en la universidad todavía?
4. ¿Lee a Huxley todavía?
5. ¿Quiere viajar a Francia todavía?
6. ¿Sigue cursos de francés todavía?

(g) Conteste a las preguntas siguientes según el modelo.

¿Viven ustedes en San Francisco ahora?
No, vivíamos en San Francisco hace seis meses.

1. ¿Siguen ustedes cursos de ruso?
2. ¿Creen ustedes en esa gente ahora?
3. ¿Salen ustedes con esas chicas ahora?
4. ¿Quieren ustedes viajar ahora?
5. ¿Venden ustedes casas ahora?

(h) Formule preguntas según el modelo.

Sí, seguía un curso de inglés antes.
¿Seguías tú un curso de francés antes?

1. Sí, salía con Marta antes.
2. Sí, vendía coches antes.
3. Sí, creía en ellos antes.
4. Sí, vivía aquí antes.
5. Sí, tenía mucha hambre antes.

(i) Repita el ejercicio anterior según el modelo siguiente:

Sí, seguía un curso de inglés antes.
¿Seguía usted un curso de inglés antes?

(j) Formule preguntas según el modelo.

Ahora vivimos en Madrid?
¿Vivían en Madrid el año pasado?

1. Ahora tenemos buenos profesores.
2. Ahora venimos siempre temprano.
3. Ahora salimos los sábados.
4. Ahora vendemos coches.
5. Ahora seguimos tres cursos.

 The Imperfect Indicative: Denoting Habitual Action

The imperfect tense may denote a habitual action in the past. This corresponds to the English "used to" + INFINITIVE or its equivalents.

Enseñaba en San Francisco.   *I used to teach in San Francisco.*

Study the following examples:

> Pablo **hablaba** con los alumnos avanzados.
> El año pasado Ernesto **llegaba** a menudo temprano.
> **Comíamos** en un restaurante italiano.
> **Trabajábamos** aquí en la año sesenta.

Traduzca las oraciones siguientes según el modelo.

> We used to eat in a French restaurant.
> Comíamos en un restaurante francés.

1. They used to work here last year.
2. We used to save a lot before.
3. I used to sell books during the summer.
4. He used to travel a lot last year.
5. We used to go out on Sundays.
6. I used to get up early last month.

The Imperfect Indicative: Denoting an Unfinished Action in the Past

The basic difference between the *pretérito* and the imperfect is that the *pretérito* emphasizes the fact that an action, regardless of how long it lasted or how many times it was repeated, is completed. Normally, the *pretérito* indicates that an action occurred once and was quickly terminated.

> Ayer hablé con Pedro.
> Ayer compré dos libros.

The *pretérito* is also used to indicate that a happening that lasted for a long period of time or was repeated in the past is viewed as terminated.

> Trabajé quince años en ese hospital.
> Comí en ese restaurante a menudo.

When using the imperfect, on the other hand, the speaker tries to convey the idea that a past event was in the process of taking place at one particular point. Furthermore, there is no precise reference to the ending of the action.

> **Vivíamos** en Quito cuando compramos el coche.
> **Leía** una novela cuando llegó mi padre.
> **Hablaba** con mi amigo cuando yo **estudiaba**.

In many cases the English equivalent of the imperfect is the past progressive.

> Vivíamos en Quito . . .   *We were living in Quito . . .*

(a) Conteste a las preguntas según el modelo y la clave.

¿Qué hacía cuando vivía en Madrid? (estudiar)
Estudiaba cuando vivía en Madrid.

1. ¿Qué hacía cuando estaba en España? (trabajar)
2. ¿Qué hacía cuando comenzaba la clase? (escuchar)
3. ¿Qué hacía cuando hablaba Pedro? (leer)
4. ¿Qué hacía cuando llegaba Raúl? (salir)
5. ¿Qué hacía cuando practicaba Marta? (escuchar)

(b) Conteste a las preguntas según el modelo y la clave.

¿Qué hizo cuando vivía en Madrid? (estudiar)
Estudié cuando vivía en Madrid.

1. ¿Qué hizo cuando Raúl hablaba? (escuchar)
2. ¿Qué hizo cuando Pedro tomaba el desayuno? (leer)
3. ¿Qué hizo cuando Marta descansaba? (salir)
4. ¿Qué hizo cuando Ricardo viajaba? (trabajar)
5. ¿Qué hizo cuando Teresa escribía? (practicar)

68. The *Pretérito* of *ser* and *ir*

Fui	alumno del profesor Landa.
	a la universidad con Raúl.
Fuiste	muy tonto.
	a la estación.
Fue	el dueño de la tienda.
	a la tienda.
Fuimos	alumnos del doctor Pérez.
	a la estancia.
Fueron	profesores aquí.
	al consulado.

Note that the *pretérito* forms of **ser** and **ir** are the same.

(a) Formule preguntas usando *adónde* o *quién* según los modelos.

Pedro fue a la universidad.
¿Adónde fue Pedro?

Raúl fue gerente de la tienda.
¿Quién fue gerente de la tienda?

1. Tú fuiste a la estancia.
2. Usted fue al aeropuerto.
3. Ellos fueron buenos alumnos.
4. Marta fue a San Francisco.
5. Yo fui al laboratorio.
6. Nosotros fuimos a Houston.

(b) Dé las formas del pretérito de *ir* o *ser* que correspondan según el subjeto.

Nosotros fuimos a la playa.

1. yo
2. usted
3. ustedes
4. Pedro
5. tú
6. ellas

 The Imperfect Indicative: Irregular Forms

Ser, **ir** and **ver** are the only irregular verbs in the imperfect.

Era	estudiante en Madrid.
Eras	amigo de Pedro.
Era	de Barcelona.
Eramos[1]	muy tranquilos.
Eran	padres muy inteligentes.

Iba	con mis amigos a la escuela.
Ibas	a hablar con Raúl.
Iba	a comer aquí.
Ibamos[1]	al centro a menudo.
Iban	al Instituto ICANA.

Veía	las camisas y los sacos.
Veías	a mis padres.
Veía	los trenes.
Veíamos	a las chicas desde allí.
Veían	la salida del sol.

---

[1] The first vowel takes a written accent when it is not capitalized.

(a) Cambie las oraciones siguientes a la forma negativa.

1. Yo era de Madrid.
2. Nosotros éramos amigos.
3. Tú eras su amigo.
4. Pedro era muy bueno.
5. Ustedes eran estudiantes.

(b) Dé la forma del imperfecto de *ser* que corresponda según el sujeto.

¿Eramos nosotros estudiantes?

1. Yo
2. Usted
3. Tú
4. Ustedes
5. Ella

(c) Cambie las oraciones siguientes a la forma interrogative.

1. Nosotros íbamos a Buenos Aires.
2. Tú ibas al consulado.
3. Ustedes iban al restaurante.
4. Yo iba al instituto.
5. Usted iba a la universidad.

(d) Dé la forme del imperfecto de *ir* que corresponda según el sujeto.

¿Iban ustedes a la universidad?

1. Nosotros
2. Tú
3. Yo
4. Usted
5. Pedro

(e) Cambie las oraciones siguientes a la forma negativa.

1. Yo veía a tus amigos.
2. Nosotros veíamos la salida del sol.
3. Usted veía a mi hermano.
4. Marta veía a los profesores.
5. Tú veías los programas.
6. Ustedes veían a las chicas.

(f) Dé la forma del imperfecto de *ver* que corresponda según el sujeto.

¿Veías tú a las chicas?

1. Ustedes
2. Tú
3. Ella
4. Nosotros
5. Usted
6. Yo

 The Use of *ser, estar, tener, saber, conocer, haber,* and *querer* in the Imperfect Indicative

Compare the Spanish sentences with their English equivalents:

Eran padres muy tranquilos. *They were* very calm parents.
Estaban muy contentos. *They were* very happy.
Tenían muchos libros. *They had* many books.
¿**Sabías** la verdad? *Did you know* the truth?
Conocíamos a su familia. *We knew* his family.
Sabíamos que estudiaba. *We knew* that he was studying.
Había mucha gente. *There were* many people.
Había sólo un estudiante. *There was* only one student.
Queríamos ir. *We wanted* to go.
No **querían** viajar ahora. *They didn't want* to travel now.

Note that although these verbs imply that an event lasted over a period of time, English does not use the progressive form.

The choice between the *pretérito* and the imperfect in Spanish is based primarily on whether the event is viewed as completed or not.

(a) Traduzca las oraciones siguientes según el modelo.

I had your books at home.
Tenía sus libros en casa.

1. I wanted to speak to Marta yesterday.
2. I knew the truth.
3. I was happy with the news.
4. I was her student that year.
5. I was hungry that day.

(b) Traduzca las preguntas siguientes y contéstelas según el modelo.

Did you know the truth?
¿Sabía usted la verdad?
Sí, la sabía.

1. Did you want the book?
2. Did you have the car?
3. Did you know my brother?
4. Did you know the lesson?
5. Did you want the menu?
6. Did you have the tickets?

The Relative Pronoun *que*

Debo admitir	**que**	no lo veo a menudo.
Creo	**que**	las conozco.
Son las chicas	**que**	conocimos el año pasado.
Es algo	**que**	no existía antes aquí.
Es el libro	**que**	compró el profesor.

The relative pronoun **que** refers to persons or things. **Que** is never omitted as its English equivalents (*that*, *which*, *who*) often are.

Quien, **quienes** are used after a preposition when referring to people:

La chica	**de quien**	hablamos.
La chica	**a quien**[1]	conocimos.
La chica	**con quien**	hablamos.
Las chicas	**de quienes**	hablamos.

(a) Conteste a las preguntas según el modelo.

¿Las conocía?
Sí, creo que las conocía.

1. ¿Había mucha gente?
2. ¿Iban a la universidad?
3. ¿Veían a su familia los domingos?
4. ¿Estudiaban francés?
5. ¿Venían de San Francisco?

(b) Conteste a las preguntas según el modelo.

¿Dónde está la camisa que compré?
Aquí está la camisa que compraste.

---

[1] **que** may be used in place of **a quien, a quienes** after a direct abject.

1. ¿Dónde está el diario que leí?
2. ¿Dónde está el pasaje que saqué?
3. ¿Dónde está el reloj que vi?
4. ¿Dónde está el disco que escuché?
5. ¿Dónde está la carta que recibí?

(c) Conteste a las preguntas según el modelo.

> ¿Es el profesor que vino ayer?
> Sí, es el profesor que vino ayer.

1. ¿Es la chica que conocimos ayer?
2. ¿Es el empleado que se fue ayer?
3. ¿Son las chicas que viajaron ayer?
4. ¿Son los alumnos que estudiaron aquí?

(d) Traduzca las preguntas siguientes de acuerdo al modelo.

> Where is the book you read?
> ¿Dónde está el libro que leyó?

1. Where is the car you bought?
2. Where is the letter you received?
3. Where is the boy you saw?
4. Where is the girl you met?
5. Where is the girl you invited?

(e) Formule preguntas según los modelos.

> Conocí a Teresa.
> ¿A quién conoció?
>
> Hablé con Teresa.
> ¿Con quién habló?
>
> Hablé de Teresa.
> ¿De quién habló?

1. Viajé con Pedro.
2. Escribí a mi familia.
3. Invité a Raúl.
4. Hablé de mi profesor.
5. Busqué a mi hermano.
6. Estudié con Pancho.

The Present Progressive

Estoy	enseñ	ando.
Estás	aprend	iendo.
Está	estudi	ando.
Estamos	tom	ando.
Están	escrib	iendo.

The present progressive is formed with the verb **estar** plus a present participle.

The present participle of ⟨ **-ar** ⟩ verbs has the ending ⟨ **-ando** ⟩, that of ⟨ **-er** ⟩ and ⟨ **-ir** ⟩ verbs has the ending ⟨ **-iendo** ⟩.

⟨ **-er** ⟩ and ⟨ **-ir** ⟩ verbs whose stem ends in a vowel have the ending ⟨ **-yendo** ⟩.[1]

| le | er |
| le | yendo |

| cre | er |
| cre | yendo |

⟨ **-ir** ⟩ stem-changing verbs have the same stem change of the *pretérito* to form the present participle.

| dorm | ir |
| durm | iendo |

| ped | ir |
| pid | iendo |

| prefer | ir |
| prefir | iendo |

The three verbs listed below have an irregular stem:

| pod | er |
| pud | iendo |

| dec | ir |
| dic | iendo |

| ven | ir |
| vin | iendo |

The Spanish present progressive is used to indicate strictly temporary happenings. It never denotes a future action such as the English "She is arriving tomorrow."

(a) Conteste a las preguntas según los modelos.

¿Qué está usted haciendo? (escuchar)
Estoy escuchando.

¿Qué están ustedes haciendo? (escribir)
Estamos escribiendo.

---

[1] The present participle of the verb **ir** is **yendo**.

1. ¿Qué está usted haciendo (leer)
2. ¿Qué está usted haciendo? (estudiar)
3. ¿Qué están ustedes haciendo? (practicar)
4. ¿Qué están ustedes haciendo? (comer)
5. ¿Qué está usted haciendo? (vender)
6. ¿Qué están ustedes haciendo? (tomar)

(b) Conteste a las preguntas según el modelo.

> ¿Comió Pedro?
> No, está comiendo ahora.

1. ¿Estudió Pancho?
2. ¿Llamó Roberto?
3. ¿Bajó Ricardo?
4. ¿Corrió Marta?
5. ¿Practicó Graciela?
6. ¿Escribió José?

(c) Conteste a las preguntas según el modelo.

> ¿Durmió Ricardo?
> No, está durmiendo ahora.

1. ¿Siguió un curso de francés Pedro?
2. ¿Pidió el desayuno Raúl?
3. ¿Durmió esta mañana su hermano?
4. ¿Pidió los boletos Roberto?

(d) Cambie las oraciones siguientes según el modelo.

> Porque conoce a Pedro, no se preocupa.
> Conociendo a Pedro, no se preocupa.

1. Porque dice la verdad, no se preocupa.
2. Porque puede trabajar, no se preocupa.
3. Porque duerme mucho, no se preocupa.
4. Porque consigue la visa, no se preocupa.
5. Porque viene con sus padres, no se preocupa.

Position of Object and Reflexive Pronouns with the Present Progressive

Estoy	durmiéndome.		Me	estoy	durmiendo.
Estás	durmiéndote.		Te	estás	durmiendo.
Está	durmiéndose.		Se	está	durmiendo.

Estoy	esperándolos.
Estás	buscándola.
Está	escuchándolas.

Los	estoy	esperando.
La	estás	buscando.
Las	está	escuchando.

Object and reflexive pronouns may come before **estar** in a progressive construction or they may come after the present participle, in which case they are attached to it in writing.

The accent mark is placed over the stressed syllable of the present participle to which a pronoun has been attached.

(a) Conteste a las preguntas según el modelo.

> ¿Está buscando a Pedro?
> Sí, estoy buscándolo.

1. ¿Está esperando a las chicas?
2. ¿Está practicando la lección?
3. ¿Está escuchando el disco?
4. ¿Está cambiando la hora?
5. ¿Está sacando los pasajes?
6. ¿Está llenando el formulario?

(b) Conteste a las preguntas del ejercicio anterior de acuerdo al modelo siguiente:

> ¿Está buscando a Pedro?
> Sí, lo estoy buscando.

(c) Conteste a las preguntas según el modelo.

> ¿Se está levantando?
> No, no me estoy levantando.

1. ¿Se está durmiendo?
2. ¿Se está vistiendo?
3. ¿Se está afeitando?
4. ¿Se está olvidando?
5. ¿Se está sentando?
6. ¿Se está preocupando?

(d) Conteste a las preguntas del ejercicio anterior de acuerdo al modelo siguiente:

> ¿Se está levantando?
> No, no estoy levantándome.

(e) Conteste a las preguntas según el modelo.

> ¿Sacó los pasajes?
> No, los estoy sacando ahora.

1. ¿Escribió las cartas?
2. ¿Leyó el diario?
3. ¿Practicó la lección?
4. ¿Estudió el tema seis?
5. ¿Buscó la dirección?
6. ¿Pidió el desayuno?

 The Verb *dar* (Present Indicative)

Study the forms of the irregular verb **dar** (*to give*).

	D	**oy**	la carta a mi amigo.
¿Me	**d**	**as**	los libros?
Te	**d**	**a**	los boletos.
Te	**d**	**amos**	todo.
Me	**d**	**an**	la valija.

(a) Formule preguntas según el modelo.

> Doy la carta a mi amigo.
> ¿Qué doy a mi amigo?

1. Damos la valija a Teresa.
2. Dan los boletos a Pancho.
3. Da el desayuno a las chicas.
4. Das el menú al mozo.
5. Doy la noticia al profesor.

(b) Dé la forma del presente del verbo *dar* que corresponda según el sujeto.

> ¿Damos la noticia a tus padres?

1. yo
2. ellos
3. tú
4. usted
5. ustedes

The Interrogative Pronouns: *quién, quiénes*

José Raúl	viaja mañana. vive aquí.	¿Quién ¿Quién	viaja mañana? vive aquí?

Ana y Teresa Raúl y Pedro	viven aquí. viajan.	¿Quiénes ¿Quiénes	viven aquí? viajan?

The interrogative pronoun **quién** is used when referring to one person and **quiénes** when the speaker believes the subject in the answer to be plural.

Formule preguntas utilizando **quién** o **quiénes** de acuerdo a los modelos.

> Marta trabaja aquí.
> ¿Quién trabaja aquí?

> Teresa y Marta trabajan aquí.
> ¿Quiénes trabajan aquí?

1. Las chicas viajan para Mar del Plata.
2. Raúl estudia inglés.
3. Ernesto es el gerente de la tienda.
4. Anita y Graciela llegaron temprano.
5. Mi amigo escribó ese libro.
6. Los empleados de ese restaurante son ingleses.

EJERCICIO DE RECAPITULACIÓN

Conteste a las preguntas siguientes:

1. ¿Dónde vivía usted antes de comenzar a estudiar aquí?
2. ¿Dónde estudiaba usted el año pasado?
3. ¿Seguía cursos de idiomas el año pasado?
4. ¿Quería aprender castellano el año pasado?
5. ¿Adónde fue el domingo pasado?
6. ¿Fue usted un alumno muy bueno en el colegio secundario?
7. ¿Era usted muy alto cuando tenía diez años?
8. ¿Conocía usted esta universidad antes de venir aquí?
9. ¿Había muchos alumnos aquí cuando comenzaron las clases?
10. ¿Sabía usted que el español era un idioma muy necesario?
11. ¿Iba usted a menudo a la playa cuando vivía en su casa?
12. ¿Veía usted a menudo a sus amigos cuando vivía en su casa?
13. ¿Con quién habló antes de venir a clase?

14. ¿A quién vio el fin de semana pasado?
15. ¿Está usted escuchándome?
16. ¿Cree usted que está aprendiendo español muy bien?
17. ¿Se está usted durmiendo en clase?
18. ¿De quiénes hablamos en clase generalmente?
19. ¿Da usted buenas noticias a sus padres cuando termina el semestre?
20. ¿Hay profesores que dan muchos exámenes aquí? No es el profesor de español, ¿verdad?

PREGUNTAS SOBRE EL TEMA SEIS

1. ¿A qué hora salió el tren de Mar del Plata?
2. ¿Qué hicieron Raúl y sus amigos cuando entraron en el tren?
3. ¿Adónde fueron después?
4. ¿Para qué?
5. ¿Por fué fueron a esa hora de la mañana?
6. ¿Qué hizo Raúl cuando no vio a sus amigos en el andén?
7. ¿Cuándo comprendió su error?
8. ¿Por qué clase de noticias se interesa Raúl generalmente?
9. ¿Por qué dice que aprendió la lección?
10. ¿Quién tiene un hambre atroz?
11. ¿Qué dan con el desayuno completo?
12. ¿Qué van a pedir los muchachos?
13. ¿Por qué?
14. ¿Quienes entraron en el coche-comedor?
15. ¿Dónde se sentaron?
16. ¿Eran las dos argentinas?
17. ¿Cómo lo sabe?
18. ¿En qué pensó Pancho?
19. ¿Cuál era el pretexto de Pancho?
20. ¿En qué insistían los amigos de Pancho?
21. ¿Qué pensaba Pancho en cambio?
22. ¿Quién de ellos tenía razón?
23. ¿Por qué?
24. ¿Cuál es el nombre completo de Pancho?
25. ¿Cuál es el nombre completo de las chicas?
26. ¿Cuál es el apellido de José? ¿Y el de Roberto?
27. ¿Es la primera vez que Anita viene a la Argentina?
28. ¿Dónde vivían Anita y Graciela antes?
29. ¿En qué universidad estudiaban?
30. ¿Dónde están estudiando ahora?

31. ¿Qué estudia Graciela?
32. ¿Qué cursos sigue Anita?
33. ¿Encuentra Anita mucha diferencia entre la juventud argentina y la juventud norteamericana?
34. ¿Con qué no están satisfechos los jóvenes?
35. ¿Por qué se sienten defraudados?
36. ¿Por qué se preocupan enormemente?
37. ¿Por qué corre el riesgo de desaparecer el mundo?

PREGUNTAS GENERALES

1. ¿A qué hora salió usted de su casa hoy?
2. ¿Qué hizo usted cuando llegó a la clase?
3. ¿Estaban los asientos vacíos cuando usted llegó?
4. ¿Dónde tomó el desayuno usted hoy?
5. ¿Me vio usted ayer?
6. ¿Lee usted el diario por la mañana o por la tarde?
7. ¿Qué diario lee usted generalmente?
8. ¿Cuándo estudia sus lecciones generalmente?
9. ¿Leyó el diario de hoy?
10. ¿Hay noticias sensacionales?
11. ¿Por qué clase de noticias se interesa usted generalmente?
12. ¿Qué hace usted cada vez que tiene que viajar muy temprano?
13. ¿Qué tomó esta mañana? ¿Qué comió?
14. ¿Pide usted un desayuno completo cuando viaja?
15. ¿Quién se sienta detrás de usted?
16. ¿Hay muchos extranjeros en esta clase?
17. ¿Cómo puede perder una persona un acento extranjero?
18. ¿Tiene usted a menudo discusiones con sus amigos?
19. ¿De qué temas habla generalmente con sus amigos?
20. ¿Cuál se su apellido?
21. ¿Cuál se su nombre completo?
22. ¿Qué dice usted cuando conoce a una persona?
23. ¿Cómo lo llaman en su casa?
24. ¿Es la primera vez que usted estudia español?
25. ¿Aprende usted el español sin dificultad?
26. ¿Tiene usted un compañero (una compañera) de cuarto?
27. ¿Tenía usted un compañero (una compañera) de cuarto el año pasado?
28. Cuando usted no tiene razón, ¿insiste en seguir la discusión?
29. ¿Sigue usted cursos de filosofía?
30. ¿Recuerda qué cursos seguía durante el último año del colegio secundario?

31. ¿Cree usted que la juventud busca otros valores?
32. ¿Por qué?
33. ¿Por qué se sienten defraudados los jóvenes?
34. ¿Se preocupa usted por la política del gobierno? ¿Y por el futuro del mundo?

Formule las preguntas que correspondan a estas respuestas:

1. Todavía no.
2. Menos mal que no me dormí.
3. ¡Alfajores con dulce de leche!
4. No, yo soy peruano.
5. Pérez.
6. Eramos compañeros de cuarto en Míchigan.
7. Me intereso por las películas de terror.
8. Tenía razón Roberto.
9. Nos preocupamos por la contaminación.
10. Nos sentimos defraudados por la política.

INFORME ORAL

Say all you know about Anita and Graciela.

Avenue of May 28 in
La Plata.

Veronica Park in the
highlands of Peru.

TEMA

En la estancia «San Patricio»

Los muchachos llegaron a Mar del Plata poco después de mediodía. Al bajar del tren vieron a Ricardo que los esperaba en el andén.

RICARDO: ¡Hola, muchachos, bienvenidos! ¿Qué tal fue el viaje?

ROBERTO: ¡Fantástico! Estos trenes nuevos son comodísimos.

PANCHO: Además, conocimos a dos chicas muy simpáticas y bonitas y el tiempo se nos pasó volando.

RICARDO: Mi coche está estacionado a media cuadra de aquí. Voy a buscarlo mientras ustedes bajan las valijas. Los espero frente a la entrada principal.

. . . . .

ROBERTO: ¿Queda lejos de aquí la estancia?

RICARDO: A unos veinte kilómetros, más o menos.

ROBERTO: En el tren vimos a mucha gente con escopetas y cañas de pescar.

RICARDO: La temporada de caza comenzó la semana pasada. En esta época del año hay muchísimos patos y perdices. También hay una gran cantidad de truchas y dorados en las lagunas de la zona.

JOSÉ: ¡Qué lástima que no traemos ni escopetas ni cañas de pescar! . . .

RICARDO: Si les gusta cazar, papá o yo les prestamos el equipo necesario. Por la tarde podemos andar a caballo, jugar al tenis o caminar, si lo prefieren.

RAÚL: Si hay sol pienso sacar fotos de la estancia. Ya sabes que la fotografía es mi pasatiempo favorito.

RICARDO: Papá nos espera a eso de la una para comer un asado criollo. Todavía tenemos tiempo para tomar el aperitivo.

. . . . .

SR. WILLIAMS: ¿Qué tal la caza, muchachos?

ROBERTO: ¡Increíble! En dos horas cazamos más de tres docenas de perdices.

JOSÉ: ¿Hay algún río o laguna cerca de la estancia?

SR. WILLIAMS: Si le gusta pescar, puede venir conmigo mañana a la laguna Mar Chiquita. Queda sólo a media hora de aquí.

JOSÉ: Le agradezco la invitación. Me gusta muchísimo la pesca.

PANCHO: ¿Qué les parece si esta noche volvemos a Mar del Plata para probar la suerte en el casino? Después podemos ir a bailar a algún club nocturno . . .

JOSÉ: ¡Ni casino ni club nocturno! Por una vez puedes conformarte con hacer vida sana.

SR. WILLIAMS: Cambiando de tema, ¿qué les parece si pasamos a la mesa? La comida está lista. La cocinera preparó empanadas y un flan con crema para calmar cualquier apetito.

PANCHO: Recuerdo que probé las empanadas el año pasado. ¡Son para chuparse los dedos!

135

Observaciones sobre el vocabulario

Llegaron a Mar del Plata. They arrived in Mar del Plata.

volar (ue) to fly

El tiempo se nos pasó volando. Time flew by (for us).

El tiempo se me pasó volando. Time flew by (for me).

estacionar to park

Voy a buscarlo. I'll go for it. (*lit.*, I'm going to look for it.)

a unos veinte kilómetros at about twenty kilometers

temporada season (such as hunting season, opera season, etc. Otherwise the equivalent of season is **estación**.)

en esta época del año at this time of year

zona area, region

andar a caballo to ride a horse, to go horseback riding

jugar al tenis to play tennis

Hay sol. It's sunny. The sun is out.

sacar fotos to take pictures

a eso de at about (followed by an expression of time: **a eso de las dos**)

asado criollo Argentinian-style barbecue (Note that **criollo** in Spanish does not have the same connotation as in English. It generally means native-born or native-like.)

tomar el aperitivo to have cocktails (The **aperitivo** may be had before lunch or dinner. It usually consists of a glass of vermouth or sherry.)

tres docenas de perdices three dozen partridges (Note that in Spanish the word **docena** is always followed by **de**.)

club nocturno nightclub

hacer vida sana to lead a healthy life

Son para chuparse los dedos. They are finger-licking good.

Note that **agradecer**, like **conocer, venir, salir**, adds a velar sound **[k or g]** (in this case a **[k]** represented by **c** in the spelling) to the stem for the first person singular of the present tense:

yo conozco	**yo agradezco**	**yo vengo**	**yo salgo**
tú conoces	**tú agradeces**	**tú vienes**	**tú sales**

Notas de interés

An Argentine *estancia* is the equivalent of the American ranch. Some *estancias* have all the comforts of city life, including central heating, air-conditioning, a movie theater, television, etc. Architecturally they resemble European manors or castles. In the "old days," the owners of *estancias* used to live in Europe and would only come back to Argentina to retire. It goes without saying that many *estancias* do not follow this pattern!

The Construction *al* + Infinitive

Al	bajar	del tren, vieron a Ricardo.
Al	llegar	a la estación, lo vieron.
Al	hablar	con él, comprendieron su error.

Al followed by an infinitive denotes an action which is taking place simultaneously with another action. This construction corresponds to the English "when (or upon) +--ING:"

Al bajar del tren . . .   *When (or upon) getting off the train* . . .

Cambie las oraciones según el modelo.

> Cuando bajaron del tren, vieron a Ricardo.
> Al bajar del tren, vieron a Ricardo.

1. Cuando habló con Pancho, lo invitó.
2. Cuando sacaron el boleto, vieron a Raúl.
3. Cuando salieron de la casa, tomaron el ómnibus.
4. Cuando nació su sobrino, viajó a Montevideo.
5. Cuando llegó a Buenos Aires, mandó un telegrama.
6. Cuando miró el reloj, comprendió su error.

The Verb *traer* (Present Indicative)

Study the forms of the irregular verb **traer** (*to come*).

Traig	o	las fotos.
Tra	es	la escopeta.
Tra	e	las cañas de pescar.
Tra	emos	los formularios.
Tra	en	a sus amigos.

(a) Formule preguntas usando **qué** o **a quién** según los modelos.

> Pedro trae a su amiga.
> ¿A quién trae Pedro?
>
> Pedro trae los libros.
> ¿Qué trae Pedro?

1. Nosotros traemos al dueño.
2. Ustedes traen la comida.
3. Yo traigo a mi hermano.
4. Tú traes las empanadas.
5. Usted trae al gerente.

(b) Dé la forma del presente del verbo *traer* que corresponda según el sujeto.

Nosotros no traemos cañas de pescar.

1. Tú
2. Yo
3. Ustedes
4. Ella
5. Ellos

 The Use of *ni* . . . *ni* and *o* . . . *o*

José	**no**	trae	**ni**	escopetas	**ni**	caña de pescar.
	No	tengo	**ni**	hermanos	**ni**	hermanas.
	No	es	**ni**	celeste	**ni**	azul.

Ni	casinos	**ni**	clubes nocturnos están abiertos este fin de semana.
Ni	Raúl	**ni**	Pedro hablan inglés.
Ni	él	**ni**	ella conocen a mi familia.

O	**vienes**	**o**	llamo a tus padres.
O	**hablas**	**o**	te vas a tu casa.

Note that when **ni . . . ni** (*neither . . . nor*) occurs in a non-initial position, the adverb **no** precedes the verb. If the verb comes after **ni . . . ni**, it is normally plural.

O . . . o is the equivalent of "either . . . or."

(a) Conteste a las preguntas según el modelo.

¿Habla inglés o francés?
No hablo ni inglés ni francés.

1. ¿Vende la casa o la estancia?
2. ¿Conoce a Teresa o a Marta?

3. ¿Estudia francés o italiano?

4. ¿Come en el restaurante o en su casa?

5. ¿Toma té o café?

(b) Conteste a las preguntas según el modelo.

¿Duermen en la casa Pedro y Raúl?
Ni Pedro ni Raúl duermen en la casa.

1. ¿Viajan en avión Pancho y José?

2. ¿Hablan inglés Roberto y José?

3. ¿Estudian filosofía Roberto y Pancho?

4. ¿Comen en el restaurante Pedro y Raúl?

5. ¿Se levantan temprano Ricardo y su padre?

(c) Cambie las oraciones de acuerdo al modelo.

Si no vienes, llamo a tus padres.
O vienes o llamo a tus padres.

1. Si no estudias, hablo con el profesor.

2. Si no trabajas, hablo con el gerente.

3. Si no te levantas, llamo a tu padre.

4. Si no sacas el pasaje, no viajas.

5. Si no sales a las diez, no llegas a la boda.

The Use of *algún (alguna), algunos (algunas), ningún (ninguna), un (una), unos (unas)* as Indefinite Adjectives

Study the following sequences:

¿Hay [**un** / **algún**] restaurante cerca?

Sí, hay **un** restaurante cerca.
No, **no** hay **ningún** restaurante cerca.

¿Vendió [**una** / **alguna**] casa hoy?

Sí, vendí **una** casa hoy.
No, **no** vendí **ninguna** casa hoy.

¿Compraron  libros esta tarde?

Sí, compramos | **unos** / **algunos** | libros.

No, **no** compramos **ningún** libro.

In questions, **algún** (**alguna**) and **algunos** (**algunas**) are somewhat more definite than **un** (**una**), **unos** (**unas**). Note that **no** precedes the verb when **ningún** (**ninguna**) is used.

(a) Conteste a las preguntas según el modelo.

> ¿Hay algún restaurante cerca?
> Sí, hay un restaurante cerca.
> No, no hay ningún restaurante cerca.

1. ¿Hay algún club nocturno cerca?
2. ¿Hay una laguna cerca?
3. ¿Hay alguna playa cerca?
4. ¿Hay algún río cerca?
5. ¿Hay un casino cerca?

(b) Formule las preguntas que correspondan según el modelo.

> No, no compramos ningún libro.
> ¿Compraron algunos libros?

1. No, no encontramos ninguna diferencia.
2. No, no escuchamos ningún disco.
3. No, no leímos ningún diario.
4. No, no seguimos ningún curso.
5. No, no vimos ninguna película.

 The Verb *jugar* (Present Indicative)

Study the forms of the irregular verb **jugar** (*to play*).

Jueg|o	al golf.
Jueg|as	en la casa.
Jueg|a	con mis hermanos.
Jug|amos	muy tranquilos.
Jueg|an	por la tarde.

(a) Formule preguntas usando *a qué* o *con quién* según los modelos.

Juegan al tenis.
¿A qué juegan?

Juegan con Pedro.
¿Con quién juegan?

1. Yo juego con mis hermanos.
2. Nosotros jugamos al tenis.
3. Ustedes juegan con los alumnos.
4. Tú juegas al fútbol.
5. Pedro juega al golf.

(b) Dé la forme del presente de *jugar* que corresponda según el sujeto.

¿Con quién juegan ellos?

1. tú
2. yo
3. nosotros
4. usted
5. ustedes

81. The Past Participle

Mi coche	está	estacion|ado	cerca de aquí.
María	está	ocup|ada	con sus exámenes.
	Están	encant|ados	con ella.
	Está	perd|ido	en la ciudad.

The past participle of regular verbs is formed by adding **-ado** to the stem of **-ar** verbs and **-ido** to that of **-er** and **-ir** verbs.

The construction **estar** + PAST PARTICIPLE usually indicates the result of an action or a happening:

Está perdido *He is lost. He got lost.*

The past participle, except when it is used to form the present perfect tense (Step 126), agrees in number and gender with the subject.

Cambie las oraciones siguientes de acuerdo a la clave.

MODELO: María está ocupada con sus exámenes. (Pedro)
Pedro está ocupado con sus exámenes.

1. Nosotros
2. Ellas
3. Raúl
4. María y Teresa
5. Nosotras

The Indirect Object Pronouns: *me, te, le, nos, les*

Compare the two sets of sentences and note in each case the indirect object pronoun that corresponds to the subject pronoun:

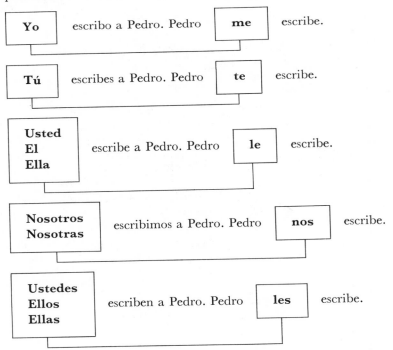

Note that **me, te, nos** can function as direct or indirect object pronouns.

(a) Conteste a las preguntas según los modelos.

¿Le escribió José?
Sí, me escribió.

¿Les escribió Pedro?
Sí, nos escribió.

1. ¿Le habló Marta?
2. ¿Le agradeció Raúl?
3. ¿Les prestó algo Ricardo?
4. ¿Les escribió el dueño?
5. ¿Le pidió algo Pancho?
6. ¿Les mandó algo David?

(b) Cambie las oraciones siguientes de acuerdo al modelo.

Yo escribo a Pedro.
Pedro me escribe.

1. Tú escribes a Pedro.
2. Ella escribe a Pedro.
3. Usted escribe a Pedro.
4. Nosotros escribimos a Pedro.
5. Ustedes escriben a Pedro.
6. Ellos escriben a Pedro.

83. Comparison of Quantity

Cazamos	**más**	**de**	**dos docenas de perdices.**
Viajó	**menos**	**de**	**cuatro horas.**
Sacó	**más**	**de**	**diez boletos.**
Necesito	**más**	**de**	**todo eso.**

De is equivalent to English "than" after **más** or **menos** if followed by a *numeral* or an *expression of quantity*. In all other cases, the equivalent of "than" after **más** or **menos** is **que**.

Cazamos	**más**	**que**	**ustedes.**
Viajó	**más**	**que**	**yo.**

(a) Conteste a las preguntas según el modelo.

¿Compraste diez empanadas?
No, compré más de diez empanadas.

1. ¿Sacaste diez boletos?
2. ¿Mandaste veinte cartas?

3. ¿Vendiste quince camisas?

4. ¿Cazaste dos docenas de perdices?

5. ¿Seguiste cuatro cursos?

(b) Cambie las oraciones según el modelo.

> Compré diez empanadas.
> Yo compré más empanadas que tú.

1. Cacé veinte perdices.

2. Vendí seis sacos.

3. Mandé treinta cartas.

4. Conseguí ocho libros.

5. Saqué treinta y seís fotografías.

 Prepositional Pronouns

Lo compraron	para	mí.
		ti.
		usted.
		él.
		ella.
		nosotros.
		ustedes.
		ellos.
		ellas.

		conmigo.
		contigo.
Viajaron	con	usted.
		él.
		ella.
		nosotros.
		ustedes.
		ellos.
		ellas.

Except for **mí** and **ti**, prepositional pronouns are the same as subject pronouns.

Con followed by **mí** yields **conmigo**; **con** + **ti**, **contigo**.

(a) Cambie las oraciones según el modelo.

> Yo tengo un libro para José.
> José tiene un libro para mí.

1. Nosotros tenemos un libro para Marta.
2. Usted tiene un saco para Pedro.
3. Tú tienes un boleto para Ernesto.
4. Ustedes tienen una carta para Mónica.
5. Ella tiene un lápiz para Pancho.
6. Ellos tienen libros para Teresa.
7. El tiene un cuaderno para Graciela.

(b) Cambie las oraciones según el modelo.

> Ella va la estación con Roberto.
> Roberto va a la estación con ella.

1. Yo voy a la estación con Pancho.
2. Nosotros vamos a la estancia con José.
3. Tú vas al instituto con Raúl.
4. Ustedes van al consulado con Ernesto.
5. Ellas van a la universidad con Marta.

85. The Sequence of Pronouns

Compare the two sets of sentences and note in each case what place the object pronouns occupy within the sentence:

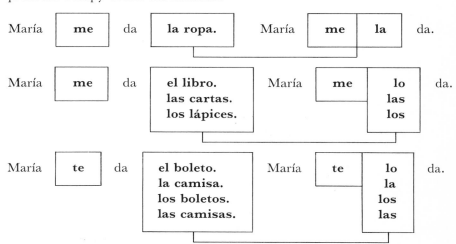

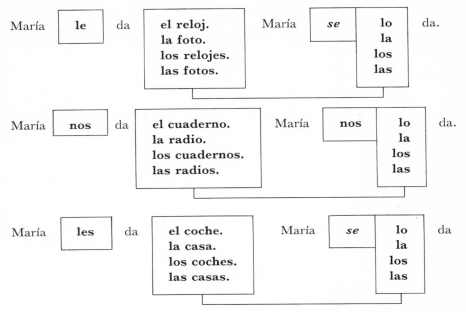

Note that indirect object pronouns are placed *before* direct object pronouns.

Le and **les** are replaced by **se** before **lo, los, la, las.**

The above sequences also occur in post-verbal position.

> Se lo voy a mandar.
> Voy a mandárselo.

(a) Cambie las oraciones según el modelo.

> José me trae el libro.
> José me lo trae.

1. José me trae los libros.
2. José me trae la ropa.
3. José me trae el reloj.
4. José me trae las camisas.
5. José me trae el saco.

(b) Conteste a las preguntas según el modelo.

> ¿Le presta Ricardo la escopeta?
> Sí, me la presta.

1. ¿Le presta Ricardo los libros?
2. ¿Le presta Ricardo el coche?
3. ¿Le presta Ricardo las cañas de pescar?
4. ¿Le presta Ricardo la valija?
5. ¿Le presta Ricardo los diarios?

(c) Conteste a las preguntas según el modelo.

¿Les mandó Teresa la carta?
Sí, nos la mandó.

1. ¿Les mandó Teresa los boletos?
2. ¿Les mandó Teresa la ropa?
3. ¿Les mandó Teresa las valijas?
4. ¿Les mandó Teresa el pasaje?
5. ¿Les mandó Teresa la escopeta?

(d) Cambie las oraciones según los modelos.

José le da el libro.
José se lo da.

José les da el libro.
José se lo da.

1. José les da los relojes.
2. José le da la ropa.
3. José le da la comida.
4. José les da los boletos.
5. José les da el menú.
6. José le da la valija.

(e) Conteste a las preguntas según el modelo.

¿Le trae el libro?
Sí, se lo trae.

1. ¿Le manda la carta?
2. ¿Les trae la escopeta?
3. ¿Le presta el coche?
4. ¿Les prepara la comida?
5. ¿Les hace las empanadas?

(f) Cambie las oraciones según los modelos.

Pedro va a mandarme el libro.
Pedro va a mandármelo.

Pedro va a mandarle el libro.
Pedro va a mandárselo.

1. Pedro va a mandarme la valija.
2. Pedro va a mandarnos las fotos.
3. Pedro va a mandarte el diario.
4. Pedro va a mandarles el reloj.
5. Pedro va a mandarme los libros.
6. Pedro va a mandarle el boleto.

(g) Conteste a las preguntas según el modelo.

¿Quién va a mandarle el libro?
Teresa va a mandármelo.

1. ¿Quién va a traerle las fotos?
2. ¿Quién va a prestarle la valija?
3. ¿Quién va a darle los boletos?
4. ¿Quién va a hacerle las empanadas?
5. ¿Quién va a prepararle la comida?

(h) Conteste a las preguntas del ejercicio anterior según el modelo.

¿Quién va a mandarle el libro?
Teresa me lo va a mandar.

Constructions with the Verb *gustar*

Me Te Le	gusta	este libro. jugar al fútbol.
Nos Les	gustan	las empanadas. estos trenes.

This verb literally means "to please, be pleasing to." The indirect object pronouns are used as equivalent to the idea expressed in English by a subject pronoun.

Me gusta este coche.   *I like this car.* (Lit., *This car is pleasing to me.*)

A + PREPOSITIONAL PRONOUN normally precedes the indirect object pronoun when making an initial statement or to give emphasis.

A mí me gusta mucho la caza.

Note that when the subject in English is a noun or a noun phrase, **a** always precedes its equivalent in the Spanish construction.

A Pedro le gusta la casa.   *Peter likes the house.*
A mi amigo le gusta el coche.   *My friend likes the car.*

(a) Cambie las oraciones según los modelos.

Yo quiero este coche.
Me gusta este coche.

Usted quiere este coche.
Le gusta este coche.

1. Yo quiero este saco.
2. Yo quiero esta camisa.
3. Usted quiere esta valija.
4. Usted quiere este traje.
5. Yo quiero este reloj.

(b) Conteste a las preguntas según los modelos.

¿Le gusta esta ropa?
Sí, me gusta.

¿Le gustan estas camisas?
Sí, me gustan.

1. ¿Le gustan estas fotografías?
2. ¿Le gusta esta valija?
3. ¿Le gusta esta escopeta?
4. ¿Le gustan estas empanadas?
5. ¿Le gustan estos relojes?
6. ¿Le gusta esta comida?

(c) Formule las preguntas que correspondan según los modelos.

No, no me gustan estas valijas.
¿Le gustan estas valijas?

No, no nos gusta esta casa.
¿Les gusta esta casa?

1. ¿Les gustan estos alfajores?
2. ¿Les gusta este café?
3. ¿Le gustan estas medialunas?
4. ¿Le gusta este curso?
5. ¿Les gusta este estilo de vida?

(d) Cambie las oraciones según el modelo.

> El quiere este libro.
> A él le gusta este libro.

1. Yo quiero este libro.
2. Usted quiere este libro.
3. Nosotros queremos este libro.
4. Pedro quiere este libro.
5. Tú quieres este libro.
6. Ellos quieren este libro.

(e) Traduzca las oraciones siguientes según el modelo.

> I like this watch.
> Me gusta este reloj.

1. We like this suitcase.
2. They like this train.
3. He likes this coffee.
4. I like these shirts.
5. She likes these watches.

EJERCICIO DE RECAPITULACIÓN

Conteste a las preguntas siguientes:

1. ¿A quién vio usted al entrar en la clase?
2. ¿Qué libros trae usted a esta clase?
3. ¿Trae usted el diario a la clase?
4. ¿Habla usted ruso o francés?
5. ¿Hablan español sus padres y sus hermanos?
6. ¿Estudia usted física y ruso?
7. ¿Hay algún restaurante francés cerca de aquí?
8. ¿Hay alguna laguna cerca de aquí?
9. ¿Hay alguna montaña alta cerca de aquí?
10. ¿Juega usted al tenis los domingos?
11. ¿A qué juega usted con sus amigos?
12. ¿Sabe usted jugar al golf?
13. ¿Está usted muy ocupado en esta época del año?
14. ¿Le escribieron sus padres esta semana?
15. ¿Le hablaron sus padres por teléfono ayer?
16. ¿Sigue usted más de cinco cursos?
17. ¿Estudia usted más de dos horas todos los días?

18. ¿Compró usted más de tres libros este año?
19. ¿Le compraron sus padres el libro de español?
20. ¿Me presta usted el libro de español todos los días?
21. ¿Quién le presta el coche generalmente?
22. ¿Quién le prepara la comida los domingos?
23. ¿Le gusta viajar?
24. ¿Le gusta esta ciudad? ¿Por qué?
25. ¿Le gustan las ciudades grandes?
26. ¿Le gusta aprender castellano? ¿Por qué?

PREGUNTAS SOBRE EL TEMA SIETE

1. ¿A qué hora llegaron los muchachos a Mar del Plata?
2. ¿A quién vieron al bajar del tren?
3. ¿Dónde los esperaba Ricardo?
4. ¿Qué dice Ricardo cuando ve a sus amigos?
5. ¿Qué tal fue el viaje?
6. ¿Por qué le gustó el viaje a Roberto?
7. ¿Por qué dice Pancho que el tiempo se les pasó volando?
8. ¿Dónde estaba estacionado el coche de Ricardo?
9. ¿Qué hizo Ricardo mientras los muchachos bajaban las valijas?
10. ¿Dónde los esperó?
11. ¿Queda lejos de la estación la estancia?
12. ¿A cuántos kilómetros queda?
13. ¿Qué tenía la gente que vieron en el tren los muchachos?
14. ¿Por qué tenían escopetas?
15. ¿Qué pueden cazar en esa época del año?
16. ¿Qué pueden pescar? ¿Dónde?
17. ¿Por qué no pueden ni pescar ni cazar los muchachos?
18. ¿Quién puede prestarles el equipo necesario?
19. ¿Qué pueden hacer los muchachos por la tarde?
20. ¿Qué piensa hacer Raúl si hay sol?
21. ¿Cuál es el pasatiempo favorito de Raúl?
22. ¿A qué hora los espera el padre de Ricardo?
23. ¿Para qué?
24. ¿Qué tienen tiempo de hacer todavía?
25. ¿Qué tal fue la caza? ¿Por qué?
26. ¿Cuántas perdices cazaron?
27. ¿En cuánto tiempo?
28. ¿Hay algún río cerca de la estancia?
29. ¿Cómo se llama la laguna que está cerca de la estancia?

30. ¿Cómo se llama la estancia?
31. ¿Adónde quiere volver esa noche Pancho?
32. ¿Qué quiere hacer en Mar del Plata?
33. ¿Qué le dice José?
34. ¿Para qué cambia de tema el señor Williams?
35. ¿Qué preparó la cocinera?
36. ¿Quién probó las empanadas?
37. ¿Qué piensa Pancho de las empanadas?

PREGUNTAS GENERALES

1. ¿A qué hora llegó a la universidad hoy?
2. ¿A quién vio al entrar en la clase?
3. ¿Se le pasa el tiempo volando aquí?
4. ¿Por qué?
5. ¿Tiene usted coche? ¿Dónde está estacionado su coche?
6. ¿Queda lejos de aquí su casa?
7. ¿Le gusta cazar?
8. ¿Qué prefiere, pescar o cazar?
9. ¿Cuando comienza la temporada de caza aquí?
10. ¿Sabe usted jugar al tenis?
11. ¿Anda usted a caballo?
12. ¿Le gusta caminar?
13. ¿Cuál es su pasatiempo favorito?
14. ¿Hay algún río cerca de aquí?
15. ¿Hay muchos clubes nocturnos en esta ciudad?
16. ¿Le gusta bailar? ¿Cuándo baila generalmente?
17. ¿Se conforma usted con estudiar los fines de semana? ¿Qué hace los fines de semana?
18. ¿Probó usted empanadas? ¿Y flan con crema?
19. ¿Conoce usted los casinos de Las Vegas?
20. ¿Probó alguna vez la suerte en un casino?

Formule las preguntas que correspondan a estas respuestas:

1. ¡Fantástico!
2. A unos diez kilómetros.
3. Prefiero andar a caballo.
4. La fotografía.
5. Le agradezco la invitación.
6. Ni casino ni club nocturno.

7. Empanadas.
8. Sí, lo probé.
9. Es para chuparse los dedos.

INFORME ORAL

Tell what the boys did on the ranch over the weekend.

Street in San Telmo.

En el teatro experimental

Al volver de Mar del Plata, Raúl se encontró con una invitación de Alfredo Grassi para asistir al ensayo de una obra de teatro que él dirigía y que iba a estrenarse el viernes siguiente.

Esa misma tarde llamó por teléfono a su amiga Patricia para invitarla a ir juntos. El teatro es la debilidad de Patricia. Rara vez se pierde un estreno. Aceptó la invitación con todo gusto y quedaron en que Raúl iba a pasar a buscarla a eso de las ocho.

El teatro experimental que dirige Alfredo queda en San Telmo, un viejo barrio de Buenos Aires que actualmente está de moda entre la gente joven. La obra que se ensayaba era la versión teatral de «Rosaura a las diez», una novela muy conocida del escritor argentino Marco Denevi.

Durante el ensayo

DOÑA MILAGROS: ¿Usted quiere alquilar el cuarto?

CAMILO: Este... sí, señora.

DOÑA MILAGROS: ¿Su profesión?

CAMILO: Pintor.

DOÑA MILAGROS: ¿Pintor de cuadros o de paredes?

CAMILO: Este... de cuadros.

DOÑA MILAGROS: ¿Es usted soltero?

CAMILO: Sí, señora.

DOÑA MILAGROS: ¿No tiene parientes?

ALFREDO: ¿Por qué te callas?

CAMILO: (*A Alfredo*) Perdón, me olvidé de lo que sigue.

ALFREDO: No, señora, nadie. Estoy solo en el mundo.

CAMILO: No, señora, nadie. Estoy solo en el mundo.

DOÑA MILAGROS: Bueno. Si usted está dispuesto a alquilar el cuarto le voy a decir las condiciones.

CAMILO: Sí, señora.

ALFREDO: ¡Suficiente! ¡Hablen más alto, por favor! La gente de la fila quince va a creer que esta obra no tiene diálogo. Tú, Enrique, no mires el techo cuando hablas y tú, Mirta, míralo en la cara mientras él habla. Bueno, ¡sigan!

DOÑA MILAGROS: Aquí se cobra ochenta pesos al mes. Pago adelantado. La pensión comprende desayuno, almuerzo y cena. El almuerzo se sirve a las doce y media y la cena a las nueve. En punto. El que no está a esa hora, no come. Está prohibido tener la luz encendida en los cuartos después de las once de la noche. También está prohibido tener radio, tocadiscos y animales. Yo tengo un gato, pero él no es un animal, como usted va a tener ocasión de comprobarlo. Conozco a una señora que por un pequeño precio extra lava y plancha la ropa.

ALFREDO: ¡Basta! ¡Comiencen de nuevo! ¡Piensen en el significado de la escena y sobre todo repasen sus papeles y apréndanlos de memoria! ¡Dios mío, voy a volverme loco!

. . . .

RAÚL: ¿Qué te pareció la obra, Patricia?

PATRICIA: Me gustó mucho. Alfredo dirige muy bien.

RAÚL: Sí, quiere estar seguro de que hasta el último detalle está perfecto.

PATRICIA: No hay duda de que su éxito es muy merecido. Recuerdo que los críticos recibieron su última obra con gran entusiasmo.

Observaciones sobre el vocabulario

encontrarse con to come across, to find
asistir a to attend
obra de teatro play
estrenarse to be premiered, to open
rara vez/a menudo
quedar en to agree
pasar a buscar a alguien to call for someone
estar de moda to be in, to be fashionable
este. . . er . . . (Used when the speaker is hesitant about something.)
estar dispuesto a to be willing to
más alto louder
más alto/más bajo
El que no está. . . He who is not here . . . (Note that **estar** in some cases may mean "to be here," "to be there.")
tener la luz encendida to have the light on (*lit.*, to have the light turned on)
¡ Dios mio Good heavens! (*lit.*, My God!)
volverse loco to become insane, crazy
¿ Qué te pareció la obra? How did you like the play? (*lit.*, What did the play appear to you?)

Notas de interés

San Telmo is one of the oldest districts in Buenos Aires. Many of its old mansions and houses have been recently turned into elegant boutiques. In the summer, several amateur groups set up theaters in the patios and gardens of these old mansions.

87. Direct Commands: the *usted, ustedes,* and *nosotros* Forms

Usted	habl	a.
Ustedes	habl	an.
Nosotros	habl	amos.

¡Habl	e!
¡Habl	en!
¡Habl	emos!

¡No	habl	e!
¡No	habl	en!
¡No	habl	emos!

Usted	aprend	e.
Ustedes	aprend	en.
Nosotros	aprend	emos.

¡Aprend	a!
¡Aprend	an!
¡Aprend	amos!

¡No	aprend	a!
¡No	aprend	an!
¡No	aprend	amos!

Usted	escrib	e.
Ustedes	escrib	en.
Nosotros	escrib	imos.

¡Escrib	a!
¡Escrib	an!
¡Escrib	amos!

¡No	escrib	a!
¡No	escrib	an!
¡No	escrib	amos!

Note that the command forms corresponding to **usted, ustedes,** and **nosotros** of $\boxed{\text{-ar}}$ verbs are formed by changing the vowel $\boxed{\text{-a}}$ of the endings to $\boxed{\text{-e}}$ [1]. $\boxed{\text{-er}}$ and $\boxed{\text{-ir}}$ verbs change the vowel $\boxed{\text{-e}}$ to $\boxed{\text{-a}}$.

The **nosotros** form corresponds to English "Let's" (do something).

Verbs that add a velar consonant to the first person singular (**conocer, conozco; agradecer, agradezco; salir, salgo; tener, tengo,** etc.) use the stem plus the velar consonant in the command forms for **usted, ustedes,** and **nosotros.**

---

[1] The verb **estar** accentuates the endings **-e** and **-en.**

Usted está. ¡Esté!
Ustedes están. ¡Estén!

(Yo tengo)

Usted	tien	e.
Ustedes	tien	en.
Nosotros	ten	emos.

¡Teng	a!
¡Teng	an!
¡Teng	amos!

(Yo digo)

Usted	dic	e.
Ustedes	dic	en.
Nosotros	dec	imos.

¡Dig	a!
¡Dig	an!
¡Dig	amos!

-ar and **-er** stem-changing verbs have the same vowel changes as in the present indicative.

Usted	comienz	a.
Ustedes	comienz	an.
Nosotros	comenz	amos.

¡Comienc	e!
¡Comienc	en!
¡Comenc	emos!

-ir stem-changing verbs have similar vowel changes to those of the present indicative, plus a further change in the first person plural: the diphthongs **-ue-** and **-ie-** are reduced to **-u-** and **-i-**. Those with an **e > i** change use **-i**.

Usted	duerm	e.
Ustedes	duerm	en.
Nosotros	dorm	imos.

¡Duerm	a!
¡Duerm	an!
¡Durm	amos!

Usted	prefier	e.
Ustedes	prefier	en.
Nosotros	prefer	imos.

¡Prefier	a!
¡Prefier	an!
¡Prefir	amos!

Usted	consig	ue.
Ustedes	consig	uen.
Nosotros	conseg	uimos.

¡Consig	a!
¡Consig	an!
¡Consig	amos.

(a) Cambie las oraciones siguientas a la forma imperativa según los modelos.[1]

    Usted habla español.
    ¡Hable español!

---

[1] Change the following sentences to the command (imperative) form according to the models.

Usted aprende español.
¡Aprenda español!

1. Usted escribe las cartas.
2. Usted aprende español.
3. Usted termina el trabajo.
4. Usted abre la tienda.
5. Usted lee el poema.
6. Usted compra el coche.

(b) Conteste a las preguntas de acuerdo al modelo.

¿Tengo que hablar?
Sí, ¡hable!

1. ¿Tengo que abrir?
2. ¿Tengo que terminar?
3. ¿Tengo que leer?
4. ¿Tengo que escribir?
5. ¿Tengo que ahorrar?
6. ¿Tengo que esperar?

(c) Cambie las oraciones siguientes a la forma imperativa según los modelos.

Ustedes hablan español.
¡Hablen español!

Nosotros aprendemos español.
¡Aprendamos español!

1. Ustedes bailan.
2. Nosotros andamos.
3. Nosotros probamos.
4. Ustedes aprenden.
5. Nosotros escribimos.
6. Ustedes leen.

(d) Cambie las oraciones siguientes a la forma imperativa según los modelos.

Yo traigo el libro y usted también.
¡Traiga el libro!

Yo traigo el libro y ustedes también.
¡Traigan el libro!

1. Yo digo la verdad y usted también.
2. Yo tengo el libro y usted también.
3. Yo salgo y ustedes también.
4. Yo vengo temprano y usted también.
5. Yo conozco al gerente y usted también.
6. Yo agradezco al dueño y ustedes también.

(e) Cambie las oraciones siguientes a la forma imperativa según los modelos.

Usted comienza.
¡Comience!

Nosotros volvemos.
¡Volvamos!

Ustedes vuelven.
¡Vuelvan!

1. Nosotros pensamos.
2. Ustedes comienzan.
3. Usted recuerda.
4. Usted quiere.
5. Nosotros podemos.
6. Ustedes pueden.
7. Usted piensa.

(f) Cambie las oraciones siguientes a la forma imperativa según los modelos.

Usted duerme.
¡Duerma!

Ustedes prefieren!
¡Prefieran!

1. Usted muere.
2. Usted siente.
3. Ustedes siguen.
4. Ustedes consiguen.
5. Usted sirve.

(g) Cambie las oraciones siguientes a la forma imperativa según el modelo

Nosotros morimos.
¡Muramos!

1. Nosotros dormimos.
2. Nosotros preferimos.
3. Nosotros sentimos.
4. Nosotros conseguimos.
5. Nosotros servimos.
6. Nosotros seguimos.

88. Direct Commands: the *tú* Form

Tú	habl|as.

¡Habl|a!

¡No	habl|es!

Tú	aprend|es.
Tú	escrib|es.

¡Aprend|e!
¡Escrib|e!

¡No	aprend|as!
¡No	escrib|as!

The command forms corresponding to the **tú** form drop the **-s** of the present indicative.

The negative command forms undergo the same vowel changes as those of **usted, ustedes,** and **nosotros** and retain the **-s**.

Stem-changing verbs have the same vowel changes as in the present indicative.

Tú	duerm|es.
Tú	prefier|es.
Tú	piens|as.
Tú	sigu|es.

¡Duerm|e!
¡Prefier|e!
¡Piens|a!
¡Sigu|e!

¡No	duerm|as!
¡No	prefier|as!
¡No	piens|es!
¡No	sig|as!

A few verbs have an irregular command form of one syllable. Note that in the
negative they have the stem with the velar consonant of the present indicative.

Tú	dic	es.		¡Di!		¡No	dig	as!
Tú	vien	es.		¡Ven!		¡No	veng	as!
Tú	tien	es.		¡Ten!		¡No	teng	as!
Tú	sal	es.		¡Sal		¡No	salg	as!
Tú	hac	es.		¡Haz!		¡No	hag	as!

Verbs that add a velar consonant to the first person singular use the stem plus
the velar consonant in the *negative* command form of **tú**.

Tú	conoc|es.		¡Conoc|e!
Tú	agradec|es.		¡Agradec|e!
Tú	tra|es.		¡Tra|e!

¡No	conozc	as!
¡No	agradezc	as!
¡No	traig	as!

(a) Cambie las oraciones siguientes a la forma imperativa según los modelos.

Tú hablas.
¡Habla!

Tú escribes.
¡Escribe!

1. Tú trabajas.
2. Tú aprendes.
3. Tú terminas.
4. Tú vendes.
5. Tú bailas.
6. Tú corres.

(b) Cambie las oraciones siguientes a la forma imperativa negativa según los
modelos.

¡Habla!
¡No hables!

¡Escribe!
¡No escribas!

1. ¡Espera!
2. ¡Ahorra!
3. ¡Aprende!
4. ¡Lee!
5. ¡Abre!
6. ¡Vende!

(c) Cambie las oraciones siguientes según el modelo.

Tú sigues.
¡Sigue! ¡No sigas!

1. Tú duermes.
2. Tú vuelves.
3. Tú pruebas.
4. Tú piensas.
5. Tú comienzas.
6. Tú encuentras.

(d) Conteste a las preguntas según el modelo.

¿Digo eso?
Sí, di eso.
No, no digas eso.

1. ¿Salgo?
2. ¿Vengo mañana?
3. ¿Hago el viaje?
4. ¿Digo la verdad?
5. ¿Tengo el dinero?

(e) Conteste a las preguntas según el modelo.

¿Tengo que concer la ciudad?
Sí, conoce la ciudad.
No, no conozcas la ciudad.

1. ¿Tengo que traer a mi amiga?
2. ¿Tengo que agadecer la carta?
3. ¿Tengo que traer los discos?
4. ¿Tengo que conocer a su familia?

89. Irregular Command Forms for *usted, ustedes,* and *nosotros*

Usted	va.
Ustedes	van.
Nosotros	vamos.

¡Vaya!
¡Vayan!
¡Vayamos!
¡Vamos!¹

¡No	vaya!
¡No	vayan!
¡No	vayamos!

Usted	es.
Ustedes	son.
Nosotros	somos.

¡Sea!
¡Sean!
¡Seamos!

¡No	sea!
¡No	sean!
¡No	seamos!

Usted	ve.
Ustedes	ven.
Nosotros	vemos.

¡Vea!
¡Vean!
¡Veamos!

¡No	vea!
¡No	vean!
¡No	veamos!

Usted	sabe.
Ustedes	saben.
Nosotros	sabemos.

¡Sepa!
¡Sepan!
¡Sepamos!

¡No	sepa!
¡No	sepan!
¡No	sepamos!

¹ **Vamos** is preferred in the affirmative command form.

(a) Dé la forma imperativa negativa de acuerdo al modelo.

Usted va a la casa. ¡Vaya a la casa!
¡No vaya a la casa!

1. Usted ve la obra. ¡Vea la obra!
2. Usted va a la estación. ¡Vaya a la estación!
3. Usted sabe el fin. ¡Sepa el fin!
4. Usted es muy bueno. ¡Sea muy bueno!

(b) Conteste a las preguntas con una oración imperativa de acuerdo al modelo.

Ustedes van al teatro.
¡Vayan al teatro!

1. Ustedes saben el tema siete.
2. Nosotros sabemos el poema de memoria.
3. Nosotros vamos a la estación.
4. Ustedes ven la situación.
5. Nosotros somos buenos.
6. Ustedes son tranquilos.
7. Nosotros vemos la obra.

Irregular Command Forms for *tú*

Tú	vas.	¡Ve!	¡No	vayas!
Tú	eres.	¡Sé!	¡No	seas!
Tú	ves.	¡Ve!	¡No	veas!
Tú	sabes.	¡Sabe!	¡No	sepas!

(a) Dé la forma imperativa negativa de acuerdo al modelo.

Tú vas al teatro. ¡Ve al teatro!
¡No vayas al teatro!

1. Tú sabes el poema. ¡Sabe el poema!
2. Tú eres muy bueno. ¡Sé muy bueno!
3. Tú ves la obra. ¡Ve la obra!
4. Tú vas a la universidad. ¡Ve a la universidad!

(b) Cambie las oraciones siguientes a la forma imperativa afirmativa de acuerdo al modelo.

¡No vayas al teatro!
¡Ve al teatro!

1. ¡No veas el ensayo!
2. ¡No vayas a Buenos Aires!
3. ¡No sepas el poema de memoria!
4. ¡No seas bueno!

9.1. The Use of *alguien* and *nadie*

¿Fue	**alguien?**	Sí.	**alguien fue.**
¿Vio	**a alguien?**	Sí,	**vi a alguien.**

No,	**no**	fue	**nadie**	**Nadie**	vino.
No,	**no**	vi	**a nadie.**	**A nadie**	vi.

Alguien is equivalent to English "somebody," "someone," "anybody," "anyone" and is normally used in *affirmative* and *interrogative* sentences. **Nadie** (*nobody, no one*) may be placed before or after the verb. If after, **no** is added before the verb. When functioning as *object* to a verb, both are preceded by the personal **a**.

(a) Conteste a las preguntas según el modelo.

¿Alguien escribió?
No, no escribió nadie.

1. ¿Alguien llamó?
2. ¿Alguien bailó?
3. ¿Alguien pescó?
4. ¿Alguien escuchó?
5. ¿Alguien practicó?

(b) Formule las preguntas que correspondan según el modelo.

No, no vi a nadie.
¿Vio a alguien?

1. No, no escuché a nadie.
2. No, no miré a nadie.
3. No, no esperé a nadie.
4. No, no busqué a nadie.
5. No, no escribí a nadie.

The Sequence of Pronouns with the Command Forms

Tú	los	miras.
Usted	la	sigue.
Ustedes	las	escuchan.
Nosotros	lo	vemos.

¡Míralos!
¡Sígala!
¡Escúchenlas!
¡Veámoslo!

¡No	los	mires!
¡No	la	siga!
¡No	las	escuchen!
¡No	lo	veamos!

Usted	se	acuesta.
Nosotros	nos	acostamos.

¡Acuéstese!
¡Acostémonos!

¡No	se	acueste!
¡No	nos	acostemos!

Tú	se	lo	das.
Usted	me	las	dice.

¡Dáselo!
¡Dígamelas!

¡No	se	lo	des!
¡No	me	las	diga.

Object and reflexive pronouns come *after* the verb in the affirmative command form and are attached to it in writing. The accent mark is placed over the stressed syllable.

The command form for **nosotros** drops the **-s** before **nos.**

(a) Cambie las oraciones siguientes de acuerdo al modelo.

Usted le escribe.
¡Escríbale!
¡No le escriba!

1. Usted le habla.
2. Usted los escucha.
3. Usted las comprende.

4. Usted la espera.
5. Usted los busca.
6. Usted les escribe.

(b) Cambie las oraciones siguientes de acuerdo al modelo.

Tú los escuches!
¡Escúchalos!
¡No los escuches!

1. Tú los recuerdas.
2. Tú lo lees.
3. Tú le hablas.
4. Tú les enseñas.
5. Tú lo terminas.
6. Tú lo aprendes.

(c) Cambie las oraciones siguientes de acuerdo al modelo.

Usted se viste.
¡Vístase!
¡No se vista!

1. Ustedes se acuestan.
2. Tú te acuestas.
3. Usted se ducha.
4. Tú te levantas.
5. Ustedes se afeitan.
6. Tú te vistes.

(d) Cambie las oraciones siguientes de acuerdo al modelo.

¡No nos levantemos!
¡Levantémonos!

1. ¡No nos acostemos!
2. ¡No nos duchemos!
3. ¡No nos afeitemos!
4. ¡No nos despertemos!
5. ¡No nos vistamos!

(e) Conteste a las preguntas según el modelo.

¿Se los traigo?
Sí, tráigamelos.
No, no me los traiga.

1. ¿Se la mando?
2. ¿Se lo enseño?
3. ¿Se las consigo?
4. ¿Se lo sirvo?
5. ¿Se los preparo?
6. ¿Se lo bajo?

 The Use of *lo que*

¿Qué	vas a hacer?	Sé	lo	que	vas a hacer.
¿Qué	compraste?	Sé	lo	que	compraste.
¿Qué	necesita?	Sé	lo	que	necesita.

Lo que is equivalent to the English "that which" or "what" (non-interrogative).

Conteste a las preguntas según el modelo.

¿Qué compró?
No sé lo que compró.

1. ¿Qué hizo?
2. ¿Qué consiguió?
3. ¿Qué sirvió?
4. ¿Qué comió?
5. ¿Qué tomó?

 Nominalized Definite Articles

La	chica	que	habló . . .
El	hombre	que	salió . . .
Las	chicas	que	iban . . .
Los	hombres	que	corrían . . .

La	que	habló . . .
El	que	salió . . .
Las	que	iban . . .
Los	que	corrían . . .

The definite article may be used to replace a noun previously mentioned or referred to when the relative pronoun **que** follows. It is equivalent to the English "the one," "he who," "the ones," "those who."

(a) Cambie las oraciones según el modelo.

La chica que habló es mi amiga.
La que habló es mi amiga.

1. El hombre que habló es mi amigo.
2. Los muchachos que llegaron son mis amigos.
3. Las chicas que conocimos son mis amigas.
4. La chica que habló es mi amiga.

(b) Conteste a las preguntas según el modelo.

¿Qué chica?
La que vive en la otra cuadra.

1. ¿Qué muchacho?
2. ¿Qué empleadas?
3. ¿Qué profesor?
4. ¿Qué muchachos?
5. ¿Qué profesoras?
6. ¿Qué cocinera?

 Special Uses of *se*

Se	come muy bien en este restaurante.
Se	dice que es un gran director.
Se	habla mucho de él.

Se may be used as an unspecified subject. It is equivalent in meaning to the English "one," "we," "you," "they."

Compare the sentences in the two columns:

La dueña	**sirve**	**el amuerzo.**		Se	**sirve**	**el almuerzo.**
La dueña	**vende**	**la casa.**		Se	**vende**	**la casa.**

La dueña	**sirve**	**las comidas.**		Se	**sirven**	**las comidas.**
La duena	**vende**	**las casa.**		Se	**venden**	**las casas.**

| La dueña | **invita** | a la chica. |
| La dueña | **invita** | a las chicas. |

| Se | **invita** | a la chica. |
| Se | **invita** | a las chicas. |

Spanish uses **se** to give a passive meaning to an active sentence, thus disregarding who the doer of the action is. When the *object* of the active sentence is a *thing*, it agrees with the verb in the **se** construction.

(a) Cambie las oraciones según el modelo.

Aquí hablan español.
Aquí se habla español.

1. En tu casa comen muy bien.
2. Aquí estudian mucho.
3. En esta universidad enseñan bien.
4. En mi país viven bien.
5. Aquí trabajan mucho.

(b) Dé a las oraciones siguientes un sentido pasivo.[1]

EJEMPLO: El hombre ve el tren.
Se ve el tren.

El hombre ve los trenes.
Se ven los trenes.

1. El hombre saca fotos.
2. El hombre vende la casa.
3. El hombre sirve la cena.
4. El hombre compra libros.
5. El hombre prepara empanadas.

(c) Dé a las oraciones siguientes un sentido pasivo.

EJEMPLO: El hombre invita a la chica.
Se invita a la chica.

El hombre invita a las chicas.
Se invita a las chicas.

1. El hombre llama a las empleadas.
2. El hombre invita a los profesores.
3. El hombre escucha al alumno.
4. El hombre escucha a los alumnos.
5. El hombre llama a la empleada.

---

[1] Give a passive meaning to the following sentences.

Noun Clauses Attached to a Noun or an Adjective

Compare the Spanish construction with its English equivalent:

Quiere estar	**seguro**	**de**	**que**	**todo está perfecto.**
He wants to be	sure		that	everything is perfect.

Note that when a noun clause is attached to a noun or an adjective, Spanish puts **de** before the noun clause.

Conteste a las preguntas según el modelo.

¿Por qué aprende inglés?
Porque Pedro quiere estar seguro de que aprendo ingles.

1. ¿Por qué llega temprano?
2. ¿Por qué sale a las siete?
3. ¿Por qué escucha el programa?
4. ¿Por qué estudia la lección?
5. ¿Por qué sabe el texto de memoriá?

EJERCICIO DE RECAPITULACIÓN

Conteste a las preguntas siguientes:

1. ¿Vio a alguien en el comedor hoy? ¿A quién?
2. ¿Conoce a alguien en Nueva York?
3. ¿Qué dice usted a un amigo que no ve desde hace mucho tiempo?
4. Dé estas órdenes a un amigo:
   a. escribir (¡Escribe!)
   b. correr
   c. comer
   d. trabajar
   e. comenzar
   f. decir
   g. salir
   h. ir
5. Pida lo siguiente a una persona que no conoce muy bien:
   a. trabajar (¡Trabaje!)
   b. comer
   c. decir
   d. comenzar

    e. dormir
    f. ir
    g. salir
    h. ver

6. ¿Sabe usted lo que va hacer el año que viene?
7. ¿Sabe usted lo que necesita para conseguir una visa?
8. ¿Se come muy bien en esta universidad?
9. ¿Se habla inglés en esta clase?
10. ¿Se vive bien en esta ciudad?
11. ¿A qué hora se sirve el almuerzo en su casa?
12. ¿A qué hora se come por la noche en su casa?
13. ¿Se necesitan empleados en esta universidad?
14. ¿Se aprende mucho en esta clase?
15. ¿Se viaja cómodamente en los aviones?
16. ¿Está usted seguro de que va a vivir en esta ciudad?
17. ¿Está usted seguro de que va a tener éxito en los exámenes? ¿Por qué?

PREGUNTAS SOBRE EL TEMA OCHO

1. ¿Con qué se encontró Raúl al volver de Mar del Plata?
2. ¿Para qué era la invitación?
3. ¿Quién dirigía la obra de teatro?
4. ¿Cuánda iba a estrenarse la obra?
5. ¿A quién llamó por teléfono Raúl? ¿Cuándo? ¿Para qué? ¿Por qué?
6. ¿En qué quedaron Raúl y Patricia?
7. ¿Dónde queda el teatro experimental que dirige Alfredo?
8. ¿Qué es San Telmo?
9. ¿Qué obra se presentaba?
10. ¿Quién escribió la obra?
11. ¿Quiénes hablan durante el ensayo?
12. ¿Quién quiere alquilar un cuarto?
13. ¿Qué profesión tiene Camilo? ¿Qué pinta?
14. ¿Es Camilo soltero o casado?
15. ¿Por qué dice Camilo que está solo en el mundo?
16. ¿Por qué dice Alfredo que la gente de la fila quince va a creer que la obra no tiene diálogo?
17. Repita lo que Alfredo le dice a Enrique y a Mirta.
18. ¿Cuánto cobra por la pensión doña Milagros?
19. ¿Cómo es el pago?
20. ¿Qué comprende la pensión?
21. ¿A qué hora se sirve el almuerzo? ¿Y la cena?

22. ¿Qué ocurre si uno no está en la casa a esa hora?
23. ¿Cuándo está prohibido tener la luz encendida?
24. ¿Qué está prohibido tener?
25. ¿Por qué tiene un gato doña Milagros?
26. ¿A quién puede darle Camilo la ropa para lavar y planchar?
27. ¿Qué pide doña Milagros por hacer el lavado y el planchado de la ropa de Camilo?
28. ¿Por qué dice Alfredo que va a volverse loco?
29. ¿Por qué le gustó la obra a Patricia?
30. ¿Como recibieron los críticos la última obra de Alfredo?

PREGUNTAS GENERALES

1. ¿Se estrenan obras de teatro en esta universidad?
2. ¿Asiste usted a menudo al teatro?
3. ¿Cuál es su obra de teatro favorita?
4. ¿Para qué llama usted por teléfono a sus amigos generalmente?
5. ¿Es el teatro su debilidad? ¿Y el fútbol? ¿Y el tenis?
6. ¿Se pierde usted los estrenos de obras de teatro en esta ciudad?
7. ¿Hay teatros experimentales en esta ciudad?
8. ¿Qué barrio está actualmente de moda entre la gente joven?
9. ¿Alquila usted una pieza o vive usted en una casa?
10. ¿Mira usted el techo cuando le hablo yo?
11. ¿Qué hace usted mientras yo le hablo?
12. ¿A qué hora se come en los Estados Unidos generalmente?
13. ¿A qué hora se sirve el desayuno, el almuerzo y la cena en la Argentina generalmente?
14. ¿Está prohibido tener la luz encendida después de las once de la noche en su casa?
15. ¿Está prohibido tener animales en su casa?
16. ¿Qué está prohibido hacer en esta clase?
17. ¿Lava usted y plancha su ropa? ¿Qué día de la semana?
18. ¿Aprende usted los temas de memoria?
19. ¿Cree usted que los profesores tienen motivos para volverse locos? ¿Por qué?
20. ¿Qué le pareció a usted el tema ocho?
21. ¿Pierde usted a menudo la paciencia? ¿Por qué?

Formule las preguntas que correspondan a las respuestas siguientes:

1. El fútbol.
2. En que va a venir a las diez.
3. Escritor.

4. No, estoy solo en el mundo.
5. Desayuno, almuerzo y cena.
6. Me gustó muchísimo.
7. Porque sabe dirigir muy bien.
8. Porque no ponen entusiasmo.

INFORME ORAL

¿Cuáles son las condiciones de doña Milagros para alquilar el cuarto?

Typical restaurant in
La Boca.

Una reunión de despedida

Los amigos de Pedro y Raúl les organizaron una reunión de despedida algunas semanas antes de su partida. Fueron a un restaurante de La Boca, el barrio italiano de Buenos Aires que queda junto al Río Riachuelo. Uno de los invitados especiales fue el profesor Gutiérrez, que enseñó durante muchos años en el colegio nacional y a quien todos querían mucho.

PROF. GUTIÉRREZ: No se imaginan cuánto les agradezco esta invitación. Tenía muchísimas ganas de verlos a todos.

ERNESTO: Todavía recuerdo las largas discusiones que tuvimos al estudiar a Sor Juana . . . (*Se oye un ruido de frenos en la calle.*)

ROBERTO: Me parece que es alguien a quien usted recuerda muy especialmente sin duda.

PROF. GUTIÉRREZ: Creo adivinar. . . . Por la manera de frenar sólo puede ser una persona: la misma que escribió la composición-panfleto contra Sor Juan Inés de la Cruz que lo hizo famoso en todo el colegio. . .

BORELLI: (*Entrando*) ¿Qué tal distinguidos viajeros? Professor Gutiérrez, ¡qué alegría!

PANCHO: ¿Ya no saludas a la «masa»?

BORELLI: Pero, viejo, a ustedes los veo todos los días. . .

JOSÉ LUIS: Yo creía que en el hospital sólo veías a las enfermeras. . .

El Gordo Borelli fue siempre una figura muy popular en el colegio nacional. A pesar de su aspecto serio, fue uno de los alumnos que dio más dolores de cabeza a los profesores y celadores.

Durante la reunión se recordaron travesuras de la época de estudiantes. Los mozos se turnaban para alegrar el ambiente cantando canciones napolitanas y tocando el acordeón. Todos se diviritieron enormemente.

PEDRO: (*A Borelli*) Nunca me voy a olvidar de la vez que te escapaste del colegio en la motocicleta del vasco Arregui para ir al pic-nic de las chicas de la Normal. . .

PANCHO: Recuerdo que te buscamos hasta las dos de la mañana.

ERNESTO: ¡ . . .y las pobres chicas te esperaron en vano!

PROF. GUTIÉRREZ: ¿Qué fue lo que pasó?

BORELLI: Bueno, después de todo no fue mi culpa. Cuando mi hermano me enseño a manejar su motocicleta, se olvidó de explicarme cómo frenar. Cuando me di cuenta de que no podía parar, pensé que la mejor solución era seguir andando en moto hasta terminar la nafta. A medida que pasaban las horas y los pueblos, mi entusiasmo por la velocidad aumentaba.

JOSÉ LUIS: Los diarios de Mercedes comentaron tu paso por la ciudad. Según parece, a ciento veinte kilómetros por hora batiste todos los récords de exceso de velocidad. . .

BORELLI: Sí, gané varias carreras a algunos talentos locales. Desgraciadamente empezó a llover y mi control del vehículo disminuyó hasta el punto de poner en peligro la salud del policía que me seguía . . .

RAÚL: Si mal no recuerdo, cuando te diste cuenta del peligro, el policía y tú ya estaban en la zanja. . .

Observaciones sobre el vocabulario

reunión de despedida farewell party
Me parece que. . . = **Creo que. . .** (*lit.*, It seems to me that. . .)
adivinar to guess
Creo adivinar. . . I believe I guess. . . (*lit.*, I believe to guess. . .)
por la manera de frenar from the manner in which he applied the brakes
sólo only (Short form for **solamente**. Note that the same word spelled without the accent means "alone.")
el Gordo Borelli "Fat Borelli" (This does not have the same connotation as in English. In many instances it is a term of endearment. National origin is often indicated when addressing a friend, e.g., **el vasco Arregui** [Arregui, the Basque], **el gallego Perez** [Perez, the Spaniard], etc.)
a pesar de in spite of
jugar al fútbol to play football
tocar el piano to play the piano
divertirse (i-ie) to have fun
la Normal = **la Escuela Normal** Normal School or Teachers' Training College
darse cuenta de to realize
nafta gasoline (In Spain and most of South America the word **gasolina** is used.)
a medida que as
según parece it seems that (*lit.*, according to what it seems)
llover (o-ue) to rain
empezar (e-ie) = **comenzar**
Si mal no recuerdo. If I remember correctly. (*lit.*, If badly I don't remember.)
poner to put (Note that **poner** adds a velar sound, in this case a **-g-**, to the stem of the first person singular of the present tense: **yo pongo**.)
Ya no . . . (más) no longer

> **Ya no saludas.**
> **Ya no saludas más** } You no longer greet.

Notas de interés

La Boca is the Italian district of Buenos Aires. Several of the best restaurants in Buenos Aires are located there. Benito Quinquela Martín, a famous Argentine painter, has painted several murals in various streets of La Boca.

The Normal School is a specialized junior college where students train to become elementary school teachers.

A *celador* is a student employed by a secondary school to do secretarial work, to take attendance, and to watch the discipline.

Sor Juana Inés de la Cruz, one of the greatest poetesses of the 18th century, was a nun of unusual culture whose poetry reflects her disdain for the men of her time.

Meanings of the Indirect Object

Los amigos	**les**	organizaron una reunión.
La cocinera	**nos**	preparó empanadas.
Papá	**me**	compró un caballo.
	Te	traje la cañas de pescar.

Besides its usual English equivalent ("to" + me, you, him, etc.) the Spanish indirect object may also be rendered by "for" + me, you, him, her, us, etc.

Cambie las oraciones según el modelo.

Pancho organizó una reunión para Raúl.
Pancho le organizó una reunión.

1. La cocinera preparó un flan para nosotros.
2. Mi padre organizó un viaje para ti.
3. Marta trajo un libro para ellos.
4. El dueño hizo un asado para usted.
5. Ricardo hizo un asado para ustedes.
6. Mis amigos organizaron una reunión para mí.

The Use of *alguna vez, algunas veces,* and *nunca*

Study the following sequences:

¿Fueron **algunas veces**?
Sí, fuimos **algunas veces**.
No, **no** fuimos **nunca**.
      Nunca fuimos.

¿Fueron **alguna vez**?
Sí, fuimos **una vez**.
No, **no** fuimos **nunca**.
　　Nunca fuimos.

Algunas veces is equivalent to English "sometimes," "ever" and implies that an event took place more than once. **Alguna vez** corresponds to English "ever," "sometime."

Nunca may be placed before or after the verb. If after, **no** is added before the verb.

(a) Conteste a las preguntas según el modelo.

　　¿Fueron algunas veces?
　　No, no fuimos nunca.

1. ¿Cantaron algunas veces?
2. ¿Bailó algunas veces?
3. ¿Tocaron el acordeón algunas veces?
4. ¿Jugaron al fútbol algunas veces?
5. ¿Practicó algunas veces?

(b) Formule las preguntas que correspondan a las respuestas siguientes.

　　EJEMPLO: No, no fui nunca a Madrid.
　　　　　　　¿Fue alguna vez a Madrid?

1. No, no trabajé nunca en este hospital.
2. No, no estudié nunca francés.
3. No, no manejé nunca una moto.
4. No, no batí nunca un record de velocidad,
5. No, no di nunca dolores de cabeza a mis profesores.
6. No, no comí nunca en este restaurante.

(c) Conteste a las preguntas siguientes dando las dos respuestas posibles.

　　EJEMPLO: ¿Visitó alguna vez Canadá?
　　　　　　　No, no visité nunca Canadá.
　　　　　　　No, nunca visité Canadá.

1. ¿Fue alguna vez al teatro?
2. ¿Estudió alguna vez francés?
3. ¿Trabajó alguna vez durante el verano?
4. ¿Manejó alguna vez una moto?
5. ¿Tocó alguna vez el acordeón?

The Equivalents of "in which"

Una reunion	en	la	que	se recordaron travesuras.
Unas casas	en	las	que	vive mucha gente.
Un colegio	en	el	que	enseñan idiomas.
Trenes	en	los	que	viajan estudiantes.

Note that the Spanish equivalent of "in which" depends on the gender and number of the preceding word.

Cambie las oraciones siguientes según el modelo.

> Se come muy bien en esta casa.
> Es una casa en la que se come muy bien.

1. Se aprende mucho en esta universidad.
2. Se trabaja mucho en esta estancia.
3. Se vive muy bien en esta ciudad.
4. Se enseña español en este colegio.
5. Se habla español en esta clase.

 The *Pretérito* of *dar*

Le	di	mi boleto.
¿Me	diste	tu libro?
Les	dio	lo que tenía.
Te	dimos	los libros.
Nos	dieron	la ropa.

Note that **dar** in the **pretérito** takes the regular endings of **-er** and **-ir** verbs.

(a) Formule preguntas usando el interrogativo *cuándo*.

> MODELO: Te di el boleto el lunes.
> ¿Cuándo te di el boleto?

1. Le diste la moto ayer.
2. Te dieron el coche el jueves.
3. Les dimos el dinero el mes pasado.
4. Les di el boleto ayer.
5. Me dio la motocicleta el viernes.

(b) Cambie las oraciones siguientes al tiempo pretérito.

   MODELO: Ricardo me da las valijas.
   Ricardo me dio las valijas.

1. Mis padres me dan los boletos.
2. Nosotros damos lecciones de español.
3. Teresa da lecciones de francés.
4. Yo sólo doy mi dirección a mis amigos.
5. ¿Me das tu dirección?

 The Use of Prepositional Pronouns for Emphasis

	ella	la	conocí en Buenos Aires.
	mí	me	miró largamente.
	él	lo	vio sólo dos veces.
A	ti	te	escuchó durante une hora.
	usted	lo	conoció en La Plata.
	mí	me	llamó ayer.
	él	le	habló esta mañana.

Prepositional pronouns preceded by **a** are often used for emphasis in sentences that contain an object pronoun. English conveys the same meaning by means of a different stress pattern.

   A él lo vi.   I saw *him*.

(a) Cambie las oraciones siguientes de acuerdo a la clave.

   MODELO: A mí me escribió la semana pasada. (A nosotros)
   A nosotros nos escribió la semana pasada.

1. A ti
2. A ellas
3. A él
4. A mí
5. A nosotros
6. A usted

(b) Conteste a las preguntas según los modelos.

   Soy Marta, ¿me recuerda?
   Sí, a usted la recuerdo.

Soy María, ¿me recuerdas?
Sí, a ti te recuerdo.

1. Es Pancho, ¿lo recuerda?
2. Son Marta y María, ¿las recuerda?
3. Somos Pancho y Roberto, ¿nos recuerda?
4. Es Teresa, ¿la recuerda?
5. Soy Raúl, ¿me recuerda?
6. Soy Teresa, ¿me recuerda?

The Pronouns *todo, todos, todas*

Todo Todo	está bien. me interesa.

Todos Todas	se divirtieron. fueron.

Todos	**(nosotros)**	**nos divertimos.** **cantamos.**
Todos	**(ustedes)** **(ellos)**	**se divirtieron.** **cantaron.**
Todas	**(nosotras)**	**asistimos.** **hablamos.**
Todas	**(ustedes)** **(ellas)**	**asistieron.** **hablaron.**

The singular **todo** means "everything." **Todos** and **todas**, when used as pronouns, may agree with a verb in the first or second person plural.

(a) Conteste a las preguntas siguientes de acuerdo al modelo.

¿Se divirtieron los muchachos?
Sí, todos se divirtieron.

1. ¿Llegaron las chicas?
2. ¿Bajaron los profesores?
3. ¿Asistieron las alumnas?
4. ¿Fueron los empleados?

(b) Conteste a las preguntas según los modelos.

 ¿Fueron ustedes?
 Sí, todos nosotros fuimos.

 ¿Fueron ellos?
 Sí, todos ellos fueron.

1. ¿Esperaron ustedes?
2. ¿Adivinaron ustedes?
3. ¿Asistieron ellas?
4. ¿Aceptaron ustedes?
5. ¿Ensayaron ellos?

The Irregular Verb *oir* (to hear)

Study the forms of the present indicative.

Oigo	ruido de frenos.
Oyes	música moderna.
Oye	lo que dice Juan.
Oímos	la noticia.
Oyen	lo que pasa.

(a) Cambie las oraciones siguientes a la forma negativa.

1. Los profesores oyen los ruidos.
2. Pancho oye la música
3. Nosotros oímos el ruido.
4. Oigo las noticias.
5. Tú oyes la música.

(b) Dé la forma del presente de **oir** que corresponda según el sujeto.

 Los muchachos oyen el ruido.

1. Yo
2. Nosotros
3. Usted
4. Ricardo
5. Las chicas
6. Tú

The Meaning of *buscar, esperar,* **and** *olvidarse de*

These three verbs are often misused by native speakers of English for a lack of exact correspondence between the two languages. Study the following examples carefully:

Busco I'm looking for	**el libro** the book	**que** (that)	**compré** I bought.

Te	**buscaron.** They looked for	you.

Espero I'm waiting for	**el ómnibus.** the bus.

Nos	**esperan.** They're waiting for	us.

Me olvidé de I forgot	**traerlo.** to bring it.

¿Te olvidaste de Did you forget (about)	**la fiesta?** the party?

Se olvidaron de They forgot (about)	**nosotros.** us.

(a) Traduzca las oraciones siguientes de acuerdo al modelo.

> I'm looking for the book.
> Busco el libro.

1. I'm looking for my brother.
2. She's looking for the tickets.
3. We're looking for our brother.
4. They're looking for their car.
5. He's looking for Pedro.

(b) Traduzca las oraciones siguientes de acuerdo al modelo.

I'm waiting for her.
La espero.

1. She's waiting for me.
2. They're waiting for us.
3. We're waiting for him.
4. I'm waiting for her.
5. He's waiting for you.

(c) Traduzca las oraciones siguientes de acuerdo a los modelos.

I forgot to call.
Me olvidé de llamar.

I forgot about her.
Me olvidé de ella.

I forgot about the book.
Me olvidé del libro.

1. He forgot to go.
2. We forgot to study.
3. I forgot about the car.
4. We forgot about him.
5. She forgot about me.
6. I forgot about Marta.

The *Pretérito* of Verbs with Irregular Stems and Endings

And:o And:as And:a And:amos And:an	Anduv:e Anduv:iste Anduv:o Anduv:imos Anduv:ieron
Teng:o Tien:es Tien:e Ten:emos Tien:en	Tuv:e Tuv:iste Tuv:o Tuv:imos Tuv:ieron

Note that the first and third persons of these verbs are not stressed on the ending but on the syllable immediately preceding it. The other endings have the same stress as the regular endings.

The following verbs undergo the stem change indicated below and take the same irregular endings as **andar** and **tener**.

estar	estuv-
hacer	hic-, hiz-
venir	vin-
poder	pud-
saber	sup-
querer	quis-
poner	pus-
haber	hub-
decir	dij-[1]
traer	traj-[1]

(a) Conteste a las preguntas según el modelo.

¿Anduvo a caballo ayer?
Sí, anduve a caballo ayer.

1. ¿Estuvo en Buenos Aires el viernes?
2. ¿Vino a la universidad ayer?
3. ¿Pudo verlo el sábado?
4. ¿Supo lo que pasó ayer?
5. ¿Quiso vender el coche ayer?
6. ¿Puso su dirección en el formulario?
7. ¿Tuvo tiempo para estudiar el domingo?
8. ¿Dijo la verdad al director?
9. ¿Trajo su libro de español ayer?

(b) Formule las preguntas que correspondan a las respuestas siguientes según el modelo.

No, no anduvimos a caballo.
¿Anduvieron ustedes a caballo?

1. No, no estuvimos en Madrid.
2. No, no supimos lo que pasó.

---

[1] Adds **-eron** for the third person plural:
Trajeron
Dijeron

3. No, no pudimos hablarle.
4. No, no quisimos vender la casa.
5. No, no pusimos la dirección.
6. No, no tuvimos tiempo.
7. No, no vinimos con ellos.
8. No, no trajimos el coche.
9. No, no dijimos todo.

(c) Formule las preguntas que correspondan a las respuestas según el modelo.

Sí, anduve en moto.
¿Anduvo en moto?

1. Sí, pude ir al teatro.
2. Sí, supe la verdad.
3. Sí, estuve en Buenos Aires.
4. Sí, traje los boletos.
5. Sí, vine temprano ayer.
6. Sí, tuve tiempo para ir.
7. Sí, hice todo el trabajo.
8. Sí, dije lo que sabía.
9. Sí, pude hablar con Raúl.

The Formation of Adverbs

Many adverbs are formed by adding the ending **-mente** to the *feminine singular* form of adjectives. Study the following examples:

desgraciado/desgraciada   **Desgraciadamente** empezó a llover.
intenso/intensa   Estudian ingles **intensamente**.
actual/actual   **Actualmente** viven aquí.
especial/especial   Se las recomiendo **especialmente**.

Cambie las oraciones de acuerdo a la clave.

EJEMPLO: (desgraciado) Empezó a llover.
Desgraciadamente empezó a llover.

1. (actual) Está de moda.
2. Estudia inglés (intenso).
3. Habla español (rápido).
4. (general) Trabaja por la tarde.
5. (preciso) Ayer hablé con Marta y Ana.

Verbs Ending in *-uir*

Study the forms of the present indicative of **disminuir** (*to diminish*).

Disminuy│o	mi trabajo.
Disminuy│es	tus esfuerzos.
Disminuy│e	su tranquilidad.
Disminu│ímos	nuestro control.
Disminuy│en	sus esfuerzos.

Disminuir belongs to a group of verbs (like **incluir, concluir,** etc.) whose irregularity consists of the addition of [**y**] to the stem of the singular forms and that of the third person plural.

Study the forms of the *pretérito* of **disminuir**.

Disminu│i
Disminu│íste
Disminu│yó
Disminu│ímos
Disminu│yeron

Note that verbs ending in **-uir**, like most verbs whose stem ends in a vowel (**cre-er, le-er,** etc.), place an accent mark over the **i** of **-iste** and **-imos**. Likewise, the **i** of **-ió** and **-ieron** is changed to $\boxed{\text{y}}$.

(a) Cambie las oraciones siguientes a la forma interrogativa.

1. Nosotros disminuímos la velocidad en la ciudad.
2. Pedro disminuye la velocidad al ver a un policía.
3. Yo disminuyo la velocidad al entrar en una ciudad.
4. Los muchachos disminuyen la velocidad al pasar cerca de una escuela.
5. Tú disminuyes la velocidad cuando ves la luz amarilla.

(b) Dé la forma del presente de *disminuir* que corresponda según el sujeto.

   Nosotros disminuímos la velocidad.

1. Usted
2. Yo
3. Borelli
4. Tú
5. Las chicas

(c) Cambie las oraciones siguientes al tiempo pretérito.

> EJEMPLO: Yo disminuyo la velocidad al ver a un policía.
> Yo disminuí la velocidad al ver a un policía.

1. Tú disminuyes la velocidad al ver la luz amarilla.
2. Nosotros disminuímos la velocidad en la ciudad.
3. Ellos disminuyen la velocidad al pasar.
4. Pedro disminuye la velocidad cerca de la escuela.
5. Usted disminuye la velocidad al ver a un policía.

EJERCICIO DE RECAPITULACIÓN

Conteste a las preguntas siguientes:

1. ¿Le organizaron sus amigos una reunión de despedida antes de empezar sus estudios en esta universidad?,
2. ¿Batió alguna vez un récord de velocidad? ¿Cuándo?
3. ¿Visitó alguna vez Méjico?
4. ¿Cree usted que esta clase es una clase en la que se aprende mucho? ¿Por qué?
5. ¿Dio usted alguna vez lecciones de piano? de español? de tenis?
6. ¿Me dieron los alumnos su nombre y dirección al empezar el año?
7. ¿Cree usted que todos aprenden mucho en esta clase? ¿Por qué?
8. ¿Vieron todos ustedes la película española en la televisión ayer?
9. ¿Oye usted ruidos mientras estudia?
10. ¿Le gusta oir música mientras estudia?
11. ¿Se olvidó usted de los pretéritos irregulares? ¿Por qué?
12. ¿Me esperan los alumnos mucho tiempo si no estoy aquí cuando empieza la clase?
13. ¿Vino a la universidad ayer?
14. ¿Supo usted contestar a todas las preguntas de su último examen de español?
15. ¿Tuvo tiempo para estudiar esta lección ayer?
16. ¿Estuvo alguna vez en Madrid? ¿Cuándo?
17. ¿Estudia usted por la noche generalmente?
18. ¿Disminuye usted la velocidad de su coche cuando ve a un policía?

PREGUNTAS SOBRE EL TEMA NUEVE

1. ¿Quiénes organizaron una reunión de despedida?
2. ¿Cuándo?
3. ¿Adónde fueron?
4. ¿Qué es La Boca?

5. ¿Dónde queda La Boca?
6. ¿Quién fue uno de los invitados especiales?
7. ¿Dónde enseñó el profesor Gutiérrez?
8. ¿Por qué invitaron al profesor Gutiérrez?
9. ¿Qué enseñaba el profesor Gutiérrez?
10. ¿Cuándo tenían largas discusiones los alumnos con el profesor Gutiérrez?
11. ¿Qué se oye en la calle?
12. ¿Por qué recuerda muy especialmente a Borelli el profesor Gutiérrez?
13. ¿A quién no saluda Borelli?
14. ¿Por qué?
15. ¿A quién mira generalmente Borelli en el hospital?
16. ¿Quién fue siempre una figura muy popular en el colegio nacional?
17. ¿Por qué?
18. ¿Qué se recordó durante la reunión?
19. ¿Quiénes se turnaban para alegrar el ambiente?
20. ¿Qué hacían para alegrar el ambiente?
21. ¿De qué travesura de Borelli no se olvida Pedro?
22. ¿Hasta qué hora buscaron a Borelli?
23. ¿Quién le enseñó a manejar la motocicleta a Borelli?
24. ¿Qué se olvidó de explicarle?
25. ¿Qué hizo Borelli cuando se dio cuenta de que no podía parar?
26. ¿A qué velocidad pasó Borelli por la ciudad de Mercedes?
27. ¿Qué comentaron los diarios de Mercedes?
28. ¿A quiénes ganó varias carreras?
29. ¿Por qué disminuyó su control de la motocicleta?
30. ¿Dónde terminaron Borelli y el policía que lo seguía?

PREGUNTAS GENERALES

1. ¿Se organizan reuniones de despedida en esta universidad?
2. ¿Quiénes organizan generalmente reuniones de despedidas? ¿Cuándo?
3. ¿Hay un barrio italiano, chino, español, irlandés en esta ciudad? ¿Dónde queda?
4. ¿Tiene usted ganas de organizar una reunión con los alumnos de esta clase? ¿Dónde?
5. ¿Tiene usted a menudo largas discusiones con sus amigos? ¿De qué temas hablan?
6. ¿Le parece que Norman Mailer es un autor muy bueno? ¿Por qué?
7. ¿Quién es famoso en esta universidad? ¿Por qué?
8. ¿Dio usted muchos dolores de cabeza a sus profesores del colegio secundario?

9. ¿Hizo usted muchas travesuras cuando era niño?
10. ¿Qué travesura recuerda usted en particular?
11. ¿Sabe usted tocar el piano?
12. ¿Qué instrumento sabe tocar?
13. ¿Se divierte usted mucho cuando va a un baile? ¿Y cuando va al cine?
    ¿Por qué?
14. ¿Se escapó usted alguna vez del colegio secundario? ¿Qué hizo?
15. ¿Sabe usted manejar? ¿Quién le enseñó a manejar?
16. ¿Sabe usted andar en moto? ¿Quién le enseñó?
17. ¿A qué velocidad manejan sus padres generalmente? ¿Y usted?
18. ¿Le gusta manejar a alta velocidad?
19. ¿Qué diarios lee generalmente? ¿Cuál prefiere?
20. ¿Qué comentan los diarios generalmente?
21. ¿Hay carreras de automóviles en esta ciudad?
22. ¿Le gusta correr carreras?
23. ¿Batió usted un récord algunas vez?
24. ¿Sabe usted quién batió el récord de ausencias en esta clase este semestre?
25. ¿Llueve a menudo aquí? ¿En qué época del año llueve más a menudo?
26. ¿Lo siguió un policía alguna vez? ¿Por qué?

Formule las preguntas que correspondan a estas respuestas

1. Al estudiar a Salinger.
2. Yo también tenía ganas de verlo.
3. A ciento veinte kilómetros por hora.
4. Freno.
5. Disminuyo la velocidad.
6. Porque me di cuenta de que me gustaba correr.
7. Cantábamos y tocábamos el acordeón.
8. Porque siempre manejo a la velocidad límite.

INFORME ORAL

Narre alguna travesura de la época en que usted era estudiante secundario.

Hotel Llao-llao in Bariloche.

Cathedral of La Plata.

Un estudiante norteamericano en la Argentina

En uno de los viajes que Pedro hizo a La Plata para visitar a su familia, tuvo la oportunidad de conocer a Ralph Miller, un joven norteamericano que estudiaba en la Universidad Nacional.

PEDRO: ¿Cuánto tiempo hace que estás por aquí?

RALPH: Unos seis meses. Llegué a principios del verano, de manera que tuve tiempo de recorrer el país antes de empezar la facultad.

PEDRO: ¿Por dónde estuviste?

RALPH: El mismo día que llegué salí para el norte. Visité Salta, Tucumán, las cataratas de Iguazú y luego pasé una semana en Mar del Plata. Durante las vacaciones de invierno espero poder ir a esquiar a Bariloche.

PEDRO: Vas a conocer la Argentina mejor que yo. . . A propósito, ¿te costó adaptarte a las costumbres de aquí?

RALPH: Todo lo contrario. Venía preparado a hacer un gran esfuerzo para adaptarme a las nuevas costumbres, pero después de seis meses me doy cuenta de que tenemos muchísimas cosas en común. Además, no noto ningún sentimiento antinorteamericano entre la gente de aquí.

PEDRO: En realidad, lo que la prensa algunas veces interpreta como sentimiento antinorteamericano es más bien una expresión de desacuerdo con la política exterior de los Estados Unidos. ¿Qué tal tus cursos en la facultad?

RALPH: Tengo muy buenos profesores, pero lo que más me asombra es ver que los estudiantes están al corriente de lo que pasa en todas partes. Conocen al dedillo la política de mi propio país. A menudo pasamos largas horas en algún café del centro tratando de arreglar el mundo. . . Otra cosa que me sorprendió es que, a pesar de ser extranjero, no tuve que pagar la matrícula cuando me inscribí.

PEDRO: Sí, la educación es gratuita en la Argentina desde hace muchos años. Dime, ¿tuviste problemas con el idioma al principio?

RALPH: Muy pocos. Me costaba entender la pronunciación de ciertas palabras como «llegar», «mayo», «calle». Ustedes los argentinos pronuncian de una manera distinta de la que yo aprendí. Pero, en realidad, las diferencias son mínimas.

PEDRO: Algo parecido me pasó cuando empecé a estudiar inglés con profesores norteamericanos. Un día me rompí la cabeza tratando de entender lo que significaba «jí wónid ei dol for jis dora».[1]

RALPH: Una de las cosas que me llamó la atención cuando llegué fue ver que los hombres usan saco y corbata a cualquier hora del día, aún en verano.

PEDRO: Sí, es una costumbre que molesta bastante.

---

[1] He wanted a doll for his daughter.

RALPH: Un día de mucho calor me puse los pantalones «bermudas» y fui a pasear por el centro. Al rato me di cuenta de que la gente me miraba como «sapo de otro pozo». . .

PEDRO: Aquí solamente se usan los pantalones «bermudas» cuando se va a la playa. ¿Qué es lo que más echas de menos?

RALPH: Para serte franco. . . el clima de Florida. Aquí hace mucho frío en invierno.

PEDRO: ¿Tienes un departamento o vives con una familia?

RALPH: Cuando empezaron las clases vivía en un hotel pero después me mudé adonde vivo ahora. Comparto un departamento con dos muchachos de Río Gallegos. Vivimos en la calle 2, a tres cuadras del comedor universitario. Generalmente vamos a comer allí. La comida es excelente y baratísima.

Observaciones sobre el vocabulario

por (+ *adverb*) around . . .
por aquí around here, in this place
unos (+ *numeral*) = **aproximadamente**
a principios de at the beginning of
Los puntos cardinales: norte, sur (or **sud** in compounds: **sudamérica**), **este, oeste.**
a propósito by the way, incidentally
costar (o-ue) to cost, to be difficult
    Este saco cuesta cien pesos.
    Me cuesta comprender la gramática.
todo lo contrario quite the opposite
más bien rather
política exterior foreign policy
estar al corriente to be up to date, to be well-informed
el centro downtown
conocer al dedillo = **conocer perfectamente**
de una manera distinta differently, in a different manner
Me rompí la cabeza. I racked my brains. (*lit.*, I broke my head.)
una cosa que me llamó la atención one thing that caught my attention (*lit.*, one thing that called my attention)
un día de mucho calor on a very hot day (*lit.*, a day of much heat)
ir a pasear to go for a walk
al rato after a while
La gente me miraba como «sapo de otro pozo». People were looking at me as if I were a man from another planet (*lit.*, as if I were a toad from another well).
echar de menos to miss (one's family, one's country, etc.)

Echo de menos a mis padres.
But: **Ayer perdí el tren.** Yesterday I missed the train.

departamento apartment (Note that in other Spanish-speaking countries the words
apartamento and **apartamiento** are generally used.)
Vivo a tres cuadras de aquí. I live three blocks from here.
¿A cuántas cuadras de aquí vive usted?
el comedor universitario the university restaurant or cafeteria

Notas de interés

Facultad does not mean "faculty" or "staff" but a special school or college
within a university: *Facultad de Medicina, Facultad de Humanidades.* Since students
attending a university take most of their courses in their field of specialization,
they spend most of their time in one particular school and thus tend to refer
to their college or university as *facultad.*

The River Plate accent, found in central and southern Argentina and
Uruguay, is characterized for the most part by the pronunciation of the *ll*
and the *y* in words such as *yo, mayo, calle,* and *caballo* and by the aspiration of
the *s* before a consonant (*costumbre*).

The National University of La Plata subsidizes a restaurant where students
can eat a substantial meal for as little as US$.10.

The city of La Plata is one of the most modern cities in South America. It
is located about thirty miles south of Buenos Aires. A city of approximately
400,000 people, La Plata boasts of several first-rate legitimate theaters, an
opera house, three universities, an unfinished Gothic cathedral, and one of the
world's finest museums of natural history.

 The Use of *cualquier, cualquiera*

| Voy a aceptar | cualquier diferencia. |
| Voy a aceptar | cualquiera. |

| Tráigame | cualquier libro. |
| Tráigame | cualquiera. |

Cualquiera is a pronoun meaning "just any," "either one." The adjective
cualquier is a shorter form used before singular nouns, either masculine or
feminine. The plural **cualesquiera** is used only in literary style.

Conteste a las preguntas siguientes de acuerdo al modelo.

¿Cuál libro le mando?
Mándeme cualquier libro.
Mándeme cualquiera.

1. ¿Cuál camisa le traigo?
2. ¿Cuál poema le leo?
3. ¿Cuál corbata le doy?
4. ¿Cuál diario le compro?
5. ¿Cuál empleado le mando?

The Use of *mucho, muchos, poco, pocos, cuánto, cuántos, tanto, tantos*

Compare the examples in the two columns:

Hay	mucho	vino.
Hay	mucha	cerveza.

Hay	muchos	estudiantes.
Hay	muchas	perdices.

Tiene	poco	trabajo.
Tiene	poca	suerte.

Tiene	pocos	amigos.
Tiene	pocas	valijas.

¿Cuánto	vino	hay?
¿Cuánta	leche	hay?

¿Cuántos	boletos	quiere?
¿Cuántas	valijas	quiere?

¡Tenemos	tanto	tiempo!
¡Tenemos	tanta	libertad!

¡Tienen	tantos	amigos!
¡Tienen	tantas	hijas!

Note that **mucho** (*much, a lot of*), **poco** (*little*), **cuánto** (*how much*) and **tanto** (*so much*) are used before *mass* nouns. They agree in gender with the nouns they modify.

Muchos (*many, a lot of*), **pocos** (*few*), **cuántos** (*how many*) and **tantos** (*so many*) are used before *count* nouns. They also show gender agreement with the nouns they modify.

Note the difference in meaning between **poco** (**poca**) and **un poco de**:

Necesito poco tiempo   *I need little time.*
Necesito un poco de tiempo   *I need a little time.*

Traduzca las oraciones siguientes:

1. I have little freedom.
2. There are few students.
3. They know a lot.
4. He works with so much enthusiasm!
5. We relaxed a little.
6. They have many friends.

 The Use of *desde hace*

¿Desde cuándo. . . ?

Vivo en Los Angeles	**desde hace**	**dos años.**
Estudio español	**desde hace**	**cuatro meses.**

No trabajo	**desde hace**	**dos meses.**
No descanso	**desde hace**	**tres horas.**

Desde hace is used to indicate the period of time during which something has or has not been taking place. This type of construction is synonymous with sentences formed with **hace. . . que**.

Hace dos años que vivo aquí.   Vivo aquí desde hace dos años.

(a) Formule las preguntas que correspondan a estas respuestas de acuerdo al modelo.

Trabajo desde hace tres meses.
¿Desde cuándo trabaja?

1. Vivo en La Plata desde hace seis meses.
2. Sé manejar desde hace un año.
3. Estudio castellano desde hace cinco meses.
4. Oigo ese ruido desde hace cinco minutos.
5. Llueve desde hace dos horas.

(b) Cambie las oraciones siguientes de acuerdo a los modelos.

Hace seis años que vivo aquí.
Vivo aquí desde hace seis años.

Hace diez días que no lo veo.
No lo veo desde hace diez días.

1. Hace muchos años que no practico.
2. Hace dos semanas que no viene.
3. Hace quince días que sé manejar.
4. Hace cinco años que no los vemos.
5. Hace mucho tiempo que no escribe.
6. Hace cinco minutos que practica.

 The Construction *lo que* + *más*

Lo que más	echo de menos es el clima.
Lo que más	necesito es un coche.
Lo que más	me gusta es el chocolate.
Lo que más	me asombra es el público.

This construction is equivalent to the English "What + verb (+ the) + most."

Lo que más necesito . . .   *What I need (the) most . . .*

Conteste a las preguntas siguientes de acuerdo al modelo.

¿Te gusta el clima?
Sí, lo que más me gusta es el clima.

1. ¿Necesitas el coche?
2. ¿Echas de menos tu casa?
3. ¿Te asombra su entusiasmo?
4. ¿Te interesa el ingles?
5. ¿Te gusta la comida aquí?
6. ¿Necesitas descansar?

 The Use of *en todas partes, en alguna parte,* and *en ninguna parte*

Study the following sequence:

¿Los vieron **en alguna parte**?
Sí, los vieron **en alguna parte**.
            en todas partes.
No, **no** los vieron **en ninguna parte**.

En alguna parte is equivalent to English "anywhere," "somewhere"; **en ninguna parte** corresponds to the English "nowhere" and is preceded by **no** when it occurs after the verb. **En todas partes** corresponds to "everywhere."

Conteste a las preguntas siguientes de acuerdo al modelo.

¿Los vieron en alguna parte?
Sí, los vimos en todas partes.
No, no los vimos en ninguna parte.

1. ¿Hablaron en alguna parte?
2. ¿Durmieron en alguna parte?
3. ¿Los encontraron en alguna parte?
4. ¿Trabajaron en alguna parte?
5. ¿Ganaron en alguna parte?
6. ¿Esperaron en alguna parte?
7. ¿Tuvieron que esperar en alguna parte?

 The Use of Nouns with Verbs in the First and Second Person Plural

(Nosotros) (Nosotras)	los argentinos las mujeres	preferimos estudiamos	cenar tarde. más.

Ustedes Ustedes	los norteamericanos las mujeres	hablan hablan	muy rápido. demasiado.

Note that **nosotros** in this type of construction is optional, while **ustedes** is required.

Both pronouns are required after a preposition.

A Para	nosotros ustedes	los viejos los jóvenes	nos gusta leer mucho. no hay problemas.

(a) Cambie las oraciones siguientes según el modelo.

Los argentinos prefieren comer tarde.
Nosotros los argentinos preferimos comer tarde.

1. Los norteamericanos toman mucha leche.
2. Los tejanos saben que Tejas es muy importante.
3. Los hombres creen que las mujeres son menos inteligentes.
4. Las mujeres saben que los hombres son menos inteligentes.
5. Los alumnos creen que los profesores tienen mucho que aprender.

(b) Cambie las oraciones siguientes según el modelo.

Los tejanos piensan que Tejas es muy importante.
Para ustedes los tejanos Tejas es muy importante.

1. Los argentinos piensan que la Argentina es muy rica.
2. Los hombres piensan que las mujeres no deben trabajar.
3. Las mujeres piensan que los hombres no son muy inteligentes.
4. Los alumnos piensan que los profesores no tienen razón.

The Use of the Definite Article Preceding a Noun that Designates a Part of the Body or an Article of Clothing

Puso	el	pie
Bajó	la	cara.
Trajo	el	saco.
Vendió	los	sacos.

en los frenos.

Spanish uses the definite article before a noun that designates a part of the body or an article of clothing, where English would require a possessive:

Puso el pie en los frenos.   *He put his foot on the brakes.*
Vendió el saco.   *He sold his coat.*

Traduzca las oraciones siguientes de acuerdo al modelo.

I brought my coat.
Traje el saco

1. I sold my clothes.
2. He looked for his coat.
3. I put my foot on the table.
4. He put his head on the books.
5. We brought our shirts.
6. He gave me his tie.

The Use of Reflexive Pronouns when Verbs Denote Actions Affecting Parts of the Body or Articles of Clothing

Se	rompió	el	pie.
Me	chupé	los	dedos.
Me	puse	los	pantalones.
Nos	ponemos	la	ropa.

Reflexive pronouns are used with verbs that denote an action affecting parts of one's body or one's articles of clothing.

(a) Cambie las oraciones siguientes según la clave.

> EJEMPLO: Me puse los pantalones bermudas. (Tú)
> Te pusiste los pantalones bermudas.

1. Nosotros
2. Pedro
3. Ustedes
4. Yo
5. Ellos

(b) Cambie las oraciones siguientes según la clave.

> Se rompió el pie.

1. Yo
2. Nosotros
3. Ustedes
4. Tú
5. Usted

The Use of the Third Person Singular of Verbs with Collective Nouns

La gente	es dice mira	muy curiosa. lo que piensa. a los turistas.

La ropa	es está	muy cara. sobre la mesa.

Collective nouns in Spanish always take a *singular* verb form, while their English counterparts usually take a plural verb.

Reemplace el sujeto de cada oración de acuerdo al modelo.[1]

> Las chicas van a Mar del Plata en enero.
> La gente va a Mar del Plata en enero.

---

[1] Replace the subject of each sentence as indicated in the model.

1. Los empleados aplaudieron.
2. Los alumnos llegaron temprano.
3. Las chicas bailaron.
4. Los muchachos vinieron tarde.
5. Los profesores hicieron un viaje largo.
6. Los muchachos fueron a pescar.

 The Use of *mismo* (*misma*), *mismos* (*mismas*)

Compró	el	mismo	coche	que	tú.
	la	misma	camisa		
	los	mismos	sacos		
	las	mismas	corbatas		

The construction ARTICLE + **mismo** + NOUN + **que** is equivalent to the English "the same . . . as."

Mismo (**misma**) and **mismos** (**mismas**) may be used after a noun or a pronoun to add emphasis.

| María | misma | lo vio. | *Mary herself saw him.* |
| Nosotros | mismos | lo vimos | *We ourselves saw him.* |

If placed before a noun it is usually rendered as "very."

| Ese | mismo | día | . . . *That very day* . . . |

(a) Cambie las oraciones siguientes de acuerdo al modelo.

Yo compré un coche.
Pedro compró el mismo coche que yo.

1. Tú compraste una camisa.
2. Nosotros compramos libros.
3. Usted compró una motocicleta.
4. Yo compré corbatas.
5. Ellas compraron una radio.
6. Ustedes compraron impermeables.

(b) Cambie las oraciones siguientes de acuerdo al modelo.

María lo vio.
María misma lo vio.

1. Pedro lo vio.
2. Nosotras lo vimos.
3. Ellos lo vieron.
4. Nosotros lo vimos.
5. Ellas lo vieron.
6. Yo lo vi.
7. Tú lo viste.

EJERCICIO DE RECAPITULACIÓN

Conteste a las preguntas siguientes:

1. ¿Lee usted generalmente cualquier diario o prefiere leer un diario en particular?
2. ¿Cuántos alumnos hay en esta clase?
3. ¿Tiene usted poco tiempo para estudiar?
4. ¿Tiene usted muchos amigos en esta universidad?
5. ¿Desde cuándo vive en esta ciudad?
6. ¿Desde cuándo estudia castellano?
7. ¿Desde cuándo no ve a su familia?
8. ¿Desde cuándo no habla con su familia?
9. ¿Qué es lo que más le gusta hacer los domingos?
10. ¿Qué es lo que más necesita en estos momentos?
11. ¿Vio usted la foto del presidente de la universidad en alguna parte?
12. ¿Me vio usted antes de empezar las clases en alguna parte?
13. ¿Cree usted que nosotros los norteamericanos somos gente pacífica? ¿Por qué?
14. ¿Cree usted que para nosotros los norteamericanos el idioma español es importante? ¿Por qué?
15. ¿Cree usted que ustedes las mujeres (los hombres) tienen más problemas que los hombres (las mujeres)? ¿Por qué?
16. ¿Qué hace usted si mientras maneja el coche ve que otro coche viene hacia usted?
17. ¿Se rompe usted la cabeza tratando de aprender a hablar castellano?
18. ¿Se pone usted pantalones bermudas para venir a clase?
19. ¿Cree usted que la gente generalmente dice lo que piensa?
20. ¿Usa usted la misma ropa que su madre (padre)? ¿Por qué?

PREGUNTAS SOBRE EL TEMA DIEZ

1. ¿Cuándo tuvo Pedro la oportunidad de conocer a Ralph Miller?
2. ¿Quién es Ralph Miller?

3. ¿Dónde estudiaba Ralph?
4. ¿Cuánto tiempo hacía que estaba en la Argentina?
5. ¿En qué época del año llegó Ralph a la Argentina?
6. ¿Qué hizo Ralph antes de empezar la facultad?
7. ¿Qué visitó primero?
8. ¿Dónde pasó una semana?
9. ¿Adónde piensa poder ir durante las vacaciones de invierno?
10. ¿Qué va a hacer allí?
11. ¿Por qué dice Pedro que Ralph va a conocer la Argentina mejor que él?
12. ¿Le costó a Ralph adaptarse a las costumbres argentinas?
13. ¿Por qué?
14. ¿A qué venía preparado Ralph?
15. ¿Nota Ralph algún sentimiento antinorteamericano?
16. ¿Cómo explica Pedro que la prensa a veces dice que hay sentimiento antinorteamericano en la Argentina?
17. ¿Qué piensa Ralph de sus profesores?
18. ¿Qué es lo que más le asombra?
19. ¿Conocen los estudiantes algo de la política norteamericana?
20. ¿Dónde ve Ralph generalmente a sus compañeros?
21. ¿De qué hablan?
22. ¿Pagan matrícula los estudiantes extranjeros en la Universidad de La Plata?
23. ¿Por qué?
24. ¿Tuvo Ralph problemas con el idioma cuando llegó a la Argentina?
25. ¿Por qué?
26. ¿Qué problemas tuvo Pedro cuando empezó a estudiar inglés con profesores norteamericanos?
27. ¿Por qué no entendía Pedro cuando sus nuevos profesores le hablaban?
28. ¿Qué le llamó la atención a Ralph cuando llegó a la Argentina?
29. ¿Qué se puso un día de mucho calor?
30. ¿Adónde fue?
31. ¿De qué se dio cuenta al rato?
32. ¿Cuándo se usan los pantalones «bermudas» en la Argentina?
33. ¿Qué es lo que Ralph echa más de menos?
34. ¿Por qué?
35. ¿Dónde vivía Ralph cuando empezaron las clases?
36. ¿Adónde se mudó después?
37. ¿Con quién comparte el departamento?
38. ¿En qué calle vive Ralph?
39. ¿Dónde comen Ralph y sus compañeros generalmente?
40. ¿Por qué?

PREGUNTAS GENERALES

1. ¿En qué época del año visita usted generalmente a su familia?
2. ¿Tuvo usted la oportunidad de conocer algún estudiante argentino este semestre?
3. ¿Cuánto tiempo hace que usted está en esta ciudad?
4. ¿Cuándo llegó?
5. ¿Recorrió alguna vez los Estados Unidos?
6. ¿Qué hace usted durante las vacaciones de invierno?
7. ¿Sabe usted esquiar? ¿Y andar a caballo? ¿Quién le enseñó?
8. ¿Le costó adaptarse a las costumbres de esta universidad?
9. ¿Qué problemas hay actualmente en este país?
10. ¿Qué piensa usted de la política exterior de los países capitalistas? ¿Y de los países comunistas?
11. ¿Está usted al corriente de lo que pasa en otros países?
12. ¿Conoce usted al dedillo la política de su propio país?
13. ¿Le gusta pasar largas horas con sus amigos tratando de arreglar el mundo?
14. ¿De qué habla generalmente con sus amigos?
15. ¿Hay muchos estudiantes extranjeros en esta universidad?
16. ¿Cuándo se inscribió usted por primera vez en esta universidad?
17. ¿Paga usted matrícula una vez al año solamente o al comenzar cada semestre?
18. ¿Le costaba entenderme cuando hablaba español al principio?
19. ¿Le cuesta entenderme ahora cuando hablo español?
20. ¿Sabe usted qué diferencias de pronunciación hay entre el español de Méjico y el español de Argentina?
21. ¿Se rompe usted la cabeza tratando de aprender los verbos en español?
22. ¿Usan los muchachos saco y corbata para venir a clase en esta universidad?
23. ¿Cuándo usan generalmente saco y corbata los muchachos en este país?
24. ¿Qué le molesta más en la gente?
25. ¿Le gusta pasear por el centro? ¿Por qué?
26. ¿Se pone usted pantalones «bermudas» para venir a clase?
27. ¿Echa usted de menos a su familia?
28. ¿Qué es lo que más echa de menos en esta universidad?
29. ¿Tiene usted un departamento o vive en una casa?
30. ¿Cuándo se mudó al lugar donde vive ahora?
31. ¿Vive solo o comparte su casa (o departamento)?
32. ¿A cuántas cuadras de la universidad vive usted?
33. ¿Dónde come usted generalmente?
34. ¿Cómo es la comida allí?
35. ¿Sabe usted preparar comidas? ¿Cuál es su especialidad?

36. ¿Qué usa usted cuando hace mucho calor?
37. ¿Qué usa usted cuando llueve?

Formule las preguntas que correspondan a las respuestas siguientes:

1. Unos tres meses.
2. Soy de Tejas.
3. Pienso ir a Colorado.
4. Todos mis cursos son interesantes.
5. En el restaurante universitario.
6. Porque tengo una beca.
7. No, no me molesta.
8. Voy generalmente a la playa.
9. No, no echo de menos a mi familia.
10. En un departamento.
11. Solo.

INFORME ORAL

Diga lo que Ralph hizo desde que llegó a la Argentina.

Students in La Plata.

Busy downtown Buenos
Aires.

**Una visita a
Buenos Aires**

Pedro le habló a Ralph para invitarlo a visitar algunos lugares de interés en Buenos Aires.

El sábado por la mañana se encontraron en el departamento de Pedro. Aunque Pedro tiene coche, para evitar el problema del estacionamiento tomaron el subterráneo para ir al centro.

Al salir del subterráneo

PEDRO: ¿Qué te parece si damos una vuelta por la calle Florida para empezar?

RALPH: ¡Macanudo! como dicen ustedes. Necesito recorrer varios negocios. Mi madre quiere que compre varias cosas para ella y mis tías. Según parece los artículos de cuero y los pulóveres de lana cachemir son muy baratos aquí. Papá quiere que le compre varios libros de autores argentinos. Justamente ayer recibí una carta de mi querida hermanita — que nunca me escribe — en la que me manda dinero para que le compre discos de música folklórica argentina. ¿Puedes ayudarme a conseguir algunas de estas cosas?

PEDRO: Sí, con todo gusto. Se puede conseguir todo eso por aquí cerca. En la calle Florida hay dos o tres excelentes librerías y muchas casas de discos. A pocas cuadras de aquí, en la avenida Santa Fe, hay negocios donde venden carteras, zapatos y también pulóveres. Vas a poder comprar lo que te piden sin gastar mucho.

A mediodía

PEDRO: ¡Ya las doce! Si no estás demasiado cansado, ¿quieres que vayamos al Museo de Bellas Artes? A esta hora hay siempre menos gente. Después podemos almorzar en la Costanera.

RALPH: La idea me parece muy buena, siempre que me permitas invitarte.

PEDRO: Te lo agradezco, pero hoy invito yo. La próxima vez.

RALPH: No es justo, insisto . . .

PEDRO: Cuando estemos en tu país puedes pagar tú, pero aquí debes hacer lo que te digo . . .

**SITUACIONES
CORRIENTES:
En el correo**

RALPH: Buenos días, deseo mandar esta carta por vía aérea a los Estados Unidos.

EMPLEADO: Es un peso cuarenta.

RALPH: También tengo estos libros para mandar por barco. ¿Se puede asegurarlos?

EMPLEADO: Sí, señor. ¿Por cuánto desea asegurarlos?

RALPH: Por ciento cincuenta pesos. Déme también diez estampillas de un peso, por favor. ¿Esta tarjeta postal va también con un peso?

EMPLEADO: No, señor. Las tarjetas postales por vía aérea van con ochenta centavos.

Observaciones sobre el vocabulario

subterráneo subway (*En España y Méjico se usa la palabra* **metro.**)
dar una vuelta to walk around, to go for a walk
para empezar to begin with
Macanudo = **Expresión argentina que significa excelente.**

Note los dos equivalentes del verbo «to spend.»
    Pasé dos horas aquí.   I spent two hours here.
    Gasté mucho dinero.   I spent a lot of money.

librería bookstore (*pero:* **biblioteca** library)
Museo de Bellas Artes Museum of Fine Arts
la (avenida) Costanera the riverside road or avenue
mandar por vía aérea to send via air mail
estampilla stamp (*En España y otros países donde se habla español se dice tambien* **sello.**)
tarjeta postal postcard

Notas de interés

La calle Florida, cerrada al tránsito de vehículos, y la avenida Santa Fé tienen los negocios más elegantes. Los artículos de cuero — valijas, carteras, zapatos, sacos — compiten con los ponchos y pulóveres de vicuña o de lana.

Hasta hace poco tiempo Buenos Aires era la única ciudad del hemisferio sud que tenía un sistema de transporte subterráneo. Por el equivalente de US$ 0.02 se puede viajar a cualquier punto de Buenos Aires.

 118. **The Formation of the Present Subjunctive**

Compare the endings of **comprar** and **vender.**

Compr|**o**
Compr|**as**
Compr|**a**
Compr|**amos**
Compr|**an**

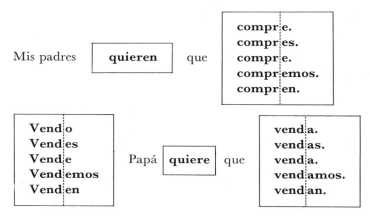

Mis padres | **quieren** | que
compr|e.
compr|es.
compr|e.
compr|emos.
compr|en.

Vend|o
Vend|es
Vend|e
Vend|emos
Vend|en

Papá **quiere** que

vend|a.
vend|as.
vend|a.
vend|amos.
vend|an.

Verbs in dependent clauses take a special set of endings when the verb in the main clause expresses a wish, doubt, probability, fear, joy, or emotions in general. Verbs with such endings are said to be in the *subjunctive mood*.

-ar verbs have the vowel **-e-** in all the endings of the present subjunctive, while **-er** and **-ir** verbs take the vowel **-a-** .

The stem of the present subjunctive is the same as the stem of the *negative command forms* studied in Steps 87-90. The first person singular has the same stem as that of the other singular forms.

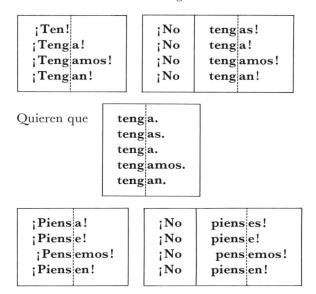

¡Ten!
¡Teng|a!
¡Teng|amos!
¡Teng|an!

¡No teng|as!
¡No teng|a!
¡No teng|amos!
¡No teng|an!

Quieren que

teng|a.
teng|as.
teng|a.
teng|amos.
teng|an.

¡Piens|a!
¡Piens|e!
¡Pens|emos!
¡Piens|en!

¡No piens|es!
¡No piens|e!
¡No pens|emos!
¡No piens|en!

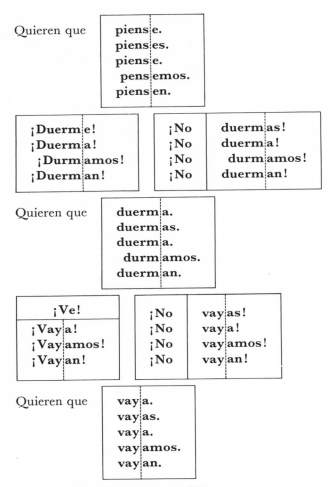

Quieren que piens e.
            piens es.
            piens e.
             pens emos.
            piens en.

¡Duerm e!   ¡No duerm as!
¡Duerm a!   ¡No duerm a!
 ¡Durm amos!   ¡No   durm amos!
¡Duerm an!   ¡No duerm an!

Quieren que duerm a.
            duerm as.
            duerm a.
             durm amos.
            duerm an.

¡Ve!   ¡No vay as!
¡Vay a!   ¡No vay a!
¡Vay amos!   ¡No vay amos!
¡Vay an!   ¡No vay an!

Quieren que vay a.
            vay as.
            vay a.
            vay amos.
            vay an.

Note that English often uses different structures to convey the idea expressed by a subjunctive:

The teacher	wants		me	to study more.
El profesor	**quiere**	**que**	**yo**	**estudie más.**

(a) Cambie las oraciones siguientes de acuerdo a los modelos.

María vende la casa.
Yo quiero que María venda la casa.

María compra la casa.
Yo quiero que María compre la casa.

1. Pedro trabaja aquí.
2. Raúl estudia inglés.
3. Marta maneja el coche.
4. Ernesto aprende a manejar.
5. Pancho come aquí.
6. Ricardo saca una foto.

(b) Conteste a las preguntas según el modelo.

¿Por qué van a trabajar allí?
Porque Papá quiere que trabajemos allí.

1. ¿Por qué van a estudiar inglés?
2. ¿Por qué van a vivir aquí?
3. ¿Por qué van a viajar por la noche?
4. ¿Por qué van a comprar esa cartera?
5. ¿Por qué van a usar esa ropa?
6. ¿Por qué van a manejar por la noche?

(c) Dé las preguntas que correspondan a estas respuestas.

EJEMPLO: Mi padre quiere que yo trabaje.
¿Quién quiere que tú trabajes?

1. Mi hermano quiere que yo lo compre.
2. Mi amigo quiere que yo maneje.
3. El gerente quiere que yo pague.
4. El director quiere que yo use corbata.
5. Pancho quiere que yo la cambie.
6. Papá quiere que yo me mude.

(d) Cambie las oraciones siguientes según la clave.

EJEMPLO: ¿Quién quiere que tú te mudes? (yo)
¿Quien quiere que yo me mude?

1. nosotros
2. usted
3. ellos
4. Pedro
5. ustedes

(e) Cambie las oraciones de acuerdo al modelo.

> Tú no vas al teatro.
> No quiero que tú vayas al teatro.

1. Tú no tienes el dinero.
2. Tú no sabes la verdad.
3. Tú no duermes aquí.
4. Tú no dices la verdad.
5. Tú no vienes temprano.
6. Tú no haces el trabajo.
7. Tú no conoces a mi hermano.

(f) Conteste a las preguntas según el modelo.

> ¿Puedo ir?
> No, no quiero que vaya.

1. ¿Puedo salir?
2. ¿Puedo traer la radio?
3. ¿Puedo saber lo que pasa?
4. ¿Puedo ver la obra?
5. ¿Puedo dormir aquí?
6. ¿Puedo hacer preguntas?
7. ¿Puedo conocer a tu novia?

(g) Conteste a las preguntas según el modelo.

> ¿Por qué no aceptan la invitación?
> Porque mamá no quiere que aceptemos la invitación.

1. ¿Por qué no dicen lo que pasó?
2. ¿Por qué no duermen en la estancia?
3. ¿Por qué no traen a Pancho?
4. ¿Por qué no vienen más tarde?
5. ¿Por qué no siguen ese curso?
6. ¿Por qué no van a la estancia?
7. ¿Por qué no saben esquiar?

 The Use of the Subjunctive after Expressions of Desire or Preference

Mis padres	**quieren**	que yo	**venga**	mañana.
Mis padres	**piden**	que yo	**escriba**	a menudo.
Mis padres	**prefieren**	que yo	**salga**	contigo.
Mis padres	**esperan**	que yo	**vuelva**	temprano.

Utilice el subjuntivo o el indicativo de acuerdo a los modelos.

Pedro vuelve. (Mi padre sabe)
Mi padre sabe que Pedro vuelve.

Pedro vuelve. (Mi padre quiere)
Mi padre quiere que Pedro vuelva.

1. Pedro comprende. (Ye sé)
2. Pedro trabaja. (Yo quiero)
3. Pedro sale. (Nosotros esperamos)
4. Pedro sabe. (Yo prefiero)
5. Pedro duerme. (Yo sé)
6. Pedro va. (Tú sabes)
7. Pedro va. (Ellos piden)

The Use of the Subjunctive after Certain Conjunctions

Me manda dinero	**para que**	**le compre**	una cartera.
Voy a verlo	**cuando**	**venga.**	
Acepto	**siempre que**[1]	**traigas**	el coche.

The subjunctive is also used after conjunctions like **para que, cuando, siempre que,** etc.

(a) Cambie las oraciones según el modelo.

Voy a verlo si viene.
Voy a verlo cuando venga.

1. Voy a verlo si sale.
2. Voy a verlo si va.
3. Voy a verlo si se muda.
4. Voy a verlo si se levanta.
5. Voy a verlo si vuelve.
6. Voy a verlo si baja.

(b) Conteste a las preguntas según el modelo.

Si traigo el coche, ¿aceptas?
Acepto siempre que traigas el coche.

---

[1] The indicative mood is used after **siempre que** when it means "each time that," e.g.: **Siempre que viene nos trae buenas noticias.**

1. Si viene mi hermana, ¿aceptas?
2. Si digo lo que pasó, ¿aceptas?
3. Si pago yo, ¿aceptas?
4. Si va mi amiga, ¿aceptas?
5. Si averiguo quienes van, ¿aceptas?
6. Si consigo el coche, ¿aceptas?

(c) Cambie las oraciones según el modelo.

> Me manda dinero para comprar la casa.
> Me manda dinero para que yo compre la casa.

1. Me manda dinero para viajar a Bariloche.
2. Me manda dinero para aprender inglés.
3. Me manda dinero para ir al teatro.
4. Me manda dinero para invitar a Pedro.
5. Me manda dinero para pintar la casa.

The Use of the Subjunctive or the Indicative after Certain Conjunctions

The choice of subjunctive or indicative after conjunctions such as **aunque** and **cuando** depends on the meaning of the clause which follows. The subjunctive is used with the meaning "something still to happen," "something still to be proved," or "something unknown." The indicative is used with the meaning "something that is known to have happened," "to be happening or to happen regularly," or "something known." Contrast the two moods in the following examples:

Cuando	**tengo**	dinero,	**viajo**	en taxi.
Aunque	**tengo**	dinero,	**no viajo**	en taxi.

Cuando	**tenga**	dinero,	**voy a viajar**	en taxi.
Aunque	**tenga**	dinero,	**no voy a viajar**	en taxi.

(a) Cambie las oraciones según los modelos.

> Si tengo dinero, viajo en taxi.
> Cuando tengo dinero, viajo en taxi.

> Si tengo dinero, voy a viajar en taxi.
> Cuando tenga dinero, voy a viajar en taxi.

1. Si viene Pedro, voy a escribirte.
2. Si llega María, te llamo.
3. Si vendo mucho, hago una reunión.
4. Si vendo mucho, voy a hacer una reunión.
5. Si estudio mucho, duermo poco.

(b) Traduzca las siguientes oraciones según los modelos.

> Although I have money, I won't go.
> Aunque tengo dinero, no voy a ir.

> Although I may have money, I won't go.
> Aunque tenga dinero, no voy a ir.

1. Although he studies, he doesn't learn.
2. Although he may study a lot, he doesn't learn.
3. Although they may practice a lot, they can't talk.
4. Although they pay well, they don't get many letters.
5. Although you may know it, I'm going to say it.

 Nouns Used as Count Nouns and Mass Nouns

MASS NOUNS

Tengo	coche.	I have	transportation.
Tengo	criada.	I have	domestic help.
Tengo	trabajo.	I have	work.

COUNT NOUNS

Tengo	un coche.	I have	a car.
Tengo	una criada.	I have	a maid.
Tengo	un trabajo.	I have	a job.

Note that the same noun can be used as a mass noun or a count noun in Spanish. In the first case no article precedes the noun.

Quite often Spanish uses a mass noun where English would require a count noun:

Tenemos	examen.	We have	a test.
Tienen	teléfono.	They have	a telephone.

Traduzca las oraciones siguientes según el modelo.

> I need a car.
> Necesito un coche.

1. I need transportation.
2. I need a telephone.
3. I need domestic help.
4. I need a job.
5. I have a test.
6. I have work.

 The Use of the Indirect Object Pronouns *le* and *les* in Sentences with Indirect Object Nouns

	Le	escribí	a Teresa.
	Les	hablamos	a las chicas.
Pedro	le	mandó un disco	a su hermana.
Raúl	les	prometió un libro	a sus amigos.

The indirect object pronouns **le** and **les** are normally added in sentences that contain an indirect object noun or noun phrase.

(a) Conteste a las preguntas siguientes según la clave.

> EJEMPLO: Mandó un libro. (a Teresa)
> Le mandó un libro a Teresa.

1. Mandó dinero. (a las chicas)
2. Mandó un disco. (a mi amigo)
3. Mandó fotos. (a mis padres)
4. Mandó ropa. (a mis amigos)
5. Mandó una cartera. (a mi madre)

(b) Cambie las oraciones siguientes según el modelo.

> Teresa me escribió.
> Le escribí a Teresa.

1. Las chicas me hablaron.
2. Pedro me habló.
3. Mi padre me enseñó.
4. Raúl me escribió.
5. Los muchachos me escribieron.

The Emphasis Construction with Inversion of Word Order

Invito	yo.
Hablas	tú.
Soy	yo.
Obedeces	tú.

The construction with inversion of word order is used to emphasize the *subject* of a sentence. English normally uses a different stress pattern to give emphasis: "*You* did it!" or the construction "It's + pronoun" (It's I).

Conteste a las preguntas según el modelo.

¿Me permites invitar?
No, hoy invito yo.

1. ¿Me permites hablar?
2. ¿Me permites pagar?
3. ¿Me permites manejar?
4. ¿Me permites empezar?
5. ¿Me permites salir con ella?
6. ¿Me permites ir?

 The Suffix *-ito (-ita)*

hij	o	hij	ito
chic	a	chiqu	ita
Juan	a	Juan	ita
An	a	An	ita
herman	o	herman	ito
buen	o	buen	ito
Raúl		Raul	ito

Spanish may use the suffix **-ito** (**-ita**) to indicate smallness or as a term of endearment. The final vowel is dropped before adding **-ito** (**-ita**).

If the word ends in **-e, -n,** or **-r**, then **-cito** (**-cita**) is generally added.

Juan	Juan|cito
coche	coche|cito
mujer	mujer|cita

Cambie las oraciones según el modelo.

> Es Juan.
> Es Juancito.

1. Es bueno.
2. Es grande.
3. Es Ricardo.
4. Es Marta.
5. Es mi hermano.
6. Es Pedro.
7. Es Raúl.

EJERCICIO DE RECAPITULACIÓN

Conteste a las preguntas siguientes:
1. ¿Qué quieren sus padres que usted estudie?
2. ¿Qué esperan sus profesores que usted haga?
3. ¿Quieren sus padres que usted estudie en esta universidad?
4. ¿Qué piensa hacer usted cuando termine sus estudios aquí?
5. ¿Qué piensa hacer cuando tenga sesenta y cinco años?
6. ¿Dónde piensa vivir cuando termine sus estudios?
7. ¿Cree usted que aunque tenga mucho dinero va a ser una persona simpática con todos?
8. ¿Tiene usted coche?
9. ¿Tiene trabajo durante el año? ¿Tiene un trabajo interesante?
10. ¿Tiene exámenes todas las semanas?
11. ¿Tiene teléfono en su cuarto?
12. ¿Le escribe usted a menudo a su familia?
13. ¿Le manda usted discos a sus amigos para Navidad?
14. ¿Qué dice usted cuando quiere invitar a almorzar a un amigo?
15. ¿Qué dice usted cuando quiere pagar la comida en un restaurante?
16. ¿Cuál es el diminutivo de «coche»? ¿Y de «Pedro»? ¿Y de «Teresa»? ¿Y de «trabajo»?

PREGUNTAS SOBRE EL TEMA ONCE

1. ¿Para qué le habló Pedro a Ralph?
2. ¿Cuándo se encontraron Pedro y Ralph?
3. ¿Dónde se encontraron?
4. ¿Qué tomaron para ir al centro?
5. ¿Tiene Pedro coche?
6. ¿Por qué tomaron el subterráneo?

7. ¿Por dónde dieron una vuelta para empezar?
8. ¿Qué necesita hacer Ralph?
9. ¿Qué quiere la madre de Ralph que compre?
10. ¿Por qué? ¿Para quién?
11. ¿Qué quiere el padre de Ralph que le compre?
12. ¿De quién recibió Ralph una carta?
13. ¿Por qué le sorprende recibir una carta de su hermana?
14. ¿Para qué le manda dinero su hermana?
16. ¿Puede Pedro ayudarlo a conseguir todo lo que busca?
17. ¿Adónde van a comprar todo lo que necesita Ralph?
18. ¿Qué van a comprar en la calle Florida?
19. ¿Qué van a comprar en la avenida Santa Fe?
20. ¿Está Ralph demasiado cansado a mediodía?
21. ¿Adónde lo invita Pedro a ir?
22. ¿Por qué lo invita a ir a esa hora?
23. ¿Dónde van a almorzar después de visitar el museo?
24. ¿Qué le parece a Ralph la idea?
25. ¿Acepta Ralph la invitación de inmediato? ¿Por qué?
26. ¿Por qué insiste Pedro en pagar?
27. ¿Cuándo va a aceptar Pedro que Ralph pague?

PREGUNTAS GENERALES

1. ¿Qué lugares de interés hay en esta ciudad?
2. ¿Vive su familia en esta ciudad? ¿De dónde es usted?
3. ¿Qué día de la semana se encuentra usted con sus amigos?
4. ¿Sale usted a menudo con sus amigos?
5. ¿Adónde va usted generalmente los fines de semana?
6. ¿Le gusta dar una vuelta por el centro los sábados? ¿Por qué?
7. ¿Le gusta recorrer negocios?
8. ¿Qué piensa comprar para sus padres para navidad?
9. ¿Qué espera que sus padres le compren para navidad?
10. ¿Son los artículos de cuero baratos aquí?
11. ¿Leyó algún libro de autor argentino? ¿Cuál?
12. ¿Escuchó alguna vez discos de música folklórica argentina?
13. ¿Se pueden conseguir discos de música extranjera aquí? ¿Dónde?
14. ¿Adónde va usted generalmente cuando quiere comprar ropa?
15. ¿Gasta usted mucho dinero en ropa?
16. ¿En qué prefiere gastar su dinero?
17. ¿En qué librería compra sus libros generalmente?
18. ¿Está usted demasiado cansado cuando termina esta clase?

19. ¿Sabe usted cómo se llama en español el museo donde hay cuadros, estatuas, etc.?
20. ¿Sabe usted el nombre de un museo de bellas artes muy importante en los Estados Unidos?
21. ¿A qué hora prefiere usted ir a un museo? ¿Por qué?
22. ¿Dónde almuerza usted generalmente?
23. ¿Recibe usted muchas invitaciones para ir a almorzar durante el año? ¿Y para ir al cine?
24. ¿Cuál es su restaurante favorito?

Formule las preguntas que correspondan a estas respuestas:

1. Para evitar el problema del estacionamiento.
2. Sí, demos una vuelta por aquí.
3. Quieren que yo sea arquitecto.
4. ¡Macanudo!
5. Sí, con todo gusto.
6. La idea me parece muy buena.
7. No es justo, insisto.
8. La próxima vez.

¿Qué dice usted en las situaciones siguientes?

1. Cuando usted quiere mandar una carta por vía aérea.
2. Cuando usted quiere asegurar lo que manda por correo.
3. Cuando usted quiere comprar estampillas de un peso.
4. Cuando usted quiere saber cuánto debe pagar para mandar una tarjeta postal.
5. Cuando usted quiere saber cuánto debe pagar para mandar algo por barco.

INFORME ORAL

Narre en tiempo pasado lo que hicieron Ralph y Pedro el sábado por la mañana y por la tarde.

University City in Caracas.

The Andes between Salta
and Socompa.

Una cita en la confitería

PEDRO: (*Mirando el reloj*) Ojalá que no lleguen muy tarde. Aunque conociendo a mi prima Cristina . . .

RALPH: No importa. . . Todavía tenemos bastante tiempo.

PEDRO: Ahí vienen. Por una vez debo admitir que me he equivocado.

RALPH: Además de ser muy guapas son muy puntuales.

PEDRO: ¡Hola, Claudia! ¿Qué tal, Cristina?

CRISTINA: ¿Qué tal, Pedro? ¿Cómo están por tu casa?

PEDRO: Bastante bien, gracias. Quiero presentarles a mi amigo Ralph Miller. . . Claudia Aguilar . . . Cristina Rodríguez. . .

RALPH: Mucho gusto, señorita. . .

PEDRO: Ralph vino de los Estados Unidos el verano pasado. Actualmente estudia en la Universidad de La Plata.

CRISTINA: ¿Puedo preguntarle por qué eligió una ciudad tan aburrida como La Plata para estudiar? La mayoría de los extranjeros estudia en Buenos Aires.

RALPH: Siempre me han gustado las ciudades pequeñas. Además, la Universidad de La Plata tiene muy buenos profesores.

CRISTINA: ¡Habla un castellano perfecto! No creo que muchos de nosotros lo hablemos tan bien como usted. ¿Lo ha estudiado mucho tiempo?

RALPH: Sí, unos cuantos años . . . tres en el secundario y cuatro en la universidad. Me he especializado en literatura hispanoamericana.

MOZO: Buenas tardes, ¿qué van a servirse los señores?

CLAUDIA: En esta confitería sirven las masas más ricas de Buenos Aires. Tiene que probarlas. ¿Qué les parece si pedimos también algunos sándwiches calientes?

PEDRO: Lo que tú decidas. . . Bueno, el mozo ya ha tomado nota.

CRISTINO: ¿Se ha acostumbrado ya al té de la cinco?

RALPH: Sí, me encanta la costumbre de tomar té por la tarde aunque he aumentado de peso últimamente.

PEDRO: A propósito, ¿han leído la crítica sobre la película que vamos a ver esta tarde?

CRISTINA: Las opiniones están divididas. Para algunos críticos «Martín Fierro» es la mejor película de Torre Nilsson. Otros, en cambio, piensan que es una lástima que no haya captado el espíritu del libro.

PEDRO: Si los críticos no están de acuerdo, la película no puede ser mala.

SITUACIONES CORRIENTES: En el cine

PEDRO: Por favor, déme dos entradas para la función «vermut».

EMPLEADO: Perdone, señor, pero sólo quedan entradas para la función nocturna.

PEDRO: Bueno, si no hay otro remedio. . .

EMPLEADO: ¿Qué lugar prefiere? Adelante, en el centro, atrás. . .

PEDRO: Déme cuatro en el centro. ¿A qué hora comienza la función?

EMPLEADO: El noticiero comienza a las veintiuna y treinta y la película a las veintidós.

Observaciones sobre el vocabulario

ojalá: *Expresión de origen árabe que significa* «I wished.» (*lit.* if Allah will)

No importa. It doesn't matter.

elegir (e-i) to choose (*Note* la ortografía de las formas siguientes: **yo elijo, que yo elija.**)

la mayoría de the majority of, most of

unos cuántos años quite a few years

¿Qué van a servirse los señores? Can I help you? (*lit.*, What are the gentlemen going to be served?)

rico: *Esta palabra tiene dos significados:*

    Ese señor es inmensamente rico (rich).

    Esta comida es muy rica (good).

sándwiches calientes grilled ham and cheese sandwiches

Me encanta. = **Me gusta mucho.**

aumentar de peso to gain weight

perder peso to lose weight

en cambio on the other hand

estar de acuerdo to agree

la función vermouth: *En muchos cines hay generalmente tres funciones: la función matinée (que comienza a eso de las dos de la tarde), la función vermut (que comienza a eso de las seis) y la función nocturna (que comienza a eso de las diez).*

Si no hay otro remedio. If it can't be helped.

Note que después de **la mayoria de** *el verbo puede ser singular o plural:*

    La mayoría de los extranjeros estudia en Buenos Aires.

    ¿Dónde están estudiando la mayoría de sus amigos?

Notas de interés

La confitería era originariamente el lugar donde se vendían masas y postres. Muchas confiterías incorporaron un *salón de té* anexo y desde entonces *confitería* y *salón de té* fueron sinónimos. La confitería es el lugar adonde van las señoras con sus amigas por la tarde o donde se encuentran muchachos y chicas. El café es más bien frecuentado por hombres.

Esto se aplica a la Argentina, por lo general, pero varía de país en país.

Obsérvese que los jóvenes en latinoamérica—y también en España—tienen un gran interés por el cine. A menudo discuten los méritos de directores, fotógrafos, actores, etc.

The Present Perfect: All Conjugations

Yo	he	aument:ado
Tú	has	visit:ado
El (usted)	ha	estudi:ado
Nosotros	hemos	habl:ado
Ellos (ustedes)	han	viaj:ado

Yo	he	aprend:ido
Tú	has	le:ído[1]
El (usted)	ha	com:ido
Nosotros	hemos	ten:ido
Ellos (ustedes)	han	conoc:ido

Yo	he	viv:ido
Tú	has	recib:ido
El (usted)	ha	sub:ido
Nosotros	hemos	asist:ido
Ellos (ustedes)	han	serv:ido

The present perfect is formed with the present tense of the verb **haber** and the past participle. The past participle of regular first conjugation verbs is formed by replacing the infinitive ending **-ar** with **-ado**. The past participle of second and third conjugation verbs is formed by replacing the infinitive endings **-er** or **-ir** with **-ido**.

English and Spanish use the present perfect in similar cases. It may safely be used in Spanish whenever English would require it:

He recibido su carta. *I have received his letter.*
Hemos traído el libro. *We have brought the book.*

Note that the past participle of **ir** is **ido**.

(a) Conteste a las preguntas según el modelo.

¿Vas a estudiar?
No, ya he estudiado.

---

[1] Verbs whose stems end in **-e** or **-a** place a written accent on the first vowel of the past participle ending.

1. ¿Vas a practicar?
2. ¿Vas a hablar con él?
3. ¿Vas a tomar el desayuno?
4. ¿Vas a pagar?
5. ¿Vas a llamar?
6. ¿Vas a dar una vuelta?

(b) Conteste a las preguntas según el modelo.

¿Van a vender la casa?
Ya la hemos vendido.

1. ¿Van a comer el postre?
2. ¿Van a recorrer el museo?
3. ¿Van a servir el té?
4. ¿Van a conseguir la visa?
5. ¿Van a leer el libro?

(c) Conteste a las preguntas según el modelo.

¿Vendió la casa?
No, no la he vendido todavía.

1. ¿Conoció a mi amigo?
2. ¿Escuchó al profesor?
3. ¿Manejó el coche nuevo?
4. ¿Leyó el libro de Denevi?
5. ¿Compró los discos?
6. ¿Visitó el museo?

(d) Cambie las preguntas según los modelos.

¿Le hablaste?
¿Le has hablado?

¿Le hablaron?
¿Le han hablado?

1. ¿Los conocieron?
2. ¿Los conociste?
3. ¿La escuchaste?
4. ¿Lo vendiste?

5. ¿Las leyeron?

6. ¿La mandaron?

7. ¿Lo averiguaste?

The Use of the Subjunctive after Impersonal Expressions Denoting a Wish, a Personal Bias, or Probability

| **Ojalá** | que traiga el dinero. |

Es importante	que lleguen temprano.
Es necesario	que hablen más alto.
Es ridículo	que no quieras ir al baile.
Es una lástima	que no pueda venir.
Es increíble	que hable tan bien.

| **Es probable** | que vaya mañana. |
| **Es posible** | que sepa lo que pasó. |

(a) Haga un comentario sobre cada oración de acuerdo al modelo.[1]

Creo que Pedro va a visitarla.
¡Ojalá que la visite!

1. Creo que Raúl va a traerlo.
2. Creo que Papá va a conseguirla.
3. Creo que Teresa va a conocerlo.
4. Creo que Ricardo va a comprarlo.
5. Creo que Pancho va a escribirle.

(b) Formule preguntas con las oraciones siguientes según el modelo.

Llega temprano. Es necesario.
¿Es necesario que llegue temprano?

1. Aprende castellano. Es importante.
2. No puede ir. Es una lástima.
3. No quiere estudiar. Es ridículo.
4. No lee nada. Es increíble.
5. Tiene mucho dinero. Es probable.
6. Sabe lo que pasó. Es posible.

---

[1] Make a comment on each statement according to the model.

The Use of the Subjunctive after Expressions of Doubt

No creo	que venga.
Dudo	que diga lo que sabe.
No estoy seguro de	que sepa todo.

After expressions of doubt, the subjunctive must be used in the subordinate clause. Contrast the foregoing examples with the following where the main clause does not express doubt or uncertainty.

Cree	**que viene manana.**
No dudo	**que dice lo que sabe.**
Estoy seguro de	**que sabe todo.**

(a) Conteste a las preguntas según el modelo.

¿Cree usted que viene el lunes?
No creo que venga el lunes.

1. ¿Cree usted que viaja pronto?
2. ¿Cree usted que sale con Marta?
3. ¿Cree usted que vende muy barato?
4. ¿Cree usted que necesita el dinero?
5. ¿Cree usted que habla castellano?

(b) Utilice el subjuntivo o el indicativo según la clave.

EJEMPLO: Viene mañana. (Dudo)
Dudo que venga mañana.

1. Sabe mucho. (Creo)
2. Sabe mucho. (No creo)
3. Conoce a gente importante. (Dudo)
4. Es inteligente. (Estoy seguro)
5. Es inteligente. (No creo)
6. Tiene razón. (No estoy seguro)
7. Dice la verdad. (No dudo)

 The Comparative of Adjectives and Adverbs

Buenos Aires es	más	grande	que	La Plata.
El tren es	más	barato	que	el avión.
María habla	más	alto	que	tú.
José vive	más	cerca	que	Pedro.

Buenos Aires es	**tan**	**grande**	**como**	París.
El tren es	**tan**	**barato**	**como**	el ómnibus.
María habla	**tan**	**alto**	**como**	Claudia.
José vive	**tan**	**cerca**	**como**	Raúl.

Buenos Aires es	**menos**	**grande**	**que**	Nueva York.
El ómnibus es	**menos**	**rápido**	**que**	el tren.
María habla	**menos**	**alto**	**que**	Rosa.
José vive	**menos**	**cerca**	**que**	yo.

The comparison of equality is expressed by **tan . . . como** (*as . . . as . . .*) and inequality is expressed by **más . . . que** (*more . . . than*) and **menos . . . que** (*less . . . than*).

There are four irregular forms equivalent to **más** + ADJECTIVE.

mayor	más grande
menor	más pequeño
mejor	más bueno
peor	más malo

Más grande and **más pequeño** are normally used when referring to size, while **mayor** and **menor** have a more abstract meaning.

(a) Combine las oraciones siguientes de acuerdo al modelo.

> Buenos Aires es grande. París también.
> Buenos Aires es tan grande como París.

1. Pedro es inteligente. Raúl también.
2. El saco es barato. El impermeable también.
3. José vive cerca. Pancho también.
4. Marta habla alto. Teresa también.
5. El tren es cómodo. El ómnibus también.

(b) Combine las oraciones siguientes de acuerdo al modelo.

> Buenos Aires es grande. Nueva York es más grande.
> Nueva York es más grande que Buenos Aires.

1. El ómnibus es cómodo. El avión es más cómodo.
2. La motocicleta es cara. El coche es más caro.
3. Marta es alta. María es más alta.
4. Los duraznos son ricos. El flan es más rico.

5. José vive cerca. Raúl vive más cerca.
6. María habla alto. Marta habla más alto.

(c) Combine las oraciones del ejercicio anterior según el modelo.

Buenos Aires es grande. Nueva York es más grande.
Buenos Aires es menos grande que Nueva York.

(d) Formule preguntas según los modelos.

Este libro es bueno.
¿El otro es mejor?

Esta casa es mala.
¿La otra es peor?

1. Este libro es malo.
2. Estos coches son buenos.
3. Esta motocicleta es mala.
4. Estas masas son buenas.
5. Este alumno es bueno.
6. Estas camisas son malas.

130. The Formation of the Present Perfect Subjunctive

He	trabajado.			No creen que	haya	trabajado.
Has	trabajado.				hayas	trabajado.
Ha	trabajado.				haya	trabajado.
Hemos	trabajado.				hayamos	trabajado.
Han	trabajado.				hayan	trabajado.

The present perfect subjunctive consists of the auxiliary verb **haber** in the present subjunctive followed by the past participle. It is used in cases where English would require a present perfect or a past tense:

No creo que haya trabajado.   *I don't believe he has worked.*
No creo que haya trabajado.   *I don't believe he worked.*

(a) Cambie las oraciones siguientes a la forma negativa.

EJEMPLO: Creen que ha trabajado.
No creen que haya trabajado.

1. Creen que he dirigido muy bien.
2. Creen que hemos hablado suficiente.

3. Creen que has pagado demasiado.
4. Creen que han aprendido.
5. Creen que ha recibido la carta.

(b) Formule preguntas de acuerdo al modelo.

Ha llamado esta mañana.
¿Es posible que haya llamado esta mañana?

1. Han tenido mucho dinero.
2. Ha venido cuando no estábamos aquí.
3. Ha recibido nuestra carta.
4. Han leído la crítica.
5. Ha captado el espíritu del libro.

Nominalization

el	colegio	secundario
la	avenida	costanera
la	Escuela	Normal
el	muchacho	gordo

el	secundario
la	costanera
la	Normal
el	gordo

Adjectives can be used as nouns by deleting the noun they modify. In such cases they are left with the number and gender of the noun they replace.

Repita las oraciones siguientes eliminando el sustantivo.

EJEMPLO: Es un amigo del colegio secundario.
Es un amigo del secundario.

1. Conocí al muchacho gordo de quien me hablaste.
2. Fuimos a dar una vuelta por la avenida costanera.
3. Me presentó a una chica rubia muy bonita.
4. Mi hermana estudió en la Escuela Normal.
5. Es un amigo de la escuela primaria.

The Use of Masculine Nouns Referring to Both Sexes

¡Qué se van a servir	los señores?
¡Conoces a	mis tíos?
Vinieron	tus padres.
Hablé con	sus hermanos.

The masculine plural may be used to refer to individuals of both sexes considered as a group. Thus, **hermanos** may mean "brothers," "brother and sister," or "brothers and sisters."

Cambie las preguntas según el modelo.

> ¿Conociste a mi tío y a mi tía?
> ¿Conociste a mis tíos?

1. ¿Conociste a mi primo y a mi prima?
2. ¿Conociste a mi madre y a mi padre?
3. ¿Conociste al novio y a la novia?
4. ¿Conociste al muchacho y a la muchacha?
5. ¿Conociste a mi hermano y a mi hermana?

The Superlative of Adjectives and Adverbs

Buenos Aires es	**la ciudad**	**más**	**grande**	**de**	Argentina.
Estas son	**la masas**	**más**	**ricas**	**de**	Buenos Aires.
María es	**la chica**	**más**	**bonita**	**de**	la clase.

| María es la chica que | **habla** | **más** | **alto** | **de** | todas. |
| José es el muchacho que | **vive** | **más** | **cerca** | **de** | todos. |

Adjectives in the superlative normally go after the noun. **De** is the equivalent of "in" after the superlative.

The irregular comparatives **mejor** (*better, best*) and **peor** (*worse, worst*) normally precede the noun:

| Es | **la** | **mejor** | **pelicula** | **de** | Torre Nilsson. |
| Es | **el** | **peor** | **alumno** | **de** | la clase. |

(a) Cambie las oraciones según la clave.

> EJEMPLO: Es una tienda muy grande. (Buenos Aires)
> Es la tienda más grande de Buenos Aires.

1. Es una universidad muy importante. (Argentina)
2. Es una chica muy bonita. (colegio)

3. Son masas muy ricas. (Buenos Aires)
4. Es un alumno muy inteligente. (clase)
5. Es un curso muy interesante. (universidad)
6. Son alumnos muy inteligentes. (universidad)

(b) Cambie las oraciones según la clave.

      EJEMPLO: Es una tienda muy buena. (Buenos Aires)
              Es la mejor tienda de Buenos Aires.

             Es una tienda muy mala (Buenos Aires)
             Es la peor tienda de Buenos Aires.

1. Es una alumna muy buena. (clase)
2. Son camisas muy malas. (Buenos Aires)
3. Es un restaurante muy bueno. (La Plata)
4. Son cursos muy buenos. (universidad)
5. Es un profesor muy bueno. (colegio)

 The Use of the Subjunctive with Reference to Undetermined Things or Persons

Lo que (whatever)	tú decidas	está bien.
El que (whoever)	estudie mucho	va a terminar antes.
Los que (Those who)	vengan hoy	van a trabajar mucho.

The subjunctive is used whenever the speaker does not have a particular person or thing in mind to which his description applies. Contrast the foregoing examples with the following where reference is made to a specific person or thing by using the indicative:

Lo que (What)	tú decides	está bien.
El que (He who)	estudia mucho	termina antes.
Los que (Those who)	vienen hoy	van a trabajar mucho.

Cambie las oraciones según la clave.

MODELOS: Estudia mucho y termina antes. (cualquiera)
El que estudie mucho termina antes.

Estudia mucho y termina antes. (ese muchacho)
El que estudia mucho termina antes.

1. Trabaja más y gana más. (cualquiera)
2. Habla mucho y va a comprender menos. (cualquiera)
3. Habla mucho y va a comprender menos. (ese muchacho)
4. Maneja bien y llega temprano. (ese muchacho)
5. Maneja bien y llega temprano. (cualquiera)
6. Practica mucho y habla mejor. (cualquiera)
7. Practica mucho y habla mejor. (ese muchacho)

 The Use of *ser* or *estar* with the Past Participle

Las opiniones	están	divididas.
La puerta	está	arreglada.
El té	está	servido.

Estar is used with a past participle when there is reference to the result of an action.[1]

When the doer of the action is mentioned or understood, **ser** is normally used. **Ser** may also indicate that the action is habitual.

Note that in both cases the past participle agrees in gender and number with the subject.

El té	es	servido a las cinco.
La puerta	es	arreglada por el dueño.
Juan	es	muy estimado.

Cambie las oraciones según los modelos.

Juan sirvió el té.
El té está servido.

---

[1] Thus, a sentence like **La puerta está arreglada** is synonymous with **La puerta ha sido arreglada.**

Juan sirve el té a las cinco.
El té es servido a las cinco.

1. Pedro preparó la comida.
2. Pedro escribe los informes los domingos.
3. María sirve la comida a las ocho.
4. Raúl arregló la puerta.
5. Raúl arregla los relojes por la mañana.
6. Teresa recibe las cartas.

EJERCICIO DE RECAPITULACIÓN

Conteste a las preguntas siguientes:

1. ¿Ha aumentado de peso este año?
2. ¿Cree que ha aprendido bastante español este semestre?
3. ¿Ha vivido en España alguna vez?
4. ¿Ha visitado el sur de los Estados Unidos?
5. ¿Cree usted que va a llover esta noche?
6. ¿Cree usted que va a ir al cine esta noche?
7. ¿Cree usted que Los Angeles es más grande que Nueva York?
8. ¿Cree usted que Buenos Aires es la ciudad más grande de América del Sur?
9. ¿Cree usted que Nueva York as tan grande como Londres?
10. ¿Quién es el menor de su familia?
11. ¿Cree usted que ha trabajado demasiado este semestre?
12. ¿Estudió usted idiomas extranjeros en el secundario?
13. ¿Tiene hermanos? ¿Cuántos?
14. ¿Cuál es la ciudad más grande del mundo?
15. ¿Cuál fue la mejor película del año pasado?
16. ¿Cree usted que él que estudia mucho siempre pasa sus exámenes?
17. ¿Cree usted que los que estudien más van a recibir mejores notas?

PREGUNTAS SOBRE EL TEMA DOCE

1. ¿Por qué mira Pedro el reloj?
2. ¿Dónde están Pedro y Ralph?
3. ¿Por qué?
4. ¿Qué dice Pedro cuando mira el reloj?
5. ¿Por qué dice Ralph que no importa?
6. ¿Por qué debe admitir Pedro que se ha equivocado?
7. ¿Qué dice Ralph de las chicas?
8. ¿Cómo se llaman las chicas?
9. ¿Cómo se llama la prima de Pedro?

10. ¿Cuándo dice Pedro que Ralph vino de los Estados Unidos?
11. ¿Dónde estudia Ralph actualmente?
12. ¿Qué le pregunta Cristina a Ralph?
13. ¿Qué piensa Cristina de la ciudad de La Plata?
14. ¿Dónde estudia la mayoría de los extranjeros en la Argentina?
15. ¿Por qué?
16. ¿Qué piensa Cristina del castellano que habla Ralph?
17. ¿Cuántos años ha estudiado Ralph castellano?
18. ¿Dónde ha estudiado Ralph castellano?
19. ¿En qué se ha especializado Ralph?
20. ¿Por qué cree usted que los muchachos han elegido esa confitería para tomar el té?
21. ¿Qué piden con el té?
22. ¿Se ha acostumbrado Ralph al té de las cinco?
23. ¿Por qué ha aumentado Ralph de peso últimamente?
24. ¿Quién ha leído la crítica sobre la película «Martín Fierro»?
25. ¿Están los críticos de acuerdo sobre la calidad de la película?
26. ¿Quién dirigió la película «Martín Fierro»?
27. ¿Qué piensan los críticos de la película "Martín Fierro"?
28. ¿Por qué piensa Pedro que la película no puede ser mala?
29. ¿Qué van a hacer los cuatro después de tomar el té?

PREGUNTAS GENERALES

1. ¿Llega usted puntualmente a las citas?
2. ¿Le molesta cuando una persona no es puntual?
3. ¿Le cuesta admitir que se ha equivocado?
4. ¿Le molesta equivocarse cuando habla castellano? ¿Por qué?
5. ¿Cuándo vino usted a esta universidad por primera vez?
6. ¿Dónde vive usted actualmente?
7. ¿Por qué eligió usted esta universidad para estudiar?
8. ¿Dónde están estudiando la mayoría de sus amigos?
9. ¿Le gustan las cuidades pequeñas? ¿Por qué?
10. ¿Espera usted poder hablar un castellano perfecto?
11. ¿Por qué estudia castellano?
12. ¿Cree usted que muchos alumnos estudian tanto como usted?
13. ¿Cuánto tiempo ha estudiado usted español?
14. ¿En qué se especializa usted?
15. ¿Hay confiterías en esta ciudad?
16. ¿Quiénes van generalmente a las confiterías?
17. ¿Toma usted notas cuando yo explico algo?

18. ¿Se ha acostumbrado usted a hablar español conmigo?
19. ¿Le gusta tomar el té por la tarde?
20. ¿Lee usted a menudo las críticas sobre las películas que se estrenan? ¿Por qué?
21. ¿Cuál es la mejor película que vio este año?
22. ¿Vio usted la versión cinematográfica de la novela «Hawaii»?
23. ¿Vio usted alguna vez la versión cinematográfica de alguna novela que ha leído? ¿Cuál?
24. ¿Lee usted generalmente un libro que recibe malas críticas?

Formule las preguntas que correspondan a estas respuestas:

1. No importa.
2. Bastante bien, gracias.
3. Mucho gusto.
4. El verano pasado.
5. Sí, unos cuantos años.
6. Me he especializado en matemáticas.
7. Masas, sándwiches calientes y té para todos.
8. Sí, me encanta.
9. Es una lástima.

¿Qué dice usted en las situaciones siguientes?

1. Cuando usted quiere sacar dos entradas para una función.
2. Cuando usted tiene que decidir en qué parte del cine quiere sentarse.
3. Cuando usted quiere saber cuándo comienza la película más importante.
4. Cuando usted no puede elegir el lugar donde va a sentarse en el teatro.

INFORME ORAL

Narre la conversación de la confitería desde el punto de vista (*from the point of view*) de Cristina.

Bookstore display in
Buenos Aires.

Después del cine

CRISTINA: ¿Qué le pareció la película, Ralph?

RALPH: ¡Magnífica! Me llamó la atención sobre todo la belleza del paisaje de la pampa. Mi único problema fue comprender lo que decían a veces.

PEDRO: Yo tampoco comprendí en algunas partes. Muchas de las palabras y expresiones que aparecen en el libro «Martín Fierro» sólo se conservan en el interior del país.

CRISTINA: Hay que reconocer que Alfredo Alcón es un actor de primera. Nunca creí que encontraran un actor tan bueno como él para interpretar el papel principal.

CLAUDIA: Para mí la mejor actuación es la de Lautaro Murúa en el papel del gaucho Cruz. El sí que parece un gaucho de verdad. Es un gran actor, sin duda.

CRISTINA: ¿Se estudia en los Estados Unidos la literatura argentina? ¿Saben quién es Cortázar, por ejemplo?

RALPH: Sí, por supuesto. No hace mucho se publicó la traducción de «La rayuela» de Julio Cortázar. Además, se han publicado traducciones de obras de Borges, Sábato, Beatriz Guido y muchos otros. No creo que haya universidades donde no enseñen por lo menos un curso de literatura hispanoamericana.

CLAUDIA: Esto es bien interesante. ¡Y pensar que aquí a menudo pensamos que los Estados Unidos nos ignoran totalmente! . . .

RALPH: Dígame, Cristina, ¿ha visto teatro bueno últimamente?

CRISTINA: Antes de contestarte, quiero pedirte que nos tutees. . .

CLAUDIA: Sí, nos haces sentir muy viejas. . .

RALPH: De acuerdo, voy a tratar de recordarlo. . .

CRISTINA: Volviendo a tu pregunta: sí, he visto teatro muy bueno esta temporada. Casualmente no hace mucho vi «El precio» de Arthur Miller y «¿Quién le teme a Virginia Woolf?» de Edward Albee. También vi una obra argentina muy bien hecha: «La fiaca» de Ricardo Talesnik.

RALPH: He notado que los últimos éxitos de París, Londres o Nueva York se presentan en Buenos Aires poco después de su estreno. Un amigo mío de Florida me recomendó que fuera al teatro Caminito. Según tengo entendido queda en la Boca, ¿no?

CRISTINA: Sí. Es un teatro al aire libre que funciona en verano. A propósito, el director del diario donde trabajo me pidió que organizara una visita por distintos barrios de Buenos Aires para un grupo de periodistas extranjeros. Si quieres venir, llámame.

RALPH: Encantadísimo. . . Nadie mejor que una porteña para mostrar su ciudad.

PEDRO: Lo importante es que no vas a perder tiempo viendo lo que no te interesa. . .

SITUACIONES CORRIENTES:
En la agencia de turismo

SEÑOR SMITH: Buenos días. He venido a Buenos Aires por tres días solamente. ¿Organizan ustedes visitas a los lugares de interés en la ciudad?

EMPLEADO: Sí, precisamente tenemos una excursión que permite conocer todo lo interesante de Buenos Aires y sus alrededores en tres días.

SEÑOR SMITH: Eso es lo que busco. ¿Cuánto cuesta esa excursión y qué lugares se visitan?

EMPLEADO: El precio total es de sesenta pesos, o sea unos quince dólares aproximadamente. Esto incluye almuerzo y cena. La excursión dura tres días y se visita el delta del Río Paraná, la ciudad de La Plata y una estancia de los alrededores de Buenos Aires.

Observaciones sobre el vocabulario

un cine a movie theater
una película a movie, film
¿Qué le parece? = **¿Qué piensa de. . . ?**
la pampa the prairie (*Palabra usada solamente en la Argentina.*)
el único problema the only problem (*Note que el equivalente de "only" usado como adverbio es* **solamente.**)
de primera = **de primera clase**
un gaucho de verdad a true "gaucho" or cowboy
por supuesto of course
por lo menos at least
Esto es bien interesante. = **Esto es muy interesante.**
¿Ha visto teatro bueno? Have you seen good plays?
de acuerdo O.K., agreed
no hace mucho not too long ago
Según tengo entendido. . . As I understand. . . (*lit.*, According to what I have understood. . .)
teatro al aire libre outdoor theater
porteño: *una persona nacida en la ciudad de Buenos Aires*
mostrar (o-ue) to show
o sea that is, in other words
incluir (yo incluyo) to include

Notas de interés

La novela hispanoamericana tiene ahora una enorme importancia en la literatura de habla española. Autores como Gabriel García Márquez (colombiano), Jorge L. Borges (argentino), Julio Cortázar (argentino) y Alejo Carpentier (cubano) han sido traducidos a varias lenguas y algunas de sus obras como «Cien años de soledad» (*A hundred years of solitude*) se han convertido en "best sellers" en los Estados Unidos.

The Imperfect Subjunctive

Ellos	**trabaj·a·ron.**

Papá quería que	yo	trabaja·ra.
Papá quería que	tú	trabaja·ras.
Papá quería que	él	trabaja·ra.
Papá quería que	nosotros	trabajá·ramos.
Papá quería que	ellos	trabaja·ran.

Ellos	**aprend·ie·ron.**

Papá quiso que	yo	aprendie·ra.
Papá quiso que	tú	aprendie·ras.
Papá quiso que	él	aprendie·ra.
Papá quiso que	nosotros	aprendié·ramos.
Papá quiso que	ellos	aprendie·ran.

The imperfect subjunctive is used under the same conditions as the present subjunctive, but it is usually preceded by a verb in the *past tense* or the *conditional* in the main clause.

The subjunctive endings are the same for the three conjugations.[1] They are added to a base form derived from the **ellos** form of the *pretérito* minus **-ron.** A written accent mark is placed on the last vowel of the base for the **nosotros** form.

Study the following examples:

Ellos	**pidie·ron**	que	yo	pidie·ra.
Ellos	**pudie·ron**	que	yo	pudie·ra.
Ellos	**fue·ron**	que	yo	fue·ra.
Ellos	**dije·ron**	que	yo	dije·ra.
Ellos	**tuvie·ron**	que	yo	tuvie·ra.

(a) Cambie las oraciones siguientes de acuerdo al modelo.

Ellos aprendieron francés.
Papá quería que yo aprendiera francés también.

1. Ellos estudiaron el poema.
2. Ellos conocieron al gerente.
3. Ellos dijeron la verdad.

---

[1] There is another set of endings for the imperfect subjunctive, not as frequent as the one described here. It differs in that **-se-** replaces **-ra-**, e.g.: que yo trabaja**se** *for* que yo trabaja**ra**, que ellos comie**sen** *for* que ellos comie**ran**.

4. Ellos pidieron una beca.
5. Ellos anduvieron a caballo.
6. Ellos vinieron temprano.
7. Ellos hablaron con el dueño.

(b) Cambie las oraciones siguientes según la clave.

> EJEMPLO: El profesor quería que yo aprendiera francés. (tú)
> El profesor quería que tú aprendieras francés.

1. nosotros
2. ustedes
3. ellos
4. él
5. usted

(c) Cambie las oraciones siguientes al imperfecto del subjuntivo de acuerdo al modelo:

> Raúl espera que vayas.
> Raúl esperaba que fueras.

1. Raúl espera que viajemos pronto.
2. Raúl espera que escribamos a menudo.
3. Raúl espera que hables el lunes.
4. Raúl espera que lean el libro.
5. Raúl espera que digas la verdad.
6. Raúl espera que traigas a tu amiga.
7. Raúl espera que conozcas a su familia.

 The Use of *sí (que)* for Emphasis

El	**sí (que)**	parece un gaucho de verdad.
Ellas	**sí (que)**	tienen interés en aprender.
Yo	**sí (que)**	quiero viajar con ustedes.
A mí	**sí (que)**	me gusta la música folklórica.

The affirmative adverb **sí** (by itself or followed by **que**) may be used to emphasize the idea expressed by the verb.

Conteste a las preguntas según el modelo.

> ¿Quieren viajar?
> Sí que queremos viajar.

1. ¿Piensan ir?
2. ¿Les gustó?
3. ¿Van a mudarse?
4. ¿Les escribieron?
5. ¿Saben lo que pasó?
6. ¿Tienen interés en aprender?

138. The Omission of the Personal *a* before Direct Objects that Refer to People

No creí que pudieran encontrar	un	actor tan bueno.
Buscan	un	médico joven.
Necesitamos	una	profesora francesa.
Pidieron	un	arquitecto brasileño.
Conozco	varios	estudiantes españoles.

The personal **a** is not normally used before a direct object that denotes an indefinite person or persons. Its use is optional before collective nouns:

Conozco esa familia.   or   **Conozco a esa familia.**

Cambie las oraciones siguientes según el modelo.

Encontraron el libro. (mi amigo)
Encontraron a mi amigo.

1. un profesor inglés
2. la empleada
3. los discos
4. el gerente
5. un empleado
6. varios estudiantes

139. The Use of *hay*

Study the following variants of **hay**:

Preterit: **Hubo** mucho trabajo.
Imperfect: **Había** varias personas.
Present Perfect: **Ha habido** mucha gente aquí.
Subjunctive: No creo que **haya** gente ahora.
Infinitive: Va a **haber** dinero el mes que viene.

Reemplace las formas del verbo *tener* por la forma correspondiente de *hay*.

EJEMPLO: Tuvo mucho dinero.
Hubo mucho dinero.

1. Tenía varias invitaciones.
2. No creo que tenga trabajo.
3. Ha tenido muchos discos.
4. Va a tener mucho.
5. Tuvo dos invitaciones.
6. Dudo que haya tenido mucho trabajo.

 The Use of Nouns Denoting Profession, Nationality, etc., after *ser*

David	es	profesor.
Yo	soy	argentino.
El	es	actor.
Tú	eres	arquitecto.

After the verb **ser**, Spanish does not use any article before *unmodified* nouns, especially names of nationalities, professions, etc.

David	es	un	profesor	inteligente.
Alfredo Alcón	es	un	actor	de primera.
Modigliani	es	un	pintor	italiano.
Cortázar	es	un	escritor	importante.

The indefinite article is used if the noun after **ser** is modified by an adjective.

Cambie las oraciones siguientes de acuerdo al modelo.

Cortázar es un escritor importante.
Cortázar es escritor.

1. Alfredo Alcón es un actor muy bueno.
2. David es un profesor inteligente.
3. Teresa es una pintora de primera.
4. Alfredo es un director inteligente.
5. Roberto es un arquitecto interesante.
6. Rubén es un ingeniero inteligente.

Shortened Forms of Adjectives

un	**libro**	**bueno**
un	**libro**	**malo**
el	**libro**	**primero**
un	**libro**	**grande**
el	**libro**	**tercero**

un	**buen**	**libro**
un	**mal**	**libro**
el	**primer**	**libro**
un	**gran**	**libro**
el	**tercer**	**libro**

A few adjectives[1] are shortened in the masculine singular when they occur directly before the noun they modify, or when they precede another adjective.

Gran is also used before a feminine noun: **una gran profesora.**

Cambie las oraciones según el modelo.

> Compré un libro muy bueno.
> Compré un buen libro.

1. Leí el libro tercero.
2. Es un escritor malo.
3. Compré el libro tercero.
4. Es un actor muy bueno.
5. El tema tercero es muy interesante.

 Adjectives Used before the Noun with a Different Meaning

> Es un actor **grande**. *big*
> Es un **gran** actor. *great*

> Es un hombre **pobre**. *financially poor*
> Es un **pobre** hombre. *unfortunate*

> Es mi coche **nuevo**. *brand new*
> Es mi **nuevo** coche. *another, new*

Some adjectives may be placed either before or after the noun. Usually they have a more *concrete* meaning when placed after the noun, and a more *figurative* meaning before the noun.

---

[1] Note that **uno, cualquiera,** and **ninguno** are shortened to **un, cualquier,** and **ningún** when they precede a noun. **Santo** is shortened to **san** before names which do not begin with **To-** or **Do-: San Antonio, San Francisco,** but **Santo Domingo, Santo Tomás.**

Traduzca las oraciones siguientes según el modelo.

> He's a great actor.
> Es un gran actor.

1. She's a great actress.
2. Ernest has a brand new car.
3. The poor man lost his friend.
4. He lost his money. He's very poor now.
5. He's a big actor.
6. Alfred is a great director.

 The Possessive Pronouns

Aquí está	**mi**	**libro.**
Aquí está	**tu**	**libro.**
Aquí está	**su**	**libro.**
Aquí está	**nuestro**	**libro.**

Es	**el**	**mío.**
Es	**el**	**tuyo.**
Es	**el**	**suyo.**
Es	**el**	**nuestro.**

Possessive pronouns are preceded by the *definite article*. They agree in gender and number with the noun that they have replaced.

> Aquí están mis amigas.
> Aquí están las mías.

Quite often the possessive following the noun indicates one or more out of many.

> un amigo mío   *one of my friends, a friend of mine*
> unos tíos míos   *some of my uncles*

Sometimes **suyo** may be replaced by **el de usted, el de él, el de ella, el de ellos** (or **suya** by **la de usted**, etc.) to avoid confusion.

(a) Cambie las oraciones según el modelo.

> Trajiste tus libros.
> Trajiste los tuyos.

1. Traje mis fotos.
2. Trajimos nuestras radios.
3. Trajo su ropa.

4. Trajiste tu saco.
5. Trajeron sus discos.
6. Traje mis corbatas.

(b) Conteste a las preguntas según modelos.

¿Trajo su ropa?
Sí, traje la mía.

¿Trajeron su ropa?
Sí, trajimos la nuestra.

1. ¿Trajeron sus relojes?
2. ¿Trajeron sus escopetas?
3. ¿Trajo sus discos?
4. ¿Trajo su caña de pescar?
5. ¿Trajeron sus muebles?
6. ¿Trajo su coche?

The Present Perfect: Irregular Past Participles

The past participles of some of the irregular verbs that we have studied so far are given below:

escribir	Yo	**he**	**escrito**
abrir	Yo	**he**	**abierto**
romper	Yo	**he**	**roto**
decir	Yo	**he**	**dicho**
hacer	Yo	**he**	**hecho**
poner	Yo	**he**	**puesto**
ver	Yo	**he**	**visto**
volver	Yo	**he**	**vuelto**

(a) Conteste a las preguntas según el modelo.

¿Ustedes han escrito la carta?
Sí, la hemos escrito.

1. ¿Ustedes han visto la película?
2. ¿Ustedes han puesto el dinero allí?
3. ¿Ustedes han dicho todo?

4. ¿Ustedes han hecho la comida?

5. ¿Ustedes han abierto la puerta?

6. ¿Ustedes han vuelto temprano?

(b) Conteste a las preguntas según el modelo.

¿Le escribiste?

· Sí, ya le he escrito.

1. ¿La viste?

2. ¿La abriste?

3. ¿La hiciste?

4. ¿Lo dijiste?

5. ¿Lo pusiste?

 Nominalization with the Article *lo*

Lo	interesante	es la música.
Lo	difícil	es continuar.
Lo	bueno	es que aprendemos.
Lo	imposible	es aceptarlo.

An adjective preceded by **lo** is equivalent to the English "the" + adjective + "thing" or "part."

lo difícil   *the difficult part*

lo bueno   *the good thing*

A possessive pronoun preceded by **lo** is rendered by "what" + "be" + possessive.

lo nuestro   *what is ours*

Conteste a las preguntas según el modelo.

¿Es interesante la música de la película?

Sí, lo interesante de la película es la música.

1. ¿Es difícil continuar trabajando con él?

2. ¿Es imposible aceptar esas condiciones?

3. ¿Es importante comprender su actitud?

4. ¿Es malo bañarse por la noche?

5. ¿Es bueno el tema de la película?

146. Question Tags

| Queda en la Boca, | ¿verdad? |
| No habla castellano, | ¿verdad? |

| Viene mañana, | ¿no? |
| Habla inglés, | ¿no? |

Verdad corresponds to the English question tags "don't you," "isn't it," "do you," "can you," etc.

> He's from Buenos Aires, isn't he?
> You can't swim, can you?

No in this case has a similar meaning, although it is less formal and is only used after an affirmative statement.

Cambie las oraciones según los modelos y trate de dar la entonación apropiada.

> ¿Habla usted castellano?
> Usted habla castellano, ¿no?

> ¿No habla usted castellano?
> Usted no habla castellano, ¿verdad?

1. ¿Comprende usted lo que digo?
2. ¿No vive usted en Buenos Aires?
3. ¿No viaja usted para Nueva York?
4. ¿Esquió usted en Bariloche?
5. ¿Ha visto usted «Martín Fierro»?
6. ¿No ha estado usted en Madrid?

EJERCICIO DE RECAPITULACIÓN

Conteste a las preguntas siguientes:

1. ¿Querían sus padres que usted estudiara en esta universidad? ¿Por qué?
2. ¿Creía usted a principios del año que iba a aprender español tan bien?
3. ¿Cree usted que hay muchos estudiantes extranjeros en esta universidad?
4. ¿Hubo muchos exámenes en este curso el semestre pasado?
5. ¿Cree usted que va a haber mucho trabajo en este curso este semestre?
6. ¿Es usted norteamericano (norteamericana)?
7. ¿Quién es un escritor muy conocido en este país?
8. ¿Cuál es el primer libro que usted leyó?

9. ¿Piensa usted que Norman Mailer es un gran escritor?
10. ¿Piensa usted que Katherine Ann Porter es una gran escritora?
11. ¿Qué ciudades de los Estados Unidos tienen nombres españoles?
12. ¿Cuál es la diferencia entre «un gran hombre» y «un hombre grande»? Dé ejemplos.
13. ¿Compra usted un coche nuevo todos los años? ¿Por qué?
14. ¿Practica usted español con algún amigo suyo?
15. ¿Ha visto usted la última obra de teatro de Arthur Miller?
16. ¿Le han dicho que mañana hay un examen de español?
17. ¿Se ha roto usted la cabeza tratando de aprender el imperfecto del subjuntivo?
18. ¿Cree usted que lo importante en la vida es ser optimista?
19. ¿Cree usted que lo bueno de estudiar idiomas es que uno puede ganar más dinero en su trabajo?
20. ¿Ha escrito usted todos los ejercicios de esta lección?

PREGUNTAS SOBRE EL TEMA TRECE

1. ¿Que le pareció la película «Martín Fierro» a Ralph?
2. ¿Qué le llamó la atención sobre todo?
3. ¿Cuál fue su único problema?
4. ¿Por qué?
5. ¿Qué piensa Cristina de Alfredo Alcón?
6. ¿Cuál fue la mejor actuación para Claudia?
7. ¿Por qué?
8. ¿Se estudia literatura argentina en este país?
9. ¿Qué novela de Cortázar se ha publicado en este país?
10. ¿La leyó usted?
11. ¿Qué otros autores argentinos son conocidos en este país?
12. ¿Qué piensan los argentinos de los norteamericanos?
13. ¿Por qué quieren las chicas que Ralph las tutee?
14. ¿Ha visto Cristina teatro bueno últimamente?
15. ¿Qué obras norteamericanas vio esa temporada?
16. ¿Recuerda usted quiénes son los autores de esas obras?
17. ¿Qué piensa Cristina de «La fiaca» de Ricardo Talesnik?
18. ¿Qué ha notado Ralph?
19. ¿Quién le recomendó a Ralph que fuera al Teatro Caminito?
20. ¿Dónde queda el Teatro Caminito?
21. ¿Cuándo funciona?
22. ¿Qué clase de teatro es?
23. ¿Qué le pidió a Cristina el director del diario donde trabaja?

24. ¿Por qué acepta Ralph la invitación?
25. ¿Cree usted que Ralph dice la verdad?
26. ¿Por qué?
27. ¿Qué piensa Pedro que es lo importante cuando se visita un lugar?

PREGUNTAS GENERALES

1. ¿Cuál fue la última película que usted vio?
2. ¿Qué le pareció?
3. ¿Qué le llamó la atención sobre todo en esa película?
4. ¿Tiene usted algún problema con el idioma español?
5. ¿Se conservan costumbres inglesas en los Estados Unidos? ¿Cuáles, por ejemplo?
6. ¿Conserva usted algunas costumbres de sus abuelos? ¿Cuáles?
7. ¿Quién es un jugador de fútbol de primera en esta universidad?
8. Para usted, ¿quién es una actor (o actriz) de primera?
9. ¿Querían sus padres que usted estudiara en esta universidad?
10. ¿Quiere usted que sus hijos estudien en esta universidad? ¿Por qué?
11. ¿Ha actuado usted en teatro alguna vez? ¿En qué obra? ¿Qué papel interpretó?
12. ¿Sabe usted si en esta universidad se enseña la literatura hispanoamericana?
13. ¿Leyó alguna vez la traducción de una obra de teatro o novela escrita en español? ¿Cuál?
14. ¿Cree usted que los Estados Unidos ignoran a la América Latina? ¿Por qué tiene esa opinión?
15. ¿Ha visto teatro bueno últimamente? ¿Qué obra ha visto?
16. ¿Sabe usted cuándo se puede tutear a una persona en español?
17. ¿A quiénes tutea usted cuando habla español?
18. ¿Ha visto muchos partidos de fútbol americano esta temporada?
19. ¿Ha ido al teatro esta temporada?
20. ¿Vio usted la versión cinematográfica de «¿Quién le teme a Virginia Woolf?»
21. ¿Sabe usted cuál fue la última película de gran éxito en esta ciudad?
22. ¿Sabe usted cuál es el último gran éxito del teatro de Nueva York?
23. ¿Quién le recomendó a usted que siguiera este curso?
24. ¿Piensa usted recomendar este curso a sus amigos? ¿Por qué?
25. ¿Hay algún teatro al aire libre en esta ciudad? ¿Cómo se llama?
26. ¿Cuándo funcionan generalmente los teatros al aire libre?
27. ¿Qué diarios se publican en esta cuidad?
28. ¿Qué diario lee usted generalmente?

29. ¿Tuvo usted alguna vez la oportunidad de mostrar su ciudad a gente extranjera?
30. ¿Sabe usted como se llama en español una persona nacida en Nueva York? y en Londres? y en Madrid?
31. ¿En qué le gusta perder el tiempo?

Formule las preguntas que correspondan a estas respuestas :

1. ¡Magnífica!
2. Sí, por supuesto.
3. Por favor, tutéame.
4. Encantadísimo.
5. Prefiero el cine.
6. Arthur Miller.
7. «La rayuela».
8. Marco Denevi.

¿Qué dice usted en las situaciones siguientes?

1. Cuando quiere saber si hay excursiones a lugares de interés.
2. Cuando quiere saber el precio de una excursión y los lugares que se visitan.
3. Cuando quiere saber qué lugares se visitan cada día.
4. Cuando quiere saber qué incluye lo que usted paga.

INFORME ORAL

Diga todo lo que sepa de la película «Martín Fierro».

Valparaiso, Chile.

Plaza Venezuela in Caracas.

Un partido de fútbol

PEDRO: ¿Te gustaría ir a un partido de fútbol el domingo que viene? «Estudiantes» de La Plata juega contra «Racing» de Avellaneda.

RALPH: Sí, con mucho gusto. Hace tiempo que tenía ganas de ver un partido de fútbol.[1] ¿Dónde es?

PEDRO: En estadio del Club «Racing» en Avellaneda.

RALPH: Todavía me cuesta acostumbrarme a la idea de que aquí se dice «fútbol» en vez de «soccer». Aunque el fútbol no es un deporte muy conocido en mi país sé que «Estudiantes» ha sido campeón del mundo.

PEDRO: Sí, salió campeón al ganar al equipo de Mánchester. Fue la primera vez que un equipo platense alcanzó fama mundial. Hubo mucha gente de La Plata que viajó a Inglaterra para asistir al partido.

RALPH: Esto me recuerda a los aficionados de algunos equipos de los Estados que a menudo viajan de un extremo a otro del país para alentar a los jugadores de su equipo favorito.

PEDRO: Te aseguro que si tuviera dinero no me perdería ningún partido de «Estudiantes» por lejos que fuera.

RALPH: Dime, ¿qué otros deportes, además del fútbol, son populares en la Argentina?

PEDRO: Principalmente el básquetbol y el rugby. También se juega al hockey bastante y al polo.

Después del partido

RALPH: ¡Qué partido más interesante! Nunca creí que el «soccer», quiero decir, el fútbol, me gustara tanto.

PEDRO: Me alegro de que te haya gustado. En realidad fue un partido de primera. En el segundo tiempo sobre todo, el equipo de «Estudiantes» jugó magníficamente. Antes de que me olvide, si te gusta nadar, podemos ir a la sede del Club «Racing» esta tarde. Aunque no soy socio, tengo una invitación para visitar la sede y utilizar las instalaciones.

RALPH: No sabes cuánto te lo agradezco. Nunca he estado en la sede de un club y además me gusta muchísimo la natación.

. . . .

PEDRO: Bueno, viejo, creo que ha llegado el momento de despedirnos.

RALPH: Si todo va bien, creo que voy a poder ir a despedirlos al aeropuerto. De todos modos, te deseo el mejor de los éxitos. Si pasas por Miami, tienes que visitar a mi familia. Estoy seguro de que les darías una alegría muy grande.

---

[1] Football as played in the United States is usually translated as **fútbol americano.**

PEDRO: Gracias, va a ser un placer conocerlos.

RALPH: Acaban de anunciar la salida de mi tren. Si no te viera en Ezeiza, espero que nos volvamos a ver en Florida o tal vez en Houston.

SITUACIONES CORRIENTES:
Comprando pasajes

RAÚL: Buenas tardes. La semana pasada reservé dos pasajes de ida y vuelta hasta Houston, Tejas.

EMPLEADO: ¿A nombre de quién?

RAÚL: Pedro Barceló y Raúl Echeverry.

EMPLEADO: Ah, sí, aquí están. Tiene que cambiar de avión en Méjico.

RAÚL: ¿Qué escalas hace el avión?

EMPLEADO: Solamente Lima y Bogotá.

RAÚL: ¿Cuántos kilos se puede llevar?

EMPLEADO: En clase turística sólo tiene derecho a veinte kilos.

Observaciones sobre el vocabulario

Hace tiempo que tenía ganas de ir. I have wanted to (*or* felt like going) for a long time.

¿Dónde es? Where is it? Where is it going to be? (*Obsérvese que el verbo* **ser** *se usa en este caso para indicar donde se juega el partido, no donde está el estadio.*)

salir campeón to become a champion

platense: *que es de la ciudad de La Plata*

Esto me recuerda a. . . That reminds me of. . .

alentar (e-ie) = *estimular*

quiero decir I mean

el segundo tiempo the second half

de todos modos at any rate

volver a (+ **infinitivo**) = **hacer algo de nuevo**

  Volví a leer el libro. = **Leí el libro de nuevo.**

Notas de interés

El fútbol es el deporte nacional de la mayoría de los países latinoamericanos. Argentina, Brasil y Uruguay han sido campeones del mundo más de una vez.

Las universidades rara vez tienen un equipo de fútbol. En cambio los colegios secundarios tienen generalmente su equipo y compiten entre sí.

El rugby es un deporte muy popular entre los estudiantes universitarios argentinos, lo mismo que el básquetbol. El béisbol es prácticamente desconocido en Argentina.

Avellaneda es la tercera ciudad de Argentina. Está separada de la ciudad de Buenos Aires por el río Riachuelo.

 **The Conditional**

Juan creía que

yo	viajar‌ía.
tú	viajar‌ías.
ella	viajar‌ía.
nosotros	viajar‌íamos.
ellos	viajar‌ían.

The verb forms in the right-hand box are in the *conditional* ("*I would travel*").

The conditional endings are those of the *imperfect* of **-er** and **-ir** verbs. They are added to a base form which for most verbs is identical to the infinitive.

(a) Cambie las oraciones según el modelo.

Pedro creía que tú comías aquí.
Pedro creía que tú comerías aquí.

1. Pedro creía que usted vivía aquí.
2. Pedro creía que ellos escribían a menudo.
3. Pedro creía que yo aprendía el ruso.
4. Pedro creía que ustedes leían el libro.
5. Pedro creía que nosotros perdíamos la paciencia.
6. Pedro creía que Marta comprendía sus razones.

(b) Cambie las oraciones según el modelo.

Juan cree que yo viajo el lunes.
Juan creía que yo viajaría el lunes.

1. Marta sabe que tú hablas con él mañana.
2. Papá dice que nosotros llamamos desde Madrid.
3. Raúl cree que ustedes escriben al llegar.
4. Teresa sabe que yo comprendo lo que pasó.
5. Cristina dice que usted está aquí temprano.
6. Pancho cree que ella se adapta fácilmente.

148. *Si*-Clauses

Si	**tuviera**	dinero,	**ir**ía.
Si	**tuvieras**	dinero,	**ir**ías.
Si	**tuviera**	dinero,	**ir**ía.
Si	**tuviéramos**	dinero,	**ir**íamos.
Si	**tuvieran**	dinero,	**ir**ían.

The conditional is used in the main clause (often referred to as the *result clause*) of a sentence that expresses a contrary-to-fact situation.

The verb in the **si**-clause is in the imperfect subjunctive. Compare the following Spanish and English sentences.

Si trabaja, va a comprarlo.   *If he works, he's going to buy it.*
Si trabajara, lo compraría.   *If he worked, he would buy it.*

(a) Conteste a las preguntas según el modelo.

Tienes dinero, ¿por qué no vas?
Mira, si tuviera dinero iría.

1. Eres rico, ¿por qué no viajas?
2. Bailas muy bien, ¿por qué no vas?
3. Escribes muy bien, ¿por qué no te presentas?
4. Eres muy bonita, ¿por qué no trabajas en el teatro?
5. Tienes mucho dinero, ¿por qué no pagas?
6. Estás muy cansado, ¿por qué no te acuestas?
7. Hace mucho frío, ¿por qué no entras?

(b) Cambie las oraciones según el modelo.

Si escribe, te llamo.
Si escribiera, te llamaría.

1. Si llama, te escribo.
2. Si maneja Pedro, no voy.
3. Si están ellos, volvemos pronto.
4. Si consigue trabajo, lo compra.
5. Si tiene dos, vende uno.
6. Si es inteligente, no da examen.

The Use of the Subjunctive with the Construction *por* + Adverb or Adjective + *que*

Por	mucho	que	trabaje,	no gano mucho.
Por	poco	que	estudie,	siempre salgo bien.
Por	lejos	que	vaya,	siempre me escribe.
Por	libre	que	sea,	todavía me obedece.

In cases where uncertainty is implied, the subjunctive is used with the construction **por . . . que** (*no matter how, however*).

If the verb in the main clause is in the conditional, then the imperfect subjunctive is used:

Por lejos que fuera, siempre me escribiría.

(a) Cambie las oraciones siguientes de acuerdo al modelo.

Trabajo mucho pero no gano mucho.
Por mucho que trabaje, no gano mucho.

1. Estudio mucho pero aprendo poco.
2. Leo mucho pero entiendo poco.
3. Vendo mucho pero gano poco.
4. Como mucho pero no aumento.
5. Manda mucho dinero pero no es nunca suficiente.
6. Pierde mucho tiempo pero aprende muy bien.

(b) Traduzca las oraciones siguientes según el modelo.

No matter how far he goes, he always writes to me.
Por lejos que vaya, siempre me escribe.

1. No matter how little he reads, he knows everything.
2. No matter how loud you talk, he can't hear you.
3. No matter how much he studies, he can't learn.
4. No matter how far they travel, they always call.
5. No matter how fast they talk, I always understand.

The Construction *qué* + Noun + *más (tan)* + Adjective

¡Qué	partido	más	interesante!
¡Qué	chica	más	bonita!
¡Qué	ciudad	tan	grande!
¡Qué	examen	tan	difícil!

Note that greater emphasis is given by placing **más** or **tan** before the adjective. English would require a different intonation to convey a similar meaning.

¡Qué	partido	más	interesante!
What an	interesting		game!

Cambie las oraciones según el modelo.

> Es un partido muy interesante.
> ¡Qué partido más interesante!

1. Es una chica muy bonita.
2. Es un coche muy moderno.
3. Son alumnos muy inteligentes.
4. Son cursos muy interesantes.
5. Es un libro muy largo.
6. Es un curso muy aburrido.

 ## The Use of the Subjunctive after Expressions of Emotion

Me alegro de	que te haya gustado.
Temo	que no venga.
Lamento	que no vaya.
Estoy contento de	que me escriba.

The subjunctive must be used after expressions of emotion (fear, joy, regret, anger, etc.).

(a) Conteste a las preguntas según el modelo.

> No viene. ¿Te alegras?
> Sí, me alegro de que no venga.

1. No viaja. ¿Estás contento?
2. No baja. ¿Te alegras?
3. No escribe. ¿Estás contento?
4. No sabe lo que pasa. ¿Estás contento?
5. No consigue dinero. ¿Te alegras?

(b) Conteste a las preguntas según el modelo.

> No consiguió dinero. ¿Lo lamenta?
> Sí, lamento que no haya conseguido dinero.

1. No pudo venir a la reunión. ¿Lo lamenta?
2. No fue al casino. ¿Se alegra?
3. No llegó temprano. ¿Lo lamenta?
4. No escribió por la beca. ¿Lo lamenta?
5. No puso mucho entusiasmo. ¿Lo lamenta?
6. No dijo lo que pasó. ¿Está contento?
7. No hizo el trabajo. ¿Lo lamenta?

The Use of *acabar de*

Acabo de	verlo.
Acabamos de	hablar con él.
Acaban de	estar aquí.
Acaba de	salir.

The verb **acabar** by itself means "to finish," "to end." The construction **acabar de** is equivalent to "to have just done something." It is always followed by an infinitive.

Acabar de can be used in other tenses as well.

Acababa de hablar con él cuando. . . *I had just spoken with him when . . .*

(a) Conteste a las preguntas según el modelo.

¿Va a hablar con él?
No, acabo de hablar con él.

1. ¿Va a escribirle?
2. ¿Va a visitarla?
3. ¿Va a llamarlos?
4. ¿Va a recibirla?
5. ¿Va a encontrarse con él?

(b) Conteste a las preguntas según los modelos.

¿Lo viste?
Sí, acabo de verlo.

¿Lo vieron?
Sí, acabamos de verlo.

1. ¿La conociste?
2. ¿La conocieron?
3. ¿Las llamaron?

4. ¿Le escribiste?
5. ¿Le preguntaste?
6. ¿Les hablaron?

153. The Passive Construction

El profesor **escucha** al alumno.
El alumno **es escuchado** por el profesor.

Todos **recuerdan** a María.
María **es recordada** por todos.

Todos **recordaban** a María.
María **era recordada** por todos.

El mozo **ha servido** el té.
El té **ha sido servido** por el mozo.

The passive construction of a verb is formed by combining a tense of **ser** with the past participle of the verb to be used in the passive. The tense of **ser** in the passive is the same as the tense of the verb in the active construction.

The past participle in the passive construction agrees in number and gender with the subject.

When no reference is made to the doer of the action, Spanish prefers the construction with **se**.

El té fue servido = Se sirvió el té.

(a) Cambie las oraciones según el modelo.

El mozo sirve el té.
El té es servido por el mozo.
Se sirve el té.

1. Pedro vende la casa.
2. Papá escribe la carta.
3. Teresa lee los poemas.
4. Raúl recibe los libros.
5. Ernesto abre la tienda.

(b) Conteste a las preguntas según el modelo.

¿Quién abrió la tienda? (Ernesto)
La tienda fue abierta por Ernesto.

1. ¿Quién sirvió el té? (el mozo)
2. ¿Quién introdujo el fútbol? (los ingleses)
3. ¿Quién llamó a la policía? (el dueño)
4. ¿Quién trajo los libros? (el dueño)
5. ¿Quién llevó las escopetas? (los muchachos)
6. ¿Quién dirigió la obra? (Alfredo)

The Use of *se* and *nos* to Express Reciprocity

Marta y Raúl	se	comprenden.
Ernesto y tú	se	vuelven a ver.
Pancho y Pedro	se	hablan otra vez.

Raúl y yo	nos	comprendemos muy bien.
Nosotros	nos	vemos a menudo.

Se and **nos** may be used to express the idea of reciprocity (*each other, one another*).

The meaning of certain sentences with these two pronouns can only be inferred from context. Thus, **Se miran** may mean "They look at each other" or "They look at themselves."

Cambie las oraciones según los modelos.

Marta comprende a Raúl.
Raúl y Marta se comprenden.

Yo comprendo a Marta.
Marta y yo nos comprendemos.

1. Ernesto quiere a María.
2. Marta mira a Raúl.
3. Yo miro a Mónica.
4. Yo comprendo a Graciela.
5. Mónica quiere a Pedro.
6. Graciela comprende a Ernesto.
7. Yo veo a Marta.

EJERCICIO DE RECAPITULACIÓN

Conteste a las preguntas siguientes:

1. ¿Creía usted que el español sería tan fácil?
2. ¿Viajaría usted mucho si tuviera mucho dinero?

3. ¿Adónde iría si tuviera mucho tiempo para viajar?
4. ¿Dónde le gustaría vivir si pudiera elegir?
5. ¿Qué clase de coche compraría si tuviera mucho dinero?
6. ¿Estudiaría usted el español por difícil que fuera?
7. ¿Viviría usted en esta ciudad por mucho que ganara?
8. ¿Cree usted que si estudia mucho puede aprender todo sin dificultad?
9. ¿Qué dice usted cuando ve un paisaje muy interesante?
10. ¿Qué dice usted cuando tiene un examen muy difícil?
11. ¿Se alegra usted de que sus compañeros reciban notas mejores que usted?
12. ¿Lamenta usted que sus profesores no vengan a clase a veces?
13. ¿Quién acaba de hablar?
14. ¿Quién acaba de contestar a mi pregunta?
15. ¿Cree usted que su profesor de español será recordado bien por todos los alumnos?
16. ¿A qué hora se sirve la cena en su casa?
17. ¿A qué hora del día se escuchan ruidos en su casa?
18. ¿Se comprenden sus padres y usted? ¿Por qué?
19. ¿Se ven a menudo usted y sus compañeros de la clase de español?

PREGUNTAS SOBRE EL TEMA CATORCE

1. ¿A qué invita Pedro a Ralph?
2. ¿Cuándo?
3. ¿Qué equipos juegan?
4. ¿Acepta Ralph la invitación?
5. ¿Por qué?
6. ¿Dónde es el partido?
7. ¿A qué le cuesta acostumbrarse a Ralph?
8. ¿Es el fútbol un deporte muy conocido en los Estados Unidos?
9. ¿Qué sabe Ralph del equipo de «Estudiantes»?
10. ¿Cuándo salió campeón «Estudiantes»?
11. ¿Salen campeones a menudo los equipos platenses?
12. ¿Cuál fue el primer equipo platense que alcanzó fama mundial?
13. ¿Cuándo viajaron a Inglaterra muchos aficionados de «Estudiantes» de La Plata?
14. ¿Qué le recuerda a Ralph el viaje de los aficionados platenses?
16. ¿Para qué viajan de un extremo a otro del país los aficionados al fútbol americano?
17. ¿Qué haría Pedro si tuviera mucho dinero?
18. ¿Qué deportes son populares en la Argentina?

19. ¿Qué piensa Ralph del partido?
20. ¿Qué dice Pedro sobre el partido?
21. ¿Adónde quiere ir a nadar Pedro?
22. ¿Por qué puede visitar el club a pesar de que no es socio?
23. ¿Por qué acepta Ralph con muchísimo gusto?
24. ¿Dónde se despiden Ralph y Pedro?
25. ¿Qué tren toma Ralph?
26. ¿Dónde espera Ralph poder ver a Pedro pronto?
27. ¿Dónde vive la familia de Ralph?
28. ¿Por qué quiere Ralph que Pedro visite a su familia?
29. ¿En qué lugares de los Estados Unidos espera Ralph poder ver a Pedro?

PREGUNTAS GENERALES

1. ¿Le gustaría a usted ir a un partido de fútbol americano el sábado que viene?
2. ¿Cuál es su equipo favorito de fútbol americano?
3. ¿Tiene usted ganas de ver un partido de fútbol americano en la televisión el sábado que viene?
4. ¿Hay estadios de fútbol americano en esta ciudad?
5. ¿Es el fútbol un deporte muy popular entre los estudiantes de esta universidad?
6. ¿Qué equipo de fútbol americano salió campeón el año pasado?
7. ¿Sabe usted qué equipo de básquetbol de este país alcanzó fama mundial?
8. ¿Viaja usted muy lejos para asistir a un partido de fútbol americano en el que juega su equipo favorito?
9. ¿Cómo se alienta a los jugadores de fútbol americano en las universidades de este país?
10. Si tuviera mucho dinero, ¿se perdería algún partido de su equipo favorito de fútbol americano?
11. ¿Qué deportes son populares en esta universidad?
12. ¿Se juega al fútbol aquí?
13. ¿Le gusta nadar? ¿Dónde nada generalmente?
14. ¿Es usted socio de algún club? ¿Qué club?
15. ¿Quiénes pueden utilizar las instalaciones de esta universidad?
16. ¿Ha estado usted alguna vez en la sede de un club de fútbol?
17. ¿Dónde se puede nadar en esta ciudad?
18. ¿Le gusta ir a esperar a sus amigos al aeropuerto? ¿Por qué?
19. ¿Qué piensa de las despedidas?
20. ¿Espera usted que nos volvamos a ver el año que viene?

Formule las preguntas que correspondan a estas respuestas:

1. Sí, hace tiempo que tenía ganas de ir.
2. Principalmente el básquetbol.
3. Me alegro de que le haya gustado.
4. No sabe cuánto se lo agradezco.
5. No, nunca.
6. Gracias, va a ser un placer conocerlos.
7. Sí, porque acaban de anunciar la salida de mi tren.

¿Qué dice usted en las situaciones siguientes?

1. Cuando quiere sacar pasajes en avión para viajar a Nueva York.
2. Cuando quiere saber qué escalas hace el avión.
3. Cuando quiere saber qué peso puede llevar.
4. Cuando quiere saber si dan de comer en el avión.

INFORME ORAL

Diga todo lo que sepa del equipo de «Estudiantes» de La Plata.

Andean market girls in
Peru.

Museo de Bellas Artes in
Buenos Aires.

Una carta de Ralph

La Plata, 25 de agosto

Querido Pedro:

Esta es para expresarte mi sincero agradecimiento por todas tus gentilezas y tu ayuda. Querría poder ir a Ezeiza el día de tu partida pero una gripe inoportuna me obliga a quedarme en cama. Aquí en el departamento todo el mundo está enfermo. Algunos tienen síntomas extraños y otros se quejan de dolores rarísimos, pero a todos nos duele la garganta, la cabeza y tosemos todo el día. De todos modos, no creo que sea para asustarse. Es muy probable que todos sobrevivamos a esta epidemia. . . ¡Sobre todo después de unos días de descanso absoluto!

Había pensado darte algunos consejos prácticos que pudieran serte útiles al llegar a mi país, pero después decidí que lo mejor sería traducirte parte de una carta que recibí de mi tío Henry antes de salir para la Argentina. Tío Henry acaba de jubilarse después de largos años en el servicio diplomático. Es un tipo macanudísimo. Espero que puedas conocerle cuando pases por Wáshington.

Bueno, termino por el momento. Escríbeme cuando tengas tiempo. ¡Buen viaje!

Un abrazo
Ralph

La carta del tío Henry

Mi querido Ralph:

Me alegró muchísimo la noticia de tu viaje a la Argentina. Estuve allí hace muchos años y me encantó. Buenos Aires es una de las grandes capitales del mundo, pero haces bien en estudiar en una ciudad más pequeña donde podrás conocer mejor y más de cerca la vida argentina.

No olvides nunca que eres un embajador de tu país y que en el extranjero lo menos que puedes hacer es conducirte como si estuvieras en tu propia tierra. Cuánto más hayas viajado y visto, más te darás cuenta de que sabes muy poca.

Desconfía de los estereotipos sobre sudamérica que leíste en libros escritos por turistas apurados. Si se creyera a estos señores, todos los sudamericanos serían indios, todos vivirían en ranchos de adobe y una vasta selva cubriría todo el continente. . .

Trata de evitar comparaciones. Nunca digas «En los Estados Unidos hacemos esto, en los Estados Unidos hacemos lo otro». Para actuar como lo hacemos en los Estados Unidos tenemos sin duda excelentes motivos, los motivos de otros pueblos no son menos buenos.

Y por último, acuérdate de tu pobre abuela, que después de cincuenta años en nuestro país todavía insistía: «But, of course, sweet potatoes are as English as Christmas.»

P.D. Tío Henry le ha escrito a un amigo suyo que vive en Houston, el doctor Andrew Johnson, para pedirle que vaya a esperarlos al aeropuerto cuando lleguen.

SITUACIONES
CORRIENTES:
Una visita al médico

ENRIQUE: He venido a verlo porque tengo la impresión de que estoy muy enfermo.

DR. LÓPEZ: Veamos. . . Sáquese el saco y la camisa, por favor. Respire hondo. . . Diga treinta y tres. . . Muy bien, veamos su pulso. Ahora quiero ver su garganta. Diga aaa. . . Muy bien.

ENRIQUE: ¿Cómo me encuentra, doctor?

DR. LÓPEZ: Francamente, lo único que noto es una ligera inflamación de garganta. Veamos si tiene fiebre. . .

ENRIQUE: ¿Cree usted que podré ir a trabajar mañana en este estado?

DR. LÓPEZ: Sí, por supuesto. Le voy a recetar unos medicamentos que lo harán sentirse mejor de inmediato. Esta clase de resfríos sólo dura veinticuatro horas.

Observaciones sobre el vocabulario

todo el mundo = **todos, todas**
doler (o-ue) to hurt, to ache

> *Este verbo funciona como* **gustar:**
> **Me duele la cabeza.** I have a headache. (*lit.,* My head aches me.)
> **Le duelen los pies.** His feet hurt.

sobrevivir a to survive
consejos advice
consejo a piece of advice
conocer más de cerca to know more closely
en el extranjero overseas, abroad
rancho: *En la Argentina significa una casa pobre y pequeña generalmente hecha de adobe.*
Hacemos esto. . . hacemos lo otro. We do this . . . we do that.
por último = **finalmente**
sacarse/ponerse
¿Cómo me encuentra? How am I doing? Am I all right?

Notas de interés

Buenos Aires es el centro de un conglomerado de población de aproximadamente once millones de habitantes. La ciudad en sí tiene unos cuatro millones. El resto del país es relativamente despoblado, si se tiene en cuenta que la población total de Argentina es de unos veintitrés millones de habitantes.

Buenos Aires es actualmente uno de los grandes centros culturales del mundo hispánico. Sus universidades, centros de investigaciones y casas editoriales son reconocidos en todo el mundo.

 The Conditional: Irregular Stems

Some irregular **-er** and **-ir** verbs have irregular stems in the conditional.

querer	Ralph	**querr**ía	ir a Ezeiza.
saber	Ralph	**sabr**ía	lo que pasa.
poder	Ralph	**podr**ía	mandarlo.
haber	Ralph	**habr**ía	escrito.
salir	Ralph	**saldr**ía	si pudiera.
poner	Ralph	**pondr**ía	entusiasmo.
tener	Ralph	**tendr**ía	que ir.
venir	Ralph	**vendr**ía	si le hablaras.
hacer	Ralph	**har**ía	lo posible.
decir	Ralph	**dir**ía	lo que sabe.

(a) Cambie las oraciones según el modelo.

Creo que Pancho va a salir temprano.
Creía que Pancho saldría temprano.

1. Creo que Ricardo va a tener tiempo.
2. Creo que va a haber mucho trabajo.
3. Creo que Raúl va a venir pronto.
4. Creo que Mónica va a poner entusiasmo.
5. Creo que Graciela va a poder mandarlo.
6. Creo que Ernesto va a saber la verdad.

(b) Cambie las oraciones según el modelo.

La chica dijo que va a hacer lo posible.
La chica dijo que haría lo posible.

1. La chica dijo que va a decir la verdad.
2. La chica dijo que va a querer ir.
3. La chica dijo que va a hacer el trabajo.
4. La chica dijo que vamos a decir lo que pasó.
5. La chica dijo que vamos a hacer una reunión.
6. La chica dijo que vamos a querer ir.

(c) Cambie las oraciones según el modelo.

> Si tengo dinero, voy a salir.
> Si tuviera dinero, saldría.

1. Si es inteligente, va a ir.
2. Si quiere, va a hacer lo posible.
3. Si lo sabe, lo va a decir.
4. Si lo compra, va a poder mandarlo.
5. Si hay mucho público, va a poner entusiasmo.

 The Pluperfect Indicative

The pluperfect (in Spanish *pluscuamperfecto*) is equivalent to the English past perfect. It consists of the imperfect indicative of **haber** and the past participle. It denotes an action that has taken place *before* another past action.

Había	pensado	darte un consejo, pero **decidí** lo contrario.
Habías	salido	cuando Teresa **llamó**.
Había	ido	a la universidad cuando **vino** José.
Habíamos	subido	al segundo piso cuando **vino** usted.
Habían	creído	que **salíamos**.

It may safely be used in Spanish whenever English would require it.

> Había ido a la universidad cuando tú viniste.
> *I had gone to the university when you came.*

(a) Cambie las oraciones según el modelo.

> Pedro creyó que salíamos.
> Pedro había creído que salíamos.

1. Yo creí que venían.
2. Ellos creían que escribíamos.
3. Nosotros creíamos que iban.

4. Ustedes creían que podían.

5. Ella creía que sabía.

6. Tú creías que íbamos.

(b) Cambie las oraciones siguientes según el modelo.

> Pedro creyó que íbamos a salir.
> Pedro había creído que habíamos salido.

1. Yo creí que ustedes iban a vender la casa.

2. Nosotros creímos que tú ibas a salir.

3. Usted creyó que ellos lo iban a comprar.

4. Tú creíste que yo iba a ir al comedor.

5. Ellos creyeron que nosotros íbamos a estar aquí.

(c) Cambie las oraciones según la clave.

> EJEMPLO: Papá sabía que yo había escrito. (tú)
> Papá sabía que tú habías escrito.

1. nosotros

2. yo

3. ustedes

4. Pedro

5. tú

The Present Indicative and the Preterit of Verbs Ending in *-ducir*

Study the forms of the irregular verb **traducir** (*to translate*).

Traduzc⋮**o**
Traduc⋮**es**
Traduc⋮**e**
Traduc⋮**imos**
Traduc⋮**en**

Verbs such as **traducir, conducir, introducir,** and **producir** have the same irregularity in the present indicative as verbs such as **agradecer, salir,** i.e., a velar consonant is added to the stem of the first person singular.

In the *pretérito*, the stem ends in ⟨ **-uj** ⟩. The endings are the same as those of irregular verbs such as **decir** and **traer.**

Traduj	**e**
Traduj	**iste**
Traduj	**o**
Traduj	**imos**
Traduj	**eron**

(a) Cambie las oraciones siguientes a la forma negativa.

1. Nosotros traducimos el poema.
2. Tú traduces sus libros.
3. Pedro traduce el diario.
4. Ustedes traducen las cartas.
5. Yo traduzco el libro.
6. Usted traduce el principio.

(b) Dé la forma del verbo que corresponda según la clave.

Pedro traduce la carta.

1. yo
2. nosotros
3. ustedes
4. tú
5. usted

(c) Dé la forma del pretérito de *traducir* que corresponda según la clave.

Pedro tradujo la carta.

1. tú
2. yo
3. ustedes
4. nosotros
5. ella

158. Nominalized Demonstratives

Tengo	esta	carta	para ti.	Tengo	ésta	para ti.
Te doy	este	libro.		Te doy	éste.	
Trajo	esa	foto.		Trajo	ésa.	
Me dió	ese	boleto.		Me dió	ése.	

Tengo	**éstas**	para ti.
Te doy	**éstos.**	
Trajo	**ésas.**	
Me dió	**ésos.**	

When the demonstratives function as nouns, an accent mark is placed on the stressed vowel. They are equivalent to the English "this one," "that one," "these," etc. **Esto** and **eso** do not carry the accent mark.

(a) Cambie las oraciones siguientes de acuerdo al modelo.

Pedro trajo algunas fotos para ti.
Pedro trajo éstas para ti.

1. Compré algunos discos para ella.
2. Trajimos un libro para usted.
3. Trajimos una camisa para ti.
4. Compramos algunas carteras para ellas.
5. Traje un disco para usted.
6. Traje algunos formularios para Pedro.

(b) Repita el ejercicio anterior de acuerdo al siguiente modelo.

Pedro trajo algunas fotos para ti.
Pedro trajo ésas para ti.

The Use of the Imperfect Subjunctive after *como si*

Debes conducirte	**como si**	**estuvieras**	en tu país.
Vive	**como si**	**fuera**	pobre.
Trabaja	**como si**	**estuviera**	cansado.
Habla	**como si**	**supiera**	lo que dice.

Formule las preguntas que correspondan de acuerdo al modelo.

Habla de esta manera porque sabe lo que dice.
¿Por qué habla como si supiera lo que dice?

1. Trabaja de esta manera porque es joven.
2. Como de esta manera porque hay poca comida.
3. Gasta de esta manera porque tiene mucho dinero.

4. Habla de esta manera porque es inteligente.
5. Vive de esta manera porque es pobre.
6. Se conduce de esta manera porque está en su país.

 The Use of the Construction *cuanto más* (*menos*, etc.) . . . *más* (*menos*, etc.)

Cuanto	más	trabaja,	más	gana.
Cuanto	más	difícil,	más	interesante.
Cuanto	menos	habla,	menos	la comprendo.
Cuanto	más	practica,	mejor	toca.

This construction corresponds to the English construction "the more . . . the more . . ."

    Cuanto más trabaja, más gana   *The more he works, the more he earns.*

The subjunctive is used in the first clause if futurity is implied in the second one: **Cuanto más trabaje, más va a ganar.**

(a) Cambie las oraciones según los modelos.

    Si trabaja más, gana más.
    Cuanto más trabaja, más gana.

    Si trabaja más, va a ganar más.
    Cuanto más trabaje, más va a ganar.

1. Si estudia más, aprende más.
2. Si come más, va a aumentar más.
3. Si duerme más, va a querer dormir más.
4. Si viaja más, va a saber más.
5. Si conoce más, va a comprender.
6. Si practica más, habla más rápido.

(b) Traduzca las oraciones según el modelo.

    The more you practice, the better.
    Cuanto más practica, mejor.

1. The more you practice, the better.
2. The more you sleep, the better.
3. The more you read, the better.

4. The less you eat, the better.

5. The less you drink, the better.

6. The more you eat, the better.

 **The Future Tense**

Hablar é	con Ernesto.
Comer ás	en casa.
Subir á	con nosotros.
Tendr emos	el dinero.
Dir án	lo que hay que hacer.

The stem of the future tense is the same as that of the conditional. The endings are the same as the present tense forms of the verb **haber**[1].

The future tense in Spanish is used less commonly than in English. It is frequently replaced by the construction **ir a**.

Voy a viajar. = Viajaré.

The future tense may also be used to express probability (see Step 171).

(a) Conteste a las preguntas según el modelo.

¿Quieres comer aquí hoy?
No, hoy comeré en casa.

1. ¿Quieres estudiar aquí hoy?
2. ¿Quieres practicar aquí hoy?
3. ¿Quieres almorzar aquí hoy?
4. ¿Quieres escribir aquí hoy?
5. ¿Quieres tomar el té aquí hoy?

(b) Conteste a las preguntas según el modelo.

¿Sabe si va a venir Ricardo?
No, no sé si vendrá Ricardo.

1. ¿Sabe si va a poder ir Raúl?
2. ¿Sabe si va a haber una reunión?
3. ¿Sabe si va a hacer calor?
4. ¿Sabe si va a salir María?
5. ¿Sabe si va a decir lo que pasó?

---

[1] Note that the forms of **haber** are spelled with **h-**: **he, has, ha**, etc.

The Use of *lo* + *hacer* to Recall a Verb

Para	**actuar**	como	**lo hacemos. . .** (**nosotros actuamos**)
Para	**vivir**	como	**lo hace. . .** (**él vive**)
Para	**hablar**	como	**lo hago. . .** (**yo hablo**). . .

This construction is used to recall a verb previously mentioned. The verb **haber** carries the indication of person and number.

The same verb is often repeated in conversational style.

     Para hablar como hablo. . .

Cambie las oraciones según el modelo.

     Para actuar como actuamos tenemos nuestros motivos.
     Para actuar como lo hacemos tenemos nuestros motivos.

1. Para hablar como hablo tengo mis motivos.
2. Para vivir como viven tienen sus motivos.
3. Para estudiar como estudiamos tenemos nuestros motivos.
4. Para manejar como manejas tienes tus motivos.
5. Para trabajar como trabajan tienen sus motivos.
6. Para gastar como gasto tengo mis motivos.

Verbs Ending in ⌐ **-i/ar** ⌐ **and** ⌐ **-u/ar**

Yo	**esquí**|**o**	Yo	**continú**|**o**
Tú	**esquí**|**as**	Tú	**continú**|**as**
Usted	**esquí**|**a**	Usted	**continú**|**a**
El		El	
Nosotros	**esqui**|**amos**	Nosotros	**continu**|**amos**
Ustedes	**esquí**|**an**	Ustedes	**continú**|**an**
Ellos		Ellos	

Some verbs ending in ⌐ **-i/ar** ⌐ (**esqui-ar, desconfi-ar, vari-ar,** etc.) and ⌐ **-u/ar** ⌐ (**continu-ar, actu-ar**) change the semivowel of the stem (**y** or **w**) to a vowel (**i** or **u**) in stressed position. This change is indicated in the spelling by an accent mark.

(a) Dé la forma del presente de *esquiar* que corresponda según la clave.

En el invierno esquían en Bariloche.

1. nosotros
2. tú
3. ustedes
4. yo
5. ella

(b) Dé la forma del presente de *actuar* que corresponda según la clave.

Ustedes actúan de manera inteligente.

1. usted
2. tú
3. ellos
4. nosotros
5. yo

EJERCICIO DE RECAPITULACIÓN

Conteste a las preguntas siguientes:

1. ¿Qué haría usted si tuviera mucho dinero?
2. ¿Querría usted hacer un viaje a Sudamérica a fin de año?
3. ¿Qué diría usted si recibiera una nota muy buena en español?
4. ¿Había usted pensado en estudiar español en el colegio secundario?
5. ¿Traduce usted al inglés lo que lee en español?
6. ¿Tradujo usted al inglés los temas trece y catorce?
7. ¿Se conduce usted aquí como si estuviera en su casa?
8. ¿Cree usted que la gente debe conducirse siempre como si estuviera en su casa?
9. ¿Qué piensa usted de la gente que es rica y vive como si fuera pobre?
10. ¿Cree usted que cuanto más se practican estos ejercicios más se aprende?
11. ¿Cree usted que cuanto más se vive más se sabe?
12. ¿Cree usted que cuanto más se viaje más se aprende?
13. ¿Estudiará esta lección bien para la clase que viene?
14. ¿Verá a su familia la semana que viene?
15. ¿Podrá estudiar esta lección?
16. ¿Tendrá tiempo para practicar esta lección durante una hora en el laboratorio esta noche?
17. ¿Cree usted que todo el mundo tiene una razón para actuar como lo hace?
18. ¿Continúa usted sus estudios durante el verano?
19. ¿Le gusta esquiar sobre el agua?
20. ¿En qué lugares de los Estados Unidos se esquía?

PREGUNTAS SOBRE EL TEMA QUINCE

1. ¿A quién le escribe Ralph?
2. ¿Qué le agradece a Pedro?
3. ¿Adónde querría ir Ralph?
4. ¿Por qué no puede ir?
5. ¿Es Ralph el único enfermo en su casa?
6. ¿Qué síntomas tienen los amigos de Ralph?
7. ¿De qué se quejan?
8. ¿Qué les duele?
9. ¿Cree Ralph que sus amigos están muy enfermos?
10. ¿Por qué cree Ralph que es probable que todos sobrevivan a la epidemia?
11. ¿Qué había pensado Ralph hacer?
12. ¿Qué decidió después?
13. ¿Cuándo recibió Ralph la carta de su tío?
14. ¿Cuántos años tiene el tío de Ralph?
15. ¿Cómo lo sabe?
16. ¿Qué hacía el tío Henry antes de jubilarse?
17. ¿Qué piensa Ralph de su tío?
18. ¿Dónde vive el tío Henry?
19. ¿Recuerda usted cómo termina Ralph su carta?
20. ¿De qué se alegró mucho el tío Henry?
21. ¿Por qué?
22. ¿Qué piensa el tío Henry de la ciudad de Buenos Aires?
23. ¿Por que dice el tío Henry que Ralph hace bien en estudiar en La Plata?
24. ¿Cuál es el primer consejo que le da a Ralph su tío?
25. ¿De qué se dará cuenta Ralph cuando haya viajado mucho?
26. ¿De qué debe Ralph desconfiar?
27. ¿Cuáles son los estereotipos sobre Sudamérica que se encuentran generalmente en los libros?
28. ¿Por qué debe Ralph tratar de evitar comparaciones?
29. ¿Por qué le dice el tío Henry a Ralph que se acuerde de su abuela?
30. ¿De dónde era la abuela de Ralph?
31. ¿A quién le ha escrito el tío Henry en Houston?
32. ¿Para qué?

PREGUNTAS GENERALES

1. ¿Querría usted visitar un país extranjero el verano que viene? ¿Cuál? ¿Por qué?
2. ¿Pasa usted varios días en cama cuando le duele la garganta?
3. ¿Qué hace usted cuando empieza a toser y tiene fiebre?

4. ¿Cuáles son los síntomas de la gripe?
5. ¿Cuáles son los síntomas de un resfrío?
6. ¿Qué hace usted cuando tiene gripe?
7. ¿Se asusta usted cuando empieza a tener fiebre, dolor de garganta y dolor de cabeza?
8. ¿Hubo una epidemia de gripe aquí el invierno pasado?
9. ¿Qué consejos daría usted a una persona que viene a esta ciudad en el verano?
10. ¿Qué consejos daría usted a una persona que viaja a la Argentina?
11. ¿A qué edad se jubila la gente en este país?
12. ¿Le interesaría a usted trabajar en el servicio diplomático?
13. ¿Por qué?
14. ¿Le gustaría estudiar un año en el extranjero?
15. ¿Por qué?
16. ¿Se conduce usted en la universidad como si estuviera en su casa? ¿Por qué?
17. ¿Cree usted que cuando más se viaja más se aprende?
18. ¿Cree usted que cuando más dinero se tiene más se divierte?
19. ¿Se conduce usted en la universidad como si estuviera en el colegio secundario?
20. ¿Cuáles son las principales diferencias que hay entre la universidad y el colegio secundario?
21. ¿Cuáles son los estereotipos que tienen los extranjeros de los Estados Unidos?
22. ¿Cuáles son los estereotipos que tenemos en los Estados Unidos de los latinos?
23. ¿Qué pensaba usted de la Argentina antes de empezar este curso?
24. ¿Ha cambiado de opinión ahora? ¿Por qué?
25. ¿Cree usted que hay que evitar comparaciones entre los países? ¿Por qué?

Formule las preguntas que correspondan a estas respuestaes:

1. Me duele la garganta.
2. Porque tengo que quedarme en cama.
3. Toso, me duele la cabeza y tengo fiebre.
4. No, acaba de jubilarse.
5. A los sesenta y cinco años.
6. Sí, me encanto.
7. Para conocer más de cerca la vida argentina.
8. Son todos indios y viven en ranchos de adobe.

¿Qué dice usted en las circunstancias siguientes?

1. Cuando va a ver a un médico porque se siente enfermo.
2. Cuando quiere saber cómo lo encuentra el médico.
3. Cuando quiere saber si debe quedarse en cama.
4. Cuando quiere que un enfermo le muestre la garganta.
5. Cuando quiere saber qué medicamentos le va a recetar el médico.

View of Ushuaia on Tierra
del Fuego.

Ruins of Chichén-Itzá.

Hacia Houston

Aprovechando que tenían que cambiar de avión en Méjico, Pedro y Raúl decidieron quedarse un par de días para visitar la ciudad. Estuvieron en la Ciudad Universitaria, en el Museo Antropológico, en el Palacio de Chapultepec y por último hicieron una corta visita a Teotihuacán donde tuvieron la oportunidad de admirar las pirámides del Sol y de la Luna.

PEDRO: Es una lástima que no tengamos más tiempo esta vez. Espero que podamos quedarnos por lo menos una semana cuando volvamos de los Estados Unidos.

RAÚL: Me hubiera gustado mucho haber ido a Yucatán. Dicen que las ruinas de Chichén-Itzá y Uxmal son tan impresionantes como las pirámides de Egipto.

. . . .

RAÚL: Este viaje ha sido más cómodo de lo que esperaba.

PEDRO: Es increíble lo bien que se viaja hoy en día.

RAÚL: ¡Lástima que la azafata no entienda bien mi inglés! ¿Te has fijado lo bonita que es?

PEDRO: Lo noté antes de que subiéramos al avión. Estaba parada junto a la puerta de embarque. A propósito, ¿por qué no pruebas tu castellano? No me sorprendería que lo hablara mejor que nosotros. . .

RAÚL: (*A la azafata*) Perdón, señorita, ¿podría decirme cuánto falta para que lleguemos a Houston?

AZAFATA: (*En perfecto castellano*) Unos cuarenta minutos. ¿Desearía comer o tomar algo antes?

RAÚL: No, muchas gracias. Tal vez mi amigo quiera algo.

PEDRO: No, yo tampoco, gracias. Prefiero esperar hasta que lleguemos.

. . . .

PEDRO: ¿Qué hora será?

RAÚL: Casi las doce. Mira, estamos por aterrizar. Acaban de anunciar que hay que abrocharse los cinturones y que no se puede fumar.

PEDRO: Ya se ven las luces de Houston. La vista es fantástica. ¡Qué ciudad tan grande!

RAÚL: Es probable que pasemos allí la época más importante de nuestra vida.

PEDRO: O por lo menos, la más rica en experiencias. . .

. . . .

RAÚL: Creo que ya hemos terminado con todos los trámites de la inmigración. ¿Te devolvieron el pasaporte?

PEDRO: Sí, ya está todo listo. Ahora tenemos que ir a retirar nuestro equipaje. Ese señor que espera detrás de la puerta de vidrio debe ser el doctor Johnson.

RAÚL: Sí, ahora nos está saludando. ¡Qué amable de su parte!

PEDRO: Si hubiera sabido que aquí la aduana era tan benévola, hubiera traído mis cámaras y mi tocadiscos. . .

SITUACIONES CORRIENTES:
En la duana

OFICIAL DE ADUANA: Abra su valija, por favor. ¿Tiene algo que declarar?

PEDRO: No, no tengo más que efectos personales.

OFICIAL DE ADUANA: ¿Trae plantas, o fruta o carne? ¿Bebidas alcohólicas?

PEDRO: Sólo una botella de vino argentino.

OFICIAL DE ADUANA: Tiene que pagar el impuesto a las bebidas alcohólicas. Puede cerrar su valija. Pase por allí, por favor.

Observaciones sobre el vocabulario

Aprovechando. . . Taking advantage of the fact . . .
cambiar de avión to change planes
un par de días = dos días
hoy en día nowadays
puerta de embarque gate (in an airport)
¿Cuánto falta para llegar? How much longer before we arrive?
Estamos por aterrizar. We're about to land.
abrocharse los cinturones to fasten one's seatbelt
¡Qué amable de su parte! How very kind of him!

Notas de interés

Las ruinas de la antigua ciudad maya de Chichén-Itzá están en la parte sur del estado de Yucatán. Fundada aproximadamente en el año 530 de nuestra era fue abandonada por sus habitantes un siglo más tarde. En el año 964 fue habitada nuevamente y sus templos y altares fueron reconstruídos. Chichén-Itzá, junto con Uxmal, Mayapán y otras ciudades satélites fue un centro del renacimiento de la cultura maya.

Después de haber sido la Meca del mundo maya durante casi tres siglos fue nuevamente abandonada en el siglo XV.

Los «cenotes» o pozos de agua alrededor de los cuales se construyó la ciudad eran lugares donde se ofrecían sacrificios humanos a los dioses mayas.

The Use of *más* + Adjective, Adverb or Noun + *de* before a Dependent Clause

El viaje es	**más**	cómodo	**de**	**lo**	**que**	**esperaba.**
Habla	**más**	rápido	**de**	**lo**	**que**	**puedo entender.**
Hace	**más**	frío	**de**	**lo**	**que**	**dicen.**
Gana	**más**	dinero	**de**	**lo**	**que**	**yo creía.**

Más. . . de is also used when the comparison is expressed in two clauses.

Note the English equivalent of the above construction.

> El viaje es más cómodo de lo que esperaba
> *The trip is more comfortable than (what) I expected.*

Combine las oraciones siguientes de acuerdo al modelo.

> El viaje es muy cómodo. (Lo esperaba.)
> El viaje es más cómodo de lo que esperaba.

1. La chica es muy bonita. Lo esperábamos.
2. El alumno habla muy bien. Lo esperabas.
3. El alumno habla muy mal. Lo esperaba.
4. El empleado es muy inteligente. Lo esperaban.
5. La reunión está muy animada. Lo esperaba.
6. Las chicas son muy simpáticas. Lo esperábamos.

The Construction *lo* + Adjective or Adverb + *que*

Compare the two sets of examples:

¡Qué	**bien**	habla castellano!
¡Qué	**cómodo**	se viaja hoy en día!
¡Qué	**mal**	se lee!
¡Qué	**pobre**	es!

Es increíble	**lo**	**bien**	**que**	habla castellano.
Es increíble	**lo**	**cómodo**	**que**	se viaja hoy en día.
Cuesta creer	**lo**	**mal**	**que**	lee
No puede admitir	**lo**	**pobre**	**que**	es.

Note that **lo** replaces **qué** (*how*) in indirect style.

¡Qué bien habla!   *How well he speaks!*

Es increíble lo bien que habla. *It's incredible how well he speaks.*

(a) Cambie las oraciones según el modelo.

Habla castellano muy bien.

¡Qué bien habla castellano!

1. Comprende muy poco.
2. Habla muy mal.
3. Es muy bonita.
4. Son muy inteligentes.
5. Están muy buenas mozas.

(b) Cambie las oraciones según el modelo.

¡Qué bien habla castellano!

Es increíble lo bien que habla castellano.

1. ¡Qué bonita es!
2. ¡Qué grande es!
3. ¡Qué mal escribe!
4. ¡Qué fácil es!
5. ¡Qué simpáticas son!

The Use of the Subjunctive or the Indicative in Exclamations

| ¡**Lástima** | que no | **entienda**
 entiende | el castellano!
 el castellano! |

| ¡**Qué bien** | que | **viniste!**
 hayas venido! |
| ¡**Qué sorpresa** | que | **hablaste!**
 hayás llamado! |

After the exclamation the verb may be in the subjunctive or the indicative.

Cambie las oraciones siguientes según los modelos.

¡Lástima que no entiendes castellano!

¡Lástima que no entiendas castellano!

¡Lástima que no entendiste!

¡Lástima que no hayas entendido!

1. ¡Qué bien que llamaste!
2. ¡Qué sorpresa que escribieron!
3. ¡Lástima que no fuiste!
4. ¡Qué bien que no entendiste!
5. ¡Lástima que no vinieron!
6. ¡Qué bien que lo hiciste!

Conjunctions that Require the Subjunctive

Besides **para que, cuando** and **siempre que** the following conjunctions may also require the subjunctive:

Lo noté	**antes de que**	subiéramos al avión.
Espero	**hasta que**	lleguemos.
Lo traje	**sin que**	se dieran cuenta.

Conteste a las preguntas según el modelo.

> ¿Lo notaste antes de subir?
> Sí, lo noté antes de que subiéramos.

1. ¿Lo notaste antes de ir?
2. ¿Lo notaste antes de decir nada?
3. ¿Lo notaste antes de estar enfermos?
4. ¿Lo notaste antes de hacer el trabajo?
5. ¿Lo notaste antes de jugar al tenis?
6. ¿Lo notaste antes de salir?

The Use of the Past Participle to Indicate Postures

La azafata	estaba	parada	junto a la puerta.
Juan	está	sentado	detrás de ti.
Ahora	están	acostados.	

Spanish uses the past participle to indicate that a person is in a given posture. English normally uses the -ING form with the same meaning.

> Juan está sentado.   *John is sitting.*

Conteste a las preguntas según el modelo.

¿Dónde está María?
Está parada junto a la puerta.

1. ¿Dónde están las chicas?
2. ¿Dónde está David?
3. ¿Dónde están mis hermanos?
4. ¿Dónde está Teresa?
5. ¿Dónde están las empleadas?

 The Use of the Subjunctive or Indicative with *tal vez*

Tal vez	mi amigo	quiere algo. quiera algo.
Tal vez	Marta	puede ir. pueda ir.
Tal vez		hay alguien. haya alguien.

When **tal vez** (or its synonym **quizás**) is placed before the verb, it may be followed by the subjunctive or the indicative. The subjunctive is used to denote greater uncertainty.

Tal vez (or **quizás**) may also be placed after the verb in which case the indicative is always used.

| Viene | mañana, | tal vez. |

Cambie las oraciones según el modelo.

Hay alguien, tal vez.
Tal vez haya alguien.

1. Pueden ir, tal vez.
2. Saben lo que pasa, tal vez.
3. Son argentinos, tal vez.
4. Vienen de Nueva York, tal vez.
5. Conocen a tu familia, tal vez.
6. Van en el mismo avión, tal vez.

The Use of Subject Pronouns with *también* and *tampoco*

Juan quiere ir.

| Yo |
| Tú |
| Él |
| Ella |
| Usted |
| Nosotros |
| Ellas |
| Ellos |
| Ustedes |

también.

Juan no quiere ir.

tampoco.

A sentence of the type **Yo también** is equivalent to the English "Me, too" or "So do I."

A sentence of the type **Yo tampoco** is equivalent to the English "Me, either" or "Neither do I."

By placing **ni** before the subject pronoun the meaning of **tampoco** is made more emphatic.

Ni yo tampoco.

Cambie las oraciones según los modelos.

> Juan y yo queremos ir.
> Juan quiere ir y yo también.
>
> Ni Juan ni yo queremos ir.
> Juan no quiere ir y yo tampoco.

1. María y yo estudiamos castellano.
2. Ni Pedro ni yo viajamos en septiembre.
3. Ni Ernesto ni yo comemos en ese restaurante.
4. Raúl y yo manejamos muy bien.
5. Mónica y yo pensamos ir.

 The Use of the Future to Express Probability

| Serán |
| Tendrá |
| Estarán |
| Pensarán |

las doce.
unos cuarenta años
en Madrid ahora.
que no venimos.

The future tense is often used in Spanish to express probability. English normally uses "must" or "probably" with a similar meaning:

Serán las doce. *It must be twelve o'clock.*
It is probably twelve o'clock.

Cambie las oraciones según el modelo.

Es probablemente la una.
Será la una.

1. Tiene probablemente veinte años.
2. Está probablemente en Tucumán.
3. Estudia probablemente diez horas por día.
4. Son probablemente las once.
5. Cuesta probablemente diez dólares.
6. Gasta probablemente veinte dólares por día.

 The Use of *tener* (*haber*) + Noun or Pronoun + *que* + Infinitive

¿Tiene	algo	que	declarar?
Hay	deudas	que	pagar.
Tenemos	cosas	que	pagar.
Tengo	mucho	que	hacer.

The equivalent English construction also has a noun or pronoun after the verb.

Hay deudas que pagar. *There are debts to pay.*

Formule las preguntas que correspondan a las respuestas.

EJEMPLO: No, no tengo nada que declarar.
¿Tiene algo que declarar?

1. No, no hay muchas deudas que pagar.
2. No, no tenemos muchas cosas que pagar.
3. No, no tengo mucho que pagar.
4. No, no tengo mucho que escribir.
5. No, no hay nada que comer.

The Construction *no . . . más que*

No	tengo	**más**	**que**	efectos personales.
No	hay	**más**	**que**	dos coches.
No	tiene	**más**	**que**	tres hermanos.
No	como	**más**	**que**	carne.

No. . . más que corresponds to the English "only." Note that in this construction **que** is used before a numeral.

Cambie las oraciones según el modelo.

> Tengo solamente efectos personales.
> No tengo más que efectos personales.

1. Hay solamente dos alumnos.
2. Tengo solamente un hermano.
3. Conozco solamente a tres profesores.
4. Sigo solamente dos cursos.
5. Estudio solamente dos horas.
6. Recibo solamente cien dólares.

 The Conditional Perfect

The conditional perfect is used in the *result clause* of a contrary-to-fact statement referring to a past situation.

The verb in the **si**-clause is in the past perfect subjunctive.

Si	**hubiera**	**tenido**	dinero,	**habría**	**viajado.**
Si	**hubieras**	**tenido**	dinero,	**habrías**	**pagado.**
Si	**hubiéramos**	**tenido**	dinero,	**habríamos**	**ido.**
Si	**hubieran**	**tenido**	dinero,	**habrían**	**salido.**

In most of Latin America, the tendency in the spoken language is to use the past perfect subjunctive both in the result clause and the **si**-clause.

Si	**hubiera**	tenido dinero,	**hubiera**	viajado.

If I had had the money, I would have traveled.

(a) Cambie las oraciones según el modelo.

    Si tuviera dinero, viajaría.
    Si hubiera tenido dinero, habría viajado.

1. Si fuera rico, iría.
2. Si estuviera bien, viajaría.
3. Si comprara la casa, la arreglaría.
4. Si vendiera el coche, compraría otro nuevo.
5. Si llegara temprano, la llamaría.
6. Si viniera mi madre, podría ir.

(b) Cambie las oraciones del ejercicio anterior según el modelo.

    Si tuviera dinero, viajaría.
    Si hubiera tenido dinero, hubiera viajado.

(c) Formule preguntas sobre las oraciones del ejercicio (a) de acuerdo al modelo.

    Si tuviera dinero, viajaría.
    ¿Qué hubiera hecho si hubiera tenido dinero?

EJERCICIO DE RECAPITULACIÓN

Conteste a las preguntas siguientes:

1. ¿Es el castellano más fácil de lo que usted esperaba?
2. ¿Se divierte en esta clase más de lo que esperaba?
3. ¿Hace más frío de lo que usted esperaba en esta ciudad?
4. ¿Qué dice usted cuando un extranjero habla muy bien inglés?
5. ¿Qué dice usted cuando se encuentra con un amigo que hacía tiempo que no veía?
6. ¿Qué dice usted cuando se le rompe algo?
7. ¿Está usted sentado junto a la puerta?
8. ¿Le gusta estar parado mientras lee?
9. ¿Cree usted que tal vez su familia venga a visitarlo este fin de semana?
10. ¿Qué hora será ahora?
11. ¿Dónde estarán sus padres ahora?
12. ¿Tiene usted mucho que hacer esta tarde?

13. ¿Tiene usted mucho que pagar?
14. ¿Qué hubiera hecho usted si hubiera sabido que esta universidad era tan difícil?
15. ¿Adónde hubiera ido el verano pasado si hubiera tenido suficiente dinero?

PREGUNTAS SOBRE EL TEMA DIECISEIS

1. ¿Qué tenían que hacer Raúl y Pedro en Méjico?
2. ¿Cuánto tiempo se quedaron en Méjico?
3. ¿Para qué?
4. ¿Dónde estuvieron?
5. ¿Qué admiraron en Teotihuacán?
6. ¿Cuánto tiempo espera pasar en Méjico Pedro al volver de los Estados Unidos?
7. ¿Adónde le hubiera gustado ir a Raúl?
8. ¿Qué le hubiera gustado visitar a Raúl?
9. ¿Qué se dice de las ruinas de Chichén-Itzá y Uxmal?
10. ¿Qué piensa Raúl del viaje en avión?
11. ¿Qué lamenta Raúl?
12. ¿Por qué?
13. ¿Qué notó Pedro antes de que subieran al avión?
14. ¿En qué idioma le habló Raúl a la azafata al principio?
15. ¿En qué idioma le habla después?
16. ¿Qué le pregunta Raúl a la azafata?
17. ¿Qué le contesta la azafata?
18. ¿Desea Raúl comer o tomar algo? ¿Y Pedro?
19. ¿Por qué?
20. ¿A qué hora van a aterrizar?
21. ¿Qué anuncian cuando están por aterrizar?
22. ¿Cómo saben Pedro y Raúl que están por aterrizar?
23. ¿Qué piensa Pedro de lo que se ve desde el avión?
24. ¿Por que piensa Raúl que es probable que pasen en Houston la época más importante de su vida?
25. ¿Sabe usted cuáles son los trámites de la inmigración cuando un extranjero viene a este país?
26. ¿Qué hicieron Raúl y Pedro cuando terminaron los trámites de la inmigración?
27. ¿Dónde los esperaba el doctor Johnson?
28. ¿Cómo supieron que era él?

29. ¿Qué hubiera hecho Pedro si hubiera sabido que la aduana en los Estados Unidos era tan benévola?

PREGUNTAS GENERALES

1. ¿Aprovecha usted todas las oportunidades que tiene para practicar su español?
2. ¿Espera usted quedarse aquí durante el verano?
3. ¿Le hubiera gustado haber ido a Nueva Orleans durante las vacaciones de Navidad? ¿Por qué?
4. ¿Qué lugares de este país le gustaría visitar? ¿Por qué?
5. ¿Piensa usted que el español es más fácil de lo que esperaba?
6. ¿Cree usted que el español es más difícil de lo que esperaba?
7. ¿Se ha fijado usted que ahora habla español sin mucha dificultad?
8. ¿Cuánto falta para que terminen las clases?
9. ¿Cuánto falta para que comiencen los exámenes finales?
10. ¿Cuánto falta para que termine esta hora de clase?
11. ¿Qué hora será?
12. ¿Se puede fumar en clase?
13. ¿Cree usted que los alumnos deben poder fumar en clase?
14. ¿Por qué?
15. ¿Está por terminar esta hora de clase?
16. ¿Cree usted que está pasando ahora la época más importante de su vida? ¿Dónde la pasó?
17. ¿Le devolví yo su último examen? ¿Cuándo fue su último examen de español?
18. ¿Cree usted que la mayoría de sus profesores aquí son muy benévolos? ¿Por qué?
19. ¿Hubiera usted estudiado español en el colegio secundario si hubiera sabido que era tan fácil?

Formule las preguntas que correspondan a estas respuestas.

1. Sí, me he fijado.
2. Antes de que subiéramos al avión.
3. Una media hora.
4. Unas cuatro semanas.
5. No, gracias. Prefiero esperar hasta que lleguemos.
6. Porque acaban de anunciar que hay que abrocharse los cinturones.
7. No, todavía no.
8. ¡Qué amable de su parte!

¿ Qué dice usted en las circunstancias siguientes?

1. Cuando no tiene nada que declarar en la aduana.
2. Cuando quiere saber si tiene que pagar impuestos porque ha traído bebidas alcohólicas al país.
3. Cuando alguien ha sido muy amable con usted.
4. Cuando ve una chica (un muchacho) que es muy guapa (guapo).

INFORME ORAL

Diga todo lo que sepa del viaje de Raúl y Pedro a Méjico.

Iguassú Falls on the border between Brazil and Argentina.

Hablando de cuestiones lingüísticas

DR. JOHNSON: No hace mucho conocí a otros dos argentinos que estudian en Rice. Tal vez ustedes ya hayan oído hablar de ellos.

RAÚL: ¡Sí, cómo no! Tenemos varios amigos comunes. Quise hablar con ellos por teléfono ayer pero no había nadie en la casa.

DR. JOHNSON: Es que muchos estudiantes todavía no han vuelto de sus vacaciones.

PEDRO: Doctor Johnson, usted habla castellano tan bien o mejor que un nativo. ¿Es usted tejano?

DR. JOHNSON: Sí, lo soy, pero no es extraño que sepa hablar castellano. Lo aprendí a hablar de niño cuando vivía con mis padres en Cuba. Dejé de practicarlo hace tanto tiempo que cada vez que trato de hablarlo me cuesta expresarme con soltura.

RAÚL: Yo francamente no conozco a ningún extranjero que lo hable tan bien como usted.

DR. JOHNSON: A propósito, ya que hablamos de cuestiones lingüísticas, ¿podrían explicarme el significado de palabras como «macanudo», «fenómeno» y «churrasco»? Ustedes los argentinos las usan muy a menudo.

PEDRO: «Macanudo» y «fenómeno» quieren decir más o menos lo mismo, es decir, «muy bueno», «de primera calidad». En cuanto a «churrasco», es el término popular para «bife» o «biftec». En realidad, es lo que más echamos de menos hasta ahora.

RAÚL: Aunque aquí los hay muy buenos, por el momento no están a nuestro alcance. . .

DR. JOHNSON: Se habla mucho del uso del «vos» y el «che» en la Argentina. ¿Cuál es la diferencia entre «vos» y «tú», por ejemplo?

PEDRO: El «vos» se usa en vez de «tú» en gran parte de Argentina y Uruguay. También se lo usa en otros países de habla española, según tengo entendido. «Che» se usa en la Argentina para llamar la atención de alguien, como cuando en inglés se dice «Say, Peter. . .»

RAÚL: Como los argentinos lo usamos bastante a menudo en algunos países de Sudamérica nos llaman los «che».

DR. JOHNSON: Como han visto, no soy muy listo en estas cosas. . . Bueno, si no están demasiado cansados para salir, querría invitarlos a comer unos «churrascos» tejanos.

RAÚL: Su invitación nos llega al corazón. ¡La aceptamos con todo gusto!

SITUACIONES CORRIENTES:
Una llamada de larga distancia

RAÚL: Desearía hacer una llamada de larga distancia a Buenos Aires, Argentina.

TELEFONISTA: ¿Con qué número quiere hablar en Buenos Aires?

RAÚL: 31-0587. ¿Debo esperar mucho?

TELEFONISTA: No, señor, unos diez minutos. ¿Cuál es su número?

RAÚL: 667-4973.

TELEFONISTA: Cuelgue y lo volveré a llamar.

RAÚL: Por favor, hágame saber cuando hayan pasado los tres minutos.

Observaciones sobre el vocabulario

¡Sí, cómo no! = **¡Sí, por supuesto!**

oír hablar de alguien to hear about

Es que: *Muchas veces cuando se quiere explicar algo se comienza la frase con* **Es que.** *No hay equivalente en inglés.*

de niño = **cuando era niño**

dejar de to stop doing something

> **Dejé de practicarlo.**
> **Dejamos de visitarlos.**

con soltura fluently

> **Habla inglés con soltura.**
> **Se expresa con soltura.**

ya que since, as

Está a nuestro alcance. It's within our reach.

en vez de instead of

colgar (o-ue) to hang, to hang up

Notas de interés

Al utilizar el antiguo pronombre «vos» las formas verbales son acentuadas en la terminación:

(Tú hablas)	Vos hablás.
(Tú comes)	Vos comés.
(Tú vives)	Vos vivís.

En el imperativo se cambia también la acentuación. Obsérvese que es posible identificar los tres tipos de verbos:

(¡Habla!)	¡Hablá!
(¡Come!)	¡Comé!
(¡Escribe!)	¡Escribí!

En la forma negativa del imperativo no hay diferencia. En el pretérito, imperfecto del indicativo, subjuntivo, etc. no hay ninguna diferencia tampoco.

Nótese que en vez de «tú eres» en los países en los que se usa el «vos» se dice «vos sos».

Las formas verbales que correspondan a «vos» no cambian de raíz:

(Tú tienes)	Vos tenés
(Tú dices)	Vos decís
(Tú piensas)	Vos pensás
(Tú duermes)	Vos dormís

Special Meaning of Certain Verbs When Used in the *Pretérito*

Compare the examples in the two columns:

Ayer **conocí** (*I met*) a tu hermano.	**Conocía** (*I knew*) a tu hermano desde que éramos niños.
Ayer **supe** (*I learned*) lo que pasaba.	Ayer **sabía** (*I knew*) lo que pasaba.
Quise (*I tried*) hablar con ellos pero no pude.	**Quería** (*I wanted*) hablar con ellos pero no pude.

A few verbs such as **querer, saber,** and **conocer** may have a different meaning when used in the preterit.

Traduzca las oraciones siguientes de acuerdo a los modelos.

Yesterday I met your uncle.
Ayer conocí a tu tío.

I knew your uncle.
Conocía a su tío.

1. I tried to buy the house.
2. I wanted to buy the house.
3. I met María in Madrid.
4. I knew the truth.
5. I learned the truth.
6. I knew her brother.

The Use of *lo* Replacing the Predicate

¿Es usted	**tejano?**	Sí,	**lo**	soy.
¿Está usted	**cansado?**	Sí,	**lo**	estoy.
¿Es María	**de Lima?**	Sí,	**lo**	es.
¿Están ustedes	**cansados?**	Sí,	**lo**	estamos.

Lo normally appears with **ser** or **estar** in answers as a replacement for the predicate of the question.

Conteste a las preguntas de acuerdo al modelo.

¿Es usted tejano?
Sí, lo soy.

1. ¿Es usted soltero?
2. ¿Es usted norteamericano?
3. ¿Son ustedes argentinos?
4. ¿Está usted muy cansado?
5. ¿Están ustedes contentos?
6. ¿Son ustedes españoles?

 Infinitives after Another Verb (I)

Teresa	**sabe**	**hablar**	francés.
Teresa	**puede**	**ir**	mañana.
Teresa	**quiere**	**salir**	el lunes.
Teresa	**debe**	**venir**	el domingo.
Teresa	**prefiere**	**ir**	ahora.
Teresa	**espera**	**decir**	la verdad.
Teresa	**piensa**	**ir**	hoy.
Teresa	**desea**	**volver**	el sábado.

The verbs given in the foregoing examples are followed by a dependent infinitive.

Cambie las oraciones según el modelo.

Teresa habla francés. (saber)
Teresa sabe hablar francés.

1. Raúl va mañana. (poder)
2. Nosotros salimos el jueves. (querer)
3. Yo voy el lunes. (pensar)
4. Ustedes dicen la verdad. (esperar)
5. Tú sales ahora. (preferir)
6. Usted viene el lunes. (deber)
7. Yo vuelvo el sábado. (desear)

Infinitives after Another Verb (II)

El señor Johnson	**aprendió**	**a**	**hablar**	castellano.
Pedro	**empezó**	**a**	**hablar**	inglés
Ralph se	**acostumbró**	**a**	**tomar**	té
Mary me	**enseñó**	**a**	**hablar**	inglés.

Some Spanish verbs require the preposition **a** before a dependent infinitive. A few verbs require a direct object whose action is expressed by **a** + INFINITIVE:

| Pedro | **ayuda** | **a Raúl** | **a** | **traducir una carta.** |
| Ricardo | **invita** | **a José** | **a** | **ir a la estancia.** |

Cambie la oraciones según el modelo.

> Pedro habla ingles. (aprender)
> Pedro aprende a hablar inglés.

1. Mónica habla francés. (empezar)
2. Mamá me habla inglés. (enseñar)
3. Nosotros trabajamos aquí. (empezar)
4. Tú esquías en Bariloche. (aprender)
5. Yo tomo el té. (acostumbrarse)
6. Ustedes andan a caballo. (enseñar)

 Infinitives after Another Verb (III)

Mi hermana se	**acordó**	**de**	**escribirme.**	
Cada vez que	**trato**	**de**	**hablar,**	sale.
Raúl se	**olvidó**	**de**	**llamar.**	
	Acabo	**de**	**salir**	de casa.
Marta	**dejó**	**de**	**ir.**	
Pedro	**terminó**	**de**	**escribir.**	

The verbs given in the foregoing examples require the preposition **de** before a dependent infinitive.

Formule preguntas según el modelo.

> Pancho habló con Teresa. (tratar)
> ¿Trató Pancho de hablar con Teresa?

1. Nosotros escribimos al director. (terminar)
2. Tú llamaste a mi amigo. (olvidarse)
3. Ustedes trajeron el coche. (acordarse)
4. Yo fui al teatro. (dejar)
5. Ellos estudiaron el poema. (olvidarse)
6. Usted terminó el examen. (acordarse)

 The Use of the Subjunctive in the Relative Clause

No conozco	a ningún extranjero	que	hable español.
No hay	nadie	que	sepa la verdad.
No encontró	nada	que	le gustara.
No hay	alumnos	que	estudien bien.

Busco	a alguien	que	pueda ir.
Necesito	un empleado	que	sepa francés.
¿Hay	alguien	que	conozca esto?
¿Tiene usted	algo	que	sea barato?

The subjunctive is used in an adjective clause that modifies an antecedent whose existence is either negated or in doubt.

(a) Cambie las oraciones según el modelo.

Conozco un alumno que habla ruso.
No conozco ningún alumno que hable ruso.

1. Conocen una chica que vive en Madrid.
2. Hay una persona que sabe la verdad.
3. Hay un tren que tarda diez horas.
4. Hay un ómnibus que sale a las cinco.
5. Conocen algunos empleados que dicen lo que piensan.
6. Hay un profesor que es extranjero.

(b) Repita el ejercicio anterior cambiando las oraciones según este modelo.

Conocen un alumno que habla ruso.
¿Conocen un alumno que hable ruso?

181.

The Use of *qué* and *cuál* as Interrogative Pronouns and Adjectives Equivalent to " what "

¿Cuál	es	la diferencia?
¿Cuál	es	su nombre?
¿Cuál	es	su dirección?
¿Cuáles	son	tus problemas?

The interrogative pronoun **cuál** (**cuáles**) is used when the speaker is asking to have a thing or a person identified or selected.

¿Qué	es	un «churrasco»?
¿Qué	es	una confitería?
¿Qué	es	la filosofía?

The interrogative pronoun **qué** is used when the speaker is asking for a description or definition of something.

¿Qué ¿Cuál	libro	prefieres?	¿Qué ¿Cuáles	cursos	prefieres?

Although theoretically the interrogative adjective **cuál** implies selection from a group known to both the speaker and the listener, in practice **qué** is used in most cases.

(a) Formule preguntas según el modelo.

> Su nombre es Mónica.
> ¿Cuál es su nombre?

1. Su dirección es calle siete número cien.
2. Su profesora es esa señora rubia.
3. Sus hijos son esos niños rubios.
4. Su coche es el celeste.
5. Sus camisas son las amarillas.

(b) Formule preguntas según el modelo.

> La física es una ciencia.
> ¿Qué es la física?

1. El esperanto es un idioma.
2. Un churrasco es un bistec.

3. El subjuntivo es un tiempo de verbo.

4. San Telmo es un barrio de Buenos Aires.

5. Quito es la capital de Ecuador.

(c) Formule preguntas según el modelo.

> Me gustan las películas de terror.
> ¿Qué películas te gustan?
> ¿Cuáles películas te gustan?

1. Prefiero la música clásica.

2. Me gusta el teatro moderno.

3. Me gustan los coches sport.

4. Compré libros de arquitectura.

5. Compré el saco marrón.

Adjectives That Change Meaning Depending on Whether They Are Used with *ser* or *estar*

Raúl	está	listo	(*ready, done*)
Raúl	es	listo	(*smart*)
El hombre	está	loco.	(*crazy*)
El hombre	es	loco.	(*insane*)
Juan	está	enfermo.	(*ill*)
Juan	es	enfermo.	(*sickly, a sick person*)
Luisa	está	aburrida.	(*bored*)
Luisa	es	aburrida.	(*boring*)

Some adjectives have a different meaning depending on whether they are preceded by **ser** or **estar**. The above adjectives are a few of the most commonly used ones.

Traduzca las oraciones siguientes de acuerdo al modelo.

> Pedro is very smart.
> Pedro es muy listo.

1. The teacher is ill.

2. This class is boring.

3. The students are bored.

4. María is ready.

5. That man is crazy.

6. That man is insane.

7. The boy is done.

The Use of *lo, los, la, las* to Recall a Noun Previously Mentioned

¿Biftecs?	Aquí los hay muy buenos.
¿Chicas?	Aquí las hay muy bonitas.
¿Dinero?	Aquí lo hay en abundancia.
¿Ropa?	Aquí la hay muy buena.

English normally uses "some . . . (ones)" as the equivalent of **lo, los, la,** and **las** to recall a noun previously mentioned.

Haga oraciones según el modelo.

¿Bifes? (buenos)
Aquí los hay muy buenos.

1. ¿Chicas? (bonitas)
2. ¿Películas? (excelentes)
3. ¿Ropa? (magnífica)
4. ¿Alumnos? (de primera)
5. ¿Oportunidades? (excelentes)

The Use of the Infinitive after *demasiado . . . para*

Están	**demasiado**	cansados	**para**	**salir.**
Están	**demasiado**	aburridos	**para**	**bailar.**
Son	**demasiado**	grandes	**para**	**saltar.**
Son	**demasiado**	listos	**para**	**creer en eso.**

Note the use of **para** in the above construction. Compare it with the corresponding English equivalent:

Están demasiado cansados para salir.   *They are too tired to leave.*

Cambie las oraciones según el modelo.

Están muy cansados y no quieren salir.
Están demasiado cansados para salir.

1. Estoy muy aburrido y no quiero ir.
2. Está muy triste y no quiere salir.
3. Estoy muy alegre y no quiero acostarme.
4. Es muy joven y no puede entender.
5. Son muy viejos y no pueden entender.
6. Eres muy joven y no puedes manejar.

EJERCICIO DE RECAPITULACIÓN

Conteste a las preguntas siguientes:

1. ¿Supo usted lo que pasó ayer aquí?
2. ¿Conoció usted a mi familia el año pasado?
3. ¿Quiso usted hablar conmigo ayer?
4. ¿Es usted norteamericano?
5. ¿Cuándo empezó usted a estudiar español?
6. ¿Quién le enseño a manejar?
7. ¿Se olvidó de preparar sus lecciones para hoy?
8. ¿Debe usted trabajar este fin de semana?
9. ¿Hay algún alumno que hable alemán en esta clase?
10. ¿Cuál es su dirección?
11. ¿Qué es una confitería?
12. ¿Qué películas prefiere, las románticas o las de terror?
13. ¿Cree usted que esta clase es muy aburrida? ¿Por qué?
14. ¿Cuál es la diferencia entre estar enfermo y ser enfermo?
15. ¿Está usted demasiado cansado para ir a nadar ahora?
16. ¿Cree usted que en esta ciudad hay muy buenos teatros?
17. ¿Hay confiterías en esta ciudad?
18. ¿Está usted demasiado cansado para escribir un examen ahora?

PREGUNTAS SOBRE EL TEMA DIECISIETE

1. ¿A quiénes conoció no hace mucho el doctor Johnson?
2. ¿Dónde estudian Carlos y Jorge?
3. ¿Han oído hablar de ellos Pedro y Raúl?
4. ¿Por qué?
5. ¿Quién quiso hablar con ellos hace poco?
6. ¿Por qué no pudo hablar con ellos?
7. ¿Por qué no han vuelto de sus vacaciones muchos estudiantes?
8. ¿Cómo habla castellano el doctor Johnson?
9. ¿Es tejano el doctor Johnson?
10. ¿Por qué no es extraño que el doctor Johnson sepa hablar castellano?
11. ¿Donde vivía, de niño el doctor Johnson?
12. ¿Cuándo dejó de practicar el español el doctor Johnson?
13. ¿Por qué le cuesta al doctor Johnson expresarse con soltura?
14. ¿Conoce Raúl a algún extranjero que hable español tan bien como el doctor Johnson?
15. ¿Qué palabras ha notado el doctor Johnson que los argentinos usan muy a menudo?

16. ¿Qué quieren decir «fenómeno» y «macanudo»?
17. ¿Qué quiere decir «churrasco»?
18. ¿Qué es lo que más echan de menos hasta ese momento Pedro y Raúl?
19. ¿Por qué no comen churrascos Pedro y Raúl?
20. ¿Que quiere decir «vos»?
21. ¿En qué países se lo usa?
22. ¿Qué quiere decir «che»?
23. ¿Dónde se usa principalmente la palabra «che»?
24. ¿Cómo llaman a los argentinos en algunos países de habla española?
25. ¿A qué invita el doctor Johnson a Pedro y Raúl?
26. ¿Están los muchachos demasiados cansados para salir?
27. ¿Aceptan la invitación?
28. ¿Por qué?

PREGUNTAS GENERALES

1. ¿Cuándo me conoció usted?
2. ¿Había oído hablar de mí antes de conocerme? ¿Bien o mal?
3. ¿Tiene usted amigos comunes con algunos de sus compañeros de clase?
4. ¿Quiso usted hablar por teléfono con sus padres ayer?
5. ¿Cuando vuelven los estudiantes de sus vacaciones de verano?
6. ¿Hay vacaciones de invierno en esta universidad?
7. ¿Habla usted inglés como un nativo? ¿Es usted norteamericano?
8. ¿Por qué no es extraño que usted hable inglés tan bien?
9. ¿Cuándo aprendió a hablar inglés?
10. ¿Dónde aprendió a hablar inglés?
11. ¿Dejó de hablar inglés alguna vez? ¿Cuándo?
12. ¿Le cuesta expresarse con soltura en español?
13. ¿Qué palabras típicamente argentinas conoce?
14. ¿Sabe cómo se dice que algo es muy bueno en la Argentina?
15. ¿Cuál es el término popular para «bife» o «biftec»?
16. ¿Come usted todos los días en un restaurante? ¿Por qué?
17. ¿Qué es lo que más echa de menos esta ciudad? ¿Por qué?
18. ¿Es usted muy listo en cuestiones lingüísticas?
19. ¿Qué alumno de esta clase es muy listo para aprender idiomas?
20. ¿Está usted siempre demasiado cansado para salir los sábados?

Formule las preguntas que correspondan a estas respuestas:

1. ¡Sí, cómo no!
2. Sí, lo soy.
3. De niño.

4. Acepto con todo gusto.
5. Los churrascos.
6. ¡Macanudo!
7. Sí, lo hablo con soltura.

¿ Qué dice usted en las circunstancias siguientes?

1. Cuando quiere hacer una llamada de larga distancia.
2. Cuando quiere que le hagan saber cuando hayan pasado los tres minutos.
3. Cuando quiere que la telefonista vuelva a insistir en la llamada.
4. Cuando quiere saber cuanto cuesta una llamada.

INFORME ORAL

Diga lo que sepa del doctor Johnson.

Toluca public market near
Mexico City.

University of Mexico.

La vida diaria en Houston

Pedro y Raúl viven en dos residencias distintas de la universidad. Comparten el cuarto con estudiantes norteamericanos. Esto les ha permitido mejorar rápidamente su dominio del inglés. Al mismo tiempo se han hecho amigos de varios estudiantes graduados que viven fuera de la ciudad universitaria.

RAÚL: ¡Hola! ¿Pedro? Por fin te encuentro. Te llamé varias veces durante la semana sin ninguna suerte.

PEDRO: Pasé gran parte del tiempo en la biblioteca preparando una monografía y estudiando para el examen de alemán. A propósito, ¿piensas darlo este semestre?

RAÚL: No, el alemán no fue nunca mi fuerte. Lo dejaré para más adelante. ¿Quieres venir conmigo al centro?

PEDRO: Sí, justamente estoy sin coche. Anoche se me pinchó una «cubierta» y no he tenido tiempo de cambiar la rueda.

. . . .

PEDRO: ¡Dios mío, qué aguacero! Nunca he visto caer tanta agua. . .

RAÚL: . . . y yo que hubiera querido hacer lavar el coche.

PEDRO: De todos modos, con esta lluvia se va a lavar solo. Mira, creo que deberías cargar nafta. El tanque está casi vacío.

RAÚL: Sí, pero voy a esperar hasta que lleguemos cerca de la universidad. Las estaciones de servicio están haciendo una guerra de precios. A partir de ayer la nafta está a veintiocho centavos el galón.

PEDRO: Quiero pedirte otro favor. Necesito ir a la tintorería y al banco. ¿Me podrías llevar?

RAÚL: ¡Sí, cómo no!

. . . .

RAÚL: ¿Qué te parece si vamos a almorzar? Aquí cerca hay un lugar donde sirven pollo frito al estilo sureño y una tarta de nueces fabulosa . . .

PEDRO: El hígado me ha dado algunos problemas últimamente, pero, pase lo que pase, voy a probar el pollo frito.

RAÚL: A pesar de lo que nos habían dicho en Buenos Aires, los precios aquí son bastante razonables. En ese lugar del cual te hablé se puede comer muy bien por uno cincuenta. Una cosa que me llamó la atención es que aquí no hay obligación de dejar propina, como en nuestro país, a menos que uno esté conforme con el servicio.

SITUACIONES CORRIENTES:
En el banco

PEDRO: Buenos días. Desearía abrir una cuenta corriente.

EMPLEADO: Muy bien, señor, tome asiento. Enseguida vendrá el empleado que se ocupa de eso.

EMPLEADO 2°: Por aquí, por favor.

PEDRO: Quisiera abrir una cuenta corriente. Aquí tengo un giro por quinientos dólares.

EMPLEADO 2°: Muy bien. ¿Podría llenar estas fichas y firmarlas?

PEDRO: ¿Cuándo podré empezar a hacer cheques?

EMPLEADO 2°: Hoy mismo, si lo desea. Le voy a dar una docena de cheques hasta que estén listos los cheques con su nombre y dirección.

PEDRO: Gracias. Veo que acaban de cerrar el banco. ¿Hay alguna salida especial?

EMPLEADO 2°: Sí. A su derecha, pasando el ascensor.

Observaciones sobre el vocabulario

hacerse amigos de to become friends of

una monografía a term paper

dar un examen to give or to take an exam, depending on who is speaking

más adelante later on, further up

caer (yo caigo, tú caes, etc.) to fall

Se va a lavar solo. It's going to wash itself.

cargar nafta to get some gas (*also:* **ponerle gasolina al coche**)

a partir de starting

pollo frito al estilo sureño Southern-style fried chicken

a menos que unless (*Note que después de* **a menos que** *hay que usar el subjuntivo:* **A menos que vaya...**)

una cuenta corriente a checking account

Tome asiento. Have a seat.

ocuparse de algo to take care of something

Por aquí, por favor. Come this way, please.

a su derecha on your right

a su izquierda on your left

pasando el ascensor beyond the elevator

Notas de interés

En todos los hoteles y restaurantes de Argentina se cobra «laudo» o sea un porcentaje fijo de aproximadamente 20% que en teoría reemplaza a la propina. Los mozos en los restaurantes esperan una propina a pesar de todo...

En la Argentina, como en la mayoría de los países latinoamericanos, no es posible pagar con cheque en cualquier negocio, aunque uno tenga identificación. Los cheques se reservan más bien para las operaciones comerciales o para los pagos grandes.

185. The Use of the Definite Article before a Noun Used in a General Sense

Me gusta	**el**	café.
	El	café es estimulante.
	La	filosofía es difícil.
	El	hombre es mortal.
	El	alemán es muy difícil.
	El	tiempo es oro.
A	**los**	argentinos les gusta el té.

Spanish uses the definite article before a noun when the idea of *totality* is implied.

Traduzca las oraciones siguientes según el modelo.

> I like coffee.
> Me gusta el café.

1. Spanish is an easy language.
2. We prefer German.
3. Spanish architecture is very interesting.
4. French wine is well known.
5. Money is not important.
6. Literature is studied here.

186. The Use of *se* + Indirect Object Pronoun to Indicate Unplanned Occurrences

Se	**me**	pinchó una cubierta.
Se	**te**	abrió la puerta.
Se	**le**	perdió la rueda.
Se	**nos**	pincharon dos cubiertas.

To express that something happened without anybody's intervention, Spanish uses **se** + INDIRECT OBJECT PRONOUN. Compare the following examples:

Se me cerró la puerta   *The door got closed on me.*
Se nos perdió la cubierta   *The tire got lost on us.*

(a) Cambie las oraciones siguientes según el modelo.

> Perdí el libro.
> Se me perdió el libro.

1. Perdimos el libro.
2. Perdimos los libros.
3. Perdiste el libro.
4. Perdió los libros.
5. Perdieron el libro.
6. Perdieron los libros.

(b) Cambie las oraciones según la clave.

> EJEMPLO: Se me pinchó una cubierta. (a Pedro)
>   Se le pinchó una cubierta.

1. a nosotros
2. a ti
3. a ellos
4. a usted
5. a ustedes
6. a mí

 ### The Use of *el* and *un* with Feminine Nouns

el	agua
un	aula
el	arte
un	hambre

las	aguas
las	aulas
las	artes
las	hambres

el	agua	buena
un	hambre	canina

la	buena	agua
una	linda	aula

Feminine nouns beginning with stressed **a-** or **ha-** are always preceded by **el** or **un** in the singular.

Cambie las oraciones siguientes al singular.

> EJEMPLO: Me interesan las artes.
>   Me interesa el arte.

1. Las aguas cubrieron la ciudad.
2. Las aulas son bastante cómodas.
3. Las aguas empezaron a bajar.
4. Las artes mejoraron durante su gobierno.
5. Las hambres que pasamos son increíbles.

188. The Causative Construction: *hacer* + infinitive

Pedro	lava	el coche.
Raúl	cambia	la rueda.
María	prepara	el flan.
Ana	hace	ropa.

Pedro	hace	lavar	el coche.
Raúl	hace	cambiar	la rueda.
María	hace	preparar	el flan.
Ana	hace	hacer	ropa.

The causative construction implies that the subject does *not* perform the action himself; rather he has someone else do something or has something done by someone.

(a) Cambie las oraciones según el modelo.

> Pedro lava el coche.
> Pedro hace lavar el coche.

1. Raúl pinta la casa.
2. Nosotros preparamos la comida.
3. Yo cambio la rueda.
4. Marta hace la ropa.
5. Ustedes arreglan el coche.

(b) Conteste a las preguntas según el modelo.

> ¿Vas a lavar el coche?
> No, voy a hacerlo lavar.

1. ¿Vas a arreglar la radio?
2. ¿Vas a hacer tu ropa?
3. ¿Vas a lavar las camisas?
4. ¿Vas a preparar las empanadas?
5. ¿Vas a cambiar la rueda?
6. ¿Vas a traer los discos?

The Use of the Definite Article to Indicate Unit of Measure

La nafta está a	treinta centavos	el	galón.
El asado está a	tres dólares	el	kilo.
El vino está a	un dólar	el	litro.
El café está a	un dólar	la	libra.

The definite article is used in cases where English would require the indefinite article to indicate unit of measure:

> thirty cents *a* gallon.

Cambie las oraciones siguientes de acuerdo al modelo.

> Un galón de nafta cuesta treinta centavos.
> La nafta está a treinta centavos el galón.

1. Un litro de whisky cuesta cinco dólares.
2. Un kilo de café cuesta dos dólares.
3. Un litro de vino cuesta cincuenta centavos.
4. Un galón de leche cuesta un dólar.
5. Un kilo de asado cuesta ochenta centavos.

The Use of *deber, tener que, haber, poder,* and *querer* in the Conditional

Compare the following Spanish sentences with their English equivalents:

Creo que **deberías** ir ahora.	I think you *ought to* go now.
Deberías haber estudiado más.	You *ought to* have studied more.
Tendríamos que llamarlo.	We *should* call him.
Tendrías que haber ido.	You *should* have gone.
Habría que llamarlo.	Someone *should* call him.
Habría que haberle escrito	Someone *should* have written to him.

The foregoing verbs express duty or probability when used in the indicative tenses and are translated as "must" or "to have to." When used in the conditional, their meaning is softened to "should" (ought to) or "should (ought to) have."

¿**Podríamos** salir ahora?	*Could* we leave now?
¿**Podrías** decirme si está en la universidad?	*Could* you tell me if he is at the university?
Podrías haber dicho la verdad.	You *could have* told the truth.

The conditional and conditional perfect of **poder** correspond to English "could" and "could have."

Querría ⎫
Quisiera ⎬ hablar contigo hoy.   *I would like* to talk to you today.
Hubiera querido verte.   *I would have liked* to see you.

Both the conditional and the imperfect subjunctive of **querer** correspond to the English "would like." The imperfect subjunctive conveys a softer and more polite meaning than the conditional.

The past perfect subjunctive of **querer** corresponds to the English "would have liked."

(a) Traduzca las oraciones según el modelo.

> I ought to call her.
> Debería llamarla.

1. You ought to go now.
2. We ought to pay now.
3. He ought to know what I said.
4. They ought to study more.
5. She ought to work here.

(b) Traduzca las oraciones según el modelo.

> I should call her.
> Tendría que llamarla.

1. You should speak to him.
2. We should write to them.
3. He should call first.
4. She should know the truth.
5. I should study but I can't.

(c) Traduzca las oraciones siguientes según el modelo.

> Could I see her?
> ¿Podría verla?

1. Could I talk to you now?
2. Could we talk to him now?
3. Could we pay tomorow?
4. Could I see you now?
5. Could he write the test Monday?

(d) Traduzca las oraciones siguientes según el modelo.

I would like to talk to you.
Querría hablarle.
Quisiera hablarle.

1. We would like to go now.
2. She would like to improve her Spanish.
3. Would you like to study in Argentina?
4. I would like to pay today.
5. He would like to move to another city.

(e) Traduzca las oraciones siguientes según el modelo.

I would have liked to talk to you.
Hubiera querido hablarle.

1. We would have have liked to study here.
2. She would have liked to work here.
3. I would have liked to meet him.
4. Marta and Teresa would have liked to see her.
5. He would have liked to buy the car.

The Use of the Subjunctive in Alternative Expressions

Pase	lo que	pase,	iré.
Diga	lo que	diga,	es verdad.
Vaya	adonde	vaya,	la seguiré.
Venga	quien	venga,	hablaré.

The subjunctive in the above clauses is used to convey the idea of uncertainty. Compare the different sentence structure in English and Spanish.

Escriba	lo que	escriba,	iré.
Escriba	quien	escriba,	iré.
Escriba	adonde	escriba,	iré.

Whatever	he may write,	I'll go.
Whoever	may write,	I'll go.
Wherever	he may write,	I'll go.

Cambie las oraciones según el modelo.

> Si pasa eso, iré.
> Pase lo que pase, iré.

1. Si dice eso, escribiré.
2. Si hace eso, nos iremos.
3. Si viene Pedro, iré.
4. Si habla el director, iremos.
5. Si piensa eso, voy a comprarlo.
6. Si como eso, aumentaré.

The Use of *cual* Preceded by the Definite Article

Trabaja en el lugar	**del cual**	te hablé.
Vive en la casa	**de la cual**	te hablé.
Visitó los lugares	**de los cuales**	hablaste.
Conocí las escuelas	**de las cuales**	hablaste.
Estuve en la casa	**en la cual**	vivió Lincoln.

Cual (**cuales**) preceded by the definite article may be used in cases where the corresponding English construction includes "which" preceded by a preposition:

La casa | **de la cual** | te hablé.

The house of which I spoke to you.

La casa | **en la cual** | te hablé.

The house in which I spoke to you.

The above construction is preferred in more elegant style to the one with **que.** (See Step 92.)

Cambie las oraciones según el modelo.

> Te hablé de la casa.
> Esta es la casa de la cual te hablé.

1. Te hablé de los libros.
2. Te hablé del disco.

3. Te hablé de las chicas.
4. Te hablé de la radio.
5. Te hablé de cursos.
6. Te hablé de las tiendas.

EJERCICIO DE RECAPITULACIÓN

Conteste a las preguntas siguientes:

1. ¿Cree usted que el español es muy difícil?
2. ¿Cuál es la bebida que prefieren los norteamericanos?
3. ¿Diría usted que la cerveza es la bebida nacional de este país? ¿Por qué?
4. ¿Qué hace usted cuando se le pincha una cubierta?
5. ¿Le interesa el arte moderno?
6. ¿Qué forma de arte le interesa más?
7. ¿Lava usted su ropa o la hace lavar?
8. ¿Compra usted ropa hecha o la hace hacer?
9. ¿A cuánto está el galón de gasolina actualmente?
10. ¿Cree usted que habría que dar más exámenes en este curso? ¿Por qué?
11. ¿Podría usted decirme todos los pretéritos irregulares del español? Mencione tres.
12. ¿Seguirá usted estudiando en esta universidad pase lo que pase? ¿Por qué?
13. ¿Recuerda usted los nombres de los barrios de Buenos Aires de los cuales hablamos?
14. ¿Recuerda usted los nombres de los escritores argentinos de los cuales hablamos?

PREGUNTAS SOBRE EL TEMA DIECIOCHO

1. ¿Dónde viven Pedro y Raúl en Houston?
2. ¿Con quién viven?
3. ¿Por qué han mejorado su dominio del inglés?
4. ¿De quién se han hecho amigos?
5. ¿Dónde viven sus amigos?
6. ¿Habló Raúl con Pedro durante la semana?
7. ¿Dónde pasó Pedro gran parte del tiempo?
8. ¿Qué hizo?
9. ¿Por qué no va a dar Raúl el examen de alemán?
10. ¿Cuándo piensa darlo?
11. ¿Adónde va a ir Raúl ese día?
12. ¿Por qué dice Pedro que está sin coche?

13. ¿Qué dice Pedro cuando ve llover?
14. ¿Quién hubiera querido hacer lavar el coche?
15. ¿Por qué debe cargar nafta Raúl?
16. ¿Por qué tienen que ir a la estación de servicio?
17. ¿Por qué van a una estación de servicio cerca de la universidad?
18. ¿A cuánto está la nafta en ese momento?
19. ¿A qué otros lugares necesita ir Pedro?
20. ¿Qué hacen los muchachos después de ir a la tintorería y al banco?
21. ¿Cuál es la especialidad del restaurante adonde van a comer?
22. ¿Qué piensa Raúl de los precios en los Estados Unidos?
23. ¿Qué pensaba antes de venir?
24. ¿Por qué?
25. ¿Por cuánto se puede comer en ese restaurante?
26. ¿Qué le llamó la atención a Raúl en los restaurantes?
27. ¿Cuándo se deja propina en los Estados Unidos?

PREGUNTAS GENERALES

1. ¿Vive usted en una residencia de la universidad?
2. ¿Comparte usted su cuarto o vive solo?
3. ¿Cree usted que es una buena idea compartir el cuarto con otros estudiantes?
4. ¿Cree usted que sus conocimientos de español han mejorado mucho este semestre?
5. ¿Se ha hecho amigo de muchos estudiantes este semestre?
6. ¿Dónde vive la mayoría de sus amigos?
7. ¿Vive usted en la ciudad universitaria?
8. ¿Pasa usted la mayor parte de su tiempo libre en la biblioteca? ¿Dónde lo pasa?
9. ¿Tiene muchas monografías que escribir este semestre?
10. ¿Qué prefiere, escribir una monografía o dar un examen?
11. De todos los cursos que sigue, ¿cuál es su fuerte?
12. ¿Qué hace usted cuando se le pincha una cubierta?
13. ¿Llueve mucho aquí en verano?
14. ¿Lava usted su coche o lo hace lavar?
15. ¿Prefiere usted hacer lavar su coche o esperar que se lave solo?
16. ¿Qué hace usted cuando se da cuenta que tiene poca nafta?
17. ¿Hacen guerra de precios las estaciones de servicio de esta ciudad?
18. ¿A cuánto esta la nafta?
19. ¿Cuántas veces por semana va a la tintorería?
20. ¿Cuántas veces por mes va al banco?

21. ¿Le gusta el pollo frito al estilo sureño?
22. ¿En qué restaurante de esta ciudad sirven comida típica norteamericana? ¿Y comida mejicana?
23. ¿Le gusta la comida mejicana? ¿Y la española?
24. ¿Por cuánto se puede comer en un restaurante?
25. ¿Por cuánto se puede comer en el restaurante de la universidad?
26. ¿Cuándo se deja propina en un restaurante generalmente?

Formule las preguntas que correspondan a estas respuestas:

1. Lo dejaré para más adelante.
2. Porque anoche se me pinchó una cubierta.
3. No, porque está lloviendo.
4. Pasé gran parte del tiempo en la biblioteca.
5. El alemán.
6. A la tintorería.
7. Sí, a mí también me llamó mucho la atención.
8. No, en mi país no.

¿Qué dice usted en las situaciones siguientes?

1. Cuando quiere abrir una cuenta corriente.
2. Cuando quiere enviar un giro a su país.
3. Cuando quiere saber si puede hacer cheques.
4. Cuando quiere saber cuánto dinero le queda en el banco.
5. Cuando quiere depositar un giro por cien dólares.

INFORME ORAL

Diga lo que hicieron Pedro y Raúl el día que salieron juntos.

Una epidemia en el colegio

Texto extraído (y ligeramente adaptado) de «Juvenilia», novela del escritor argentino Miguel Cané (1851-1905), en la que el autor relata su vida de estudiante en el antiguo Colegio Nacional de Buenos Aires.

Las autoridades del Colegio habían comenzado a preocuparse seriamente en aumentar el número de dormitorios destinados a la enfermería, en vista de[1] la cantidad de estudiantes, siempre creciente,[2] que era necesario alojar[3] en ella. Una epidemia vaga, indefinida, había hecho su aparición en las aulas. Los síntomas eran siempre un fuerte dolor de cabeza, acompañado de terribles dolores de estómago.

El hecho es que[4] la enfermería era una morada[5] deliciosa; se charlaba[6] de cama a cama; el caldo,[7] sin elevarse a las alturas[8] del consommé, tenía un cierto gustito[9] a carne,[10] absolutamente ausente[11] del líquido homónimo que se nos servía en el comedor; pescábamos de tanto en tanto[12] una ala[13] de gallina,[14] y, sobre todo, ¡no íbamos a clase!

La enfermería estaba, como es natural, económicamente dirigida por el enfermero.[15] Acabo de dejar la pluma[16] para meditar y recordar su nombre sin conseguirlo;[17] pero tengo presente[18] su aspecto, su modo, su fisonomía, como si hubiera cruzado[19] hoy ante mis ojos.[20] Había sido primero sirviente de la despensa;[21] luego, segundo portero,[22] y, en fin, por una de esas aberraciones que jamás alcanzaré[23] a explicarme, enfermero.

Era italiano, y su aspecto hacía imposible un cálculo aproximado de su edad. Podía tener treinta años, pero nada impedía elevar la cifra[24] a veinte unidades más. Fue siempre para nosotros una grave cuestión decir si era gordo o flaco.[25]

. . . .

Yo he conocido hombres brutos en mi vida; he estado con frecuencia en las Cámaras,[26] he viajado, he leído muchos diarios, y en mi casa ha habido constantemente sirvientes gallegos.[27] Pero nunca he encontrado un ejemplar[28] más completo que nuestro enfermero.

Su escasa[29] cantidad de sesos[30] se petrificaba con la presencia del doctor, a quien había tomado un miedo[31] feroz, y de cuya[32] ciencia hablaba pestes[33] en sus ratos[34] de confidencia. Cuando el médico le indicaba un tratamiento para un enfermo, inclinaba la cabeza en silencio, y se daba por enterado.[35] Un día había caído en el gimnasio un joven correntino,[36] y recibido, además de un fuerte golpe[37] en el pecho,[38] una contusión en la rodilla.[39] El doctor Quinche recetó[40] un jarabe[41] que debía tomarse a cucharadas,[42] y una agua para frotar la rodilla. Una hora después de su partida, oímos un grito en la cama del pobre correntino, a quien el enfermero había hecho tomar una de un líquido atroz, después de haberle friccionado cuidadosamente[43] la rodilla con el jarabe. Fue su última hazaña;[44] el doctor Quinche declaró al día siguiente que, uno de dos, el enfermero o él, estaba de más[45] en el mundo, o por lo menos en la enfermería.

Sentimos su partida enormemente; pero bien pronto una catástrofe mayor nos hizo olvidar aquélla.[46] El vicerrector, alarmado de la manera cómo se propagaba la epidemia de que he hablado, tuvo una consulta médica con el doctor, y ambos[47] de acuerdo establecieron como sistema curativo[48] la dieta absoluta, acompañada de una vigilancia[49] extrema para evitar el contrabando. A las veinticuatro horas nos sentimos sumamente[50] aliviados,[51] y el germen de nuestro mal[52] fue tan radicalmente extirpado, que no volvimos a visitar la enfermería en mucho tiempo.

[1] in view of   [2] en aumento   [3] dar lugar o permitir que alguien viva en nuestra casa o en un hotel   [4] the fact is that   [5] residencia (abode)   [6] *charlar*: hablar de manera informal   [7] el líquido con que se hace la sopa   [8] height   [9] *gusto*: taste   [10] the meat   [11] ausente/presente   [12] ocasionalmente   [13] a wing   [14] hen   [15] male nurse   [16] pen, feather   [17] *conseguir hacer algo*: tener éxito, poder hacer algo   [18] *tener presente*: recorder   [19] *cruzar*: pasar por   [20] *ojos*: órganos que nos permiten ver   [21] *la despensa*: lugar donde están las cosas que se comen   [22] *portero*: que supervisa quien entra o sale   [23] *alcanzar a* hacer algo: conseguir hacer algo   [24] cantidad, número   [25] flaco/gordo   [26] la Cámara de Senadores y la Cámara de Diputados   [27] *gallego*: natural de Galicia, una región de España. En la Argentina es un término algo peyorativo con el que se designa a los españoles   [28] specimen   [29] escaso/abundante   [30] *sesos*: cerebro. "Sesos" es un término algo vulgar   [31] fear   [32] whose   [33] *hablar pestes de algo o alguien*: hablar muy mal   [34] *rato*: momento   [35] *darse por enterado*: considerarse informado   [36] *correntino*: natural de Corrientes, una provincia de Argentina   [37] blow, stroke   [38] chest   [39] knee   [40] *recetar*: to prescribe   [41] syrup   [42] *cucharada*: lo que puede contener una cuchara   [43] carefully   [44] exploit   [45] *estar de más*: ser innecesario   [46] *aquella*: ésa   [47] *ambos*: los dos   [48] *curativo*: que cura   [49] surveillance, close watch   [50] *sumamente*: muy   [51] relieved   [52] *mal*: enfermedad

EJERCICIO ORAL

1. ¿De qué habían comenzado a preocuparse seriamente las autoridades del Colegio?
2. ¿Por qué querían aumentar el número de dormitorios?
3. ¿Qué había hecho su aparición en las aulas?
4. ¿Cuáles eran los síntomas que causaba la epidemia?
5. ¿Cuál era el motivo verdadero por el cual los estudiantes querían ir a la enfermería?
6. ¿Qué comían en la enfermería?
7. ¿Qué diferencias había entre la comida de la enfermería y la del comedor?
8. ¿Quién dirigía la enfermería?
9. ¿Recuerda el autor el nombre del enfermero?
10. ¿Qué consigue recordar?

11. ¿Qué profesión había tenido el enfermero antes?
12. ¿Por qué fue enfermero después?
13. ¿De qué nacionalidad era el enfermero?
14. ¿Qué edad (*age*) tenía el enfermero?
15. ¿Cómo era físicamente?
16. ¿A quiénes se refiere el autor cuando habla de gente bruta?
17. ¿Quién, en la opinión del autor, bate todos los records?
18. ¿A quién le había tomado un miedo feroz el enfermero?
19. ¿Qué pasaba cuando el enfermero veía al doctor?
20. ¿Qué decía del doctor el enfermero en sus ratos de confidencia?
21. ¿Qué hacía cuando el médico le indicaba un tratamiento?
22. ¿Qué le pasó al joven correntino?
23. ¿Qué le recetó el doctor Quinche?
24. ¿Qué se oyó una hora después de la partida del médico?
25. ¿Qué tratamiento le había dado el enfermero al joven correntino?
26. ¿Qué pasó al día siguiente?
27. ¿Qué hizo olvidar a los estudiantes la partida del enfermero?
28. ¿Por qué estaba alarmado el vicerrector?
29. ¿Con quién tuvo una consulta el vicerrector?
30. ¿Qué se estableció como sistema curativo?
31. ¿Por qué se estableció una vigilancia extrema?
32. ¿Qué pasó a las veinticuatro horas?
33. ¿Pudo extirparse el germen de la epidemia?
34. ¿Continuaron los estudiantes visitando la enfermería?

EJERCICIOS DE COMPOSICIÓN ORAL Y ESCRITA

1. Dé un resumen del Ejercicio Oral en tercera persona.
2. Dé una descripción del enfermero.
3. Escriba y memorice un diálogo entre el enfermero y el doctor Quinche.

Las vacaciones en la chacarita

Pasábamos las vacaciones en la casa de campo[1] que pertenecía[2] al Colegio. Nos levantábamos al alba.[3] La mañana inundada de sol, los árboles[4] frescos y contentos, el espacio abierto, nos hacían recordar con horror las negras mañanas del Colegio, el frío mortal de las aulas oscuras, el invencible fastidio[5] de la clase de estudio. En el campo estudiábamos poco, como era natural; podíamos leer novelas libremente, dormir la siesta, salir en busca de «camuatis»;[6] y, sobre todo, organizar con una estrategia científica, las expediciones contra los «vascos».[7]

Los «vascos» eran nuestros vecinos hacia el norte. Una ancha[8] zanja, siempre llena de agua, separaba las jurisdicciones respectivas. Más allá de[9] la zanja, se extendía la tierra prometida. Allí, en increíble abundancia, crecían[10] las sandías,[11] robustas, enormes. No tenían rivales en la zona, y es de esperar[12] que nuestra autoridad sea reconocida en esa materia. Las excursiones a otras «chacras»[13] nos habían siempre producido desengaños;[14] la nostalgia de la fruta de los «vascos» nos perseguía a todo momento.

Pero debo confesar que los «vascos» no eran lo que en el lenguaje del mundo se llama personajes[15] de trato[16] agradable. Robustos los tres, ágiles, vigorosos, eternamente armados con sus horquillas,[17] como todos los mortales, tenían una debilidad suprema: ¡amaban sus sandías, adoraban sus melones!

Un día, eran las tres de la tarde, y el sol de enero partía[18] la tierra,[19] cuando saltando subrepticiamente por la ventana del dormitorio, nos pusimos tres compañeros en marcha[20] silenciosa hacia la región feliz de las frescas sandías. Cruzamos la zanja y nos detuvimos[21] a observar el terreno: ¡ni un vasco en el horizonte! Nos dividimos, y mientras uno se dirigía a[22] la izquierda,[23] dos nos inclinamos[24] a la derecha.[25] Llegamos, y rápidamente buscamos dos enormes sandías que en la pasada visita habíamos resuelto[26] dejar madurar[27] algunos días más. La mía era inmensa.

Cargué con[28] ella, y cuando bajé los ojos para buscar otra pequeña con la cual saciar la sed[29] sobre el terreno... Un grito, uno solo, intenso, terrible, penetró mis oídos.[30] De pronto,[31] detrás de una parva,[32] veo a un vasco horrible, inflamado, que viene en mi dirección.[33]

¡Cómo corría, abrazado tenazmente[34] a mi sandía! ¡Cuán veloz[35] me parecía aquel[36] vasco! Volábamos[37] sobre la alfalfa: ¡qué larga es media cuadra!

Por un momento cruzó mi mente la idea de abandonar mi presa[38] a aquella fiera[39] para aplacarla. Pensé... ¡No! ¡Era una ignominia![40] Llegar al dormitorio y decir: «Me ha corrido el vasco, y me ha quitado[41] la sandía!» ¡Nunca!

Al llegar a la zanja salté . . . Una desagradable impresión de espinas[42] me reveló que había saltado el obstáculo; pero, ¡oh dolor!, en el trayecto[43] se me había caído la sandía.

Me detuve y observé a mi vasco: ¿daría el salto? Pero aquel hombre terrible meditó, y plantándose del otro lado[44] de la zanja, empezó a insultarme de una manera que revelaba su educación *sumamente descuidada* . . .

Eran las tres y media de la tarde, y el sol de enero partía la tierra sedienta[45] e inflamada, cuando con la cara[46] roja,[47] los ojos saltados,[48] sin gorra,[49] las manos cubiertas de sangre[50] y espinas, saltamos por la ventana del dormitorio. Me eché en la cama[51] y, mientras el cuerpo descansaba[52] con delicia, reflexioné profundamente sobre la velocidad[53] que se puede adquirir cuando se tiene un vasco irritado detrás, armado de una horquilla.

Adaptado de «Juvenilia»

[1] countryside, field [2] *pertenecer* = ser de: to belong [3] *el alba* = parte del día antes de que salga el sol: dawn [4] trees [5] bother [6] *«camuatis»* = panal de abejas salvajes: a hive of wild bees (este término se usa principalmente en la Argentina) [7] *vasco* = natural de las provincias vascongadas en España o Francia [8] *vecino* = persona que vive cerca de nuestra casa [9] beyond [10] to grow [11] water-melon [12] it is to be expected [13] *«chacra»* = una pequeña estancia [14] *desengaño* = desilusión [15] *personajes* = personas [16] *de trato agradable* = de buenas maneras [17] *horquilla* = instrumento en forma de tridente que se usa en el campo para recoger la hierba [18] *partir* = dividir en dos [19] the earth, the land, the ground [20] *ponerse en marcha* = comenzar a caminar o marchar [21] *detenerse* = pararse [22] *dirigirse a* = ir en dirección de [23] left [24] *inclinarse a* = preferir [25] right [26] *resuelto* = participio pasado de «resolver» = decidir [27] to allow to ripen [28] to load something on oneself [29] to quench one's thirst [30] ear (or more exactly, part of the ear with which one hears) [31] suddenly [32] haystack [33] *en mi dirección* = hacia mí [34] *tenazmente* [35] *veloz* = rápido (swift) [36] *aqueles* = e [37] to fly [38] the prey [39] *fiera* = bestia salvaje [40] *ignominia* = deshonra [41] *quitar*/dar [42] thorns [43] *en el trayecto* = en el camino [44] *lado* = parte (side) [45] *sediento* = que tiene sed [46] *cara* = parte de adelante de la cabeza [47] *rojo* = colorado (red) [48] *saltados* (ojos) = que salen hacia afuera [49] cap [50] *sangre* = líquido rojo que corre por las venas [51] *echarse en la cama* = to throw oneself on the bed [52] *descansar* = to relax [53] speed, velocity

EJERCICIO ORAL

1. ¿Dónde pasan los estudiantes las vacaciones?
2. ¿A qué hora se levantaban?
3. ¿Qué les hacían recordar la mañana, los árboles y el espacio abierto?
4. ¿Estudiaban mucho en el campo?
5. ¿Leían libros de texto?
6. ¿Estudiaban después de comer?
7. ¿Qué organizaban con una estrategia científica?
8. ¿Quiénes eran los vascos?
9. ¿Qué separaba las dos jurisdicciones?

10. ¿Qué se extendía más allá de la zanja?
11. ¿Por qué llama el autor a ese lugar "la tierra prometida"?
12. ¿Por qué dice el autor que los jóvenes estudiantes eran autoridad en materia de sandías?
13. ¿Para qué "visitaban" otras chacras los jóvenes?
14. ¿Cómo eran físicamente los vascos?
15. ¿Eran personas amables?
16. ¿Cuál era la debilidad suprema de los vascos?
17. ¿A qué hora se pusieron los tres compañeros en marcha?
18. ¿Por qué a esa hora?
19. ¿Qué época del año era?
20. ¿Hacia dónde iban esa tarde?
21. ¿Hacia dónde se dirigió el autor?
22. ¿Qué hicieron el autor y su compañero cuando cruzaron la zanja?
23. ¿Vieron a alguien?
24. ¿Qué buscaron rápidamente?
25. ¿Cómo era la sandía del autor?
26. ¿Para qué quería otra sandía el autor?
27. ¿Qué oyó en ese momento?
28. ¿A quién vio en ese momento?
29. ¿Hacia dónde iba el vasco?
30. ¿Dejó caer la sandía de inmediato el autor?
31. ¿A qué distancia de la zanja estaba el autor?
32. ¿Qué idea le cruzó por la mente?
33. ¿Por qué no lo hizo?
34. ¿Cómo se dio cuento el autor de que había conseguido saltar la zanja?
35. ¿Qué había pasado con la sandía?
36. ¿Saltó el vasco la zanja también?
37. ¿Qué hizo el vasco?
38. ¿A qué hora volvieron los jóvenes al dormitorio?
39. ¿Cómo estaban los jóvenes cuando volvieron al dormitorio?
40. ¿Qué hizo el autor apenas llegó?
41. ¿Sobre qué reflexionó?

EJERCICIOS DE COMPOSICIÓN ORAL Y ESCRITA

1. Dé un resumen del Ejercicio Oral en tercera persona.
2. Dé una descripción de los vascos.
3. Narre en tiempo futuro lo que los jóvenes iban a hacer durante la siesta.

Appendices
Spanish-English Vocabulary
Index

APPENDIX A: VERBS

Regular Verbs

Simple Tenses

INFINITIVE	escuchar *to listen*	aprender *to learn*	recibir *to receive*
PRESENT PARTICIPLE	escuchando	aprendiendo	recibiendo
PAST PARTICIPLE	escuchado	aprendido	recibido
PRESENT	escucho escuchas escucha escuchamos (escucháis[1]) escuchan	aprendo aprendes aprende aprendemos (aprendéis) aprenden	recibo recibes recibe recibimos (recibís) reciben
IMPERFECT	escuchaba escuchabas escuchaba escuchábamos (escuchabais) escuchaban	aprendía aprendías aprendía aprendíamos (aprendíais) aprendían	recibía recibías recibía recibíamos (recibíais) recibían
PRETÉRITO	escuché escuchaste escuchó escuchamos (escuchasteis) escucharon	aprendí aprendiste aprendió aprendimos (aprendisteis) aprendieron	recibí recibiste recibió recibimos (recibisteis) recibieron
FUTURE	escucharé escucharás escuchará escucharemos (escucharéis) escucharán	aprenderé aprenderás aprenderá aprenderemos (aprenderéis) aprenderán	recibiré recibirás recibirá recibiremos (recibiréis) recibirán

[1] The **vosotros** form of the verb is included in all conjugations for recognition.

Regular Verbs

Simple Tenses (*Continued*)

CONDITIONAL	escucharía	aprendería	recibiría
	escucharías	aprenderías	recibirías
	escucharía	aprendería	recibiría
	escucharíamos	aprenderíamos	recibiríamos
	(escucharíais)	(aprenderíais)	(recibiriais)
	escucharían	aprenderían	recibirían
COMMAND FORMS			
Tú	escucha	aprende	recibe
Usted	escuche	aprenda	reciba
Ustedes	escuchen	aprendan	reciban
Nosotros	escuchemos	aprendamos	recibamos
(Vosotros)	(escuchad)	(aprended)	(recibid)
PRESENT SUBJUNCTIVE	escuche	aprenda	reciba
	escuches	aprendas	recibas
	escuche	aprenda	reciba
	escuchemos	aprendamos	recibamos
	(escuchéis)	(aprendáis)	(recibáis)
	escuchen	aprendan	reciban
IMPERFECT SUBJUNCTIVE[1]	escuchara	aprendiera	recibiera
	escucharas	aprendieras	recibieras
	escuchara	aprendiera	recibiera
	escucháramos	aprendiéramos	recibiéramos
	(escucharais)	(aprendierais)	(recibierais)
	escucharan	aprendieran	recibieran
IMPERFECT SUBJUNCTIVE[2]	escuchase	aprendiese	recibiese
	escuchases	aprendieses	recibieses
	escuchase	aprendiese	recibiese
	escuchásemos	aprendiésemos	recibiésemos
	(escuchaséis)	(aprendieseis)	(recibieseis)
	escuchasen	aprendiesen	recibiesen

[1] This is the imperfect subjunctive form most generally used and the one used exclusively in the dialogues.
[2] This is another imperfect subjunctive form, a more literary style found occasionally in conversation.

Regular Verbs

Perfect Forms

PRESENT PERFECT	he has ha hemos (habéis) han	escuchado	aprendido	recibido
PAST PERFECT	había habías había habíamos (habíais) habían	escuchado	aprendido	recibido
CONDITIONAL PERFECT	habría habrías habría habríamos (habríais) habrían	escuchado	aprendido	recibido
PRESENT PERFECT SUBJUNCTIVE	haya hayas haya hayamos (hayáis) hayan	escuchado	aprendido	recibido
PAST PERFECT SUBJUNCTIVE	hubiera hubieras hubiera hubiéramos (hubierais) hubieran	escuchado	aprendido	recibido

Stem-changing Verbs

INFINITIVE	pensar *to think*	recordar *to remember*	dormir *to sleep*	pedir *to ask for*	preferir *to prefer*
PRESENT PARTICIPLE	pensando	recordando	durmiendo	pidiendo	prefiriendo
PRESENT	pienso	recuerdo	duermo	pido	prefiero
	piensas	recuerdas	duermes	pides	prefieres
	piensa	recuerda	duerme	pide	prefiere
	pensamos	recordamos	dormimos	pedimos	preferimos
	(pensáis)	(recordáis)	(dormís)	(pedís)	(preferís)
	piensan	recuerdan	duermen	piden	prefieren
PRETÉRITO	pensé	recordé	dormí	pedí	preferí
	pensaste	recordaste	dormiste	pediste	preferiste
	pensó	recordó	durmió	pidió	prefirió
	pensamos	recordamos	dormimos	pedimos	preferimos
	(pensáis)	(recordáis)	(dormisteis)	(pedisteis)	(preferisteis)
	pensaron	recordaron	durmieron	pidieron	prefirieron
PRESENT SUBJUNCTIVE	piense	recuerde	duerma	pida	prefiera
	pienses	recuerdes	duermas	pidas	prefieras
	piense	recuerde	duerma	pida	prefiera
	pensemos	recordemos	durmamos	pidamos	prefiramos
	(penséis)	(recordéis)	(durmáis)	(pidáis)	(prefiráis)
	piensen	recuerden	duerman	pidan	prefieran

Irregular Forms of Verbs

Only the tenses having one or more irregular forms are given in the following list.

andar *to walk, go*
PRETERIT   anduve, anduviste, anduvo, anduvimos, (anduvisteis), anduvieron

caer *to fall*
PRESENT INDICATIVE   caigo, caes, cae, caemos, (caéis), caen

conocer *to know (to be acquainted with)*
PRESENT INDICATIVE   conozco, conoces, conoce, conocemos, (conocéis), conocen

Irregular Forms of Verbs

dar *to give*

PRESENT INDICATIVE	doy, das, da, damos, (dais), dan
PRETÉRITO	di, diste, dio, dimos, (disteis), dieron

decir *to say, tell*

PRESENT PARTICIPLE	diciendo
PAST PARTICIPLE	dicho
PRESENT INDICATIVE	digo, dices, dice, decimos, (decís), dicen
PRETÉRITO	dije, dijiste, dijo, dijimos, (dijisteis), dijeron
FUTURE	diré, dirás, dirá, diremos, (diréis), dirán
CONDITIONAL	diría, dirías, diría, diríamos, (diríais), dirían
COMMAND FORM: tú	di

estar *to be*

PRESENT INDICATIVE	estoy, estás, está, estamos, (estais), están
PRESENT SUBJUNCTIVE	esté, estés, esté, estemos, (estéis), estén
PRETÉRITO	estuve, estuviste, estuvo, estuvimos, (estuvisteis), estuvieron

haber *to have*

PRESENT INDICATIVE	he, has, ha, hemos, (habéis), han
PRESENT SUBJUNCTIVE	haya, hayas, haya, hayamos, (hayáis), hayan
PRETÉRITO	hube, hubiste, hubo, hubimos, (hubisteis), hubieron
FUTURE	habré, habrás, habrá, habremos, (habréis), habrán
CONDITIONAL	habría, habrías, habría, habríamos, (habríais), habrían

hacer *to do, make*

PAST PARTICIPLE	hecho
PRESENT INDICATIVE	hago, haces, hace, hacemos, (hacéis), hacen
PRETÉRITO	hice, hiciste, hizo, hicimos, (hicisteis), hicieron
FUTURE	haré, harás, hará, haremos, (haréis), harán
CONDITIONAL	haría, harías, haría, haríamos, (haríais), harían
COMMAND FORM: tú	haz

incluir *to include*

PRESENT INDICATIVE	incluyo, incluyes, incluye, incluimos, (incluís), incluyen

Irregular Forms of Verbs

ir   *to go*
PRESENT INDICATIVE   voy, vas, va, vamos, (vais), van
PRESENT SUBJUNCTIVE   vaya, vayas, vaya, vayamos, (vayáis), vayan
IMPERFECT INDICATIVE   iba, ibas, iba, íbamos, (ibais), iban
PRETÉRITO   fui, fuiste, fue, fuimos, (fuisteis), fueron
COMMAND FORM: tú   ve

oír   *to hear*
PRESENT INDICATIVE   oigo, oyes, oye, oímos, (oís), oyen

poder   *to be able*
PRESENT PARTICIPLE   pudiendo
PRESENT INDICATIVE   puedo, puedes, puede, podemos, (podéis), pueden
PRETÉRITO   pude, pudiste, pudo, pudimos, (pudisteis), pudieron
FUTURE   podré, podrás, podrá, podremos, (podréis), podrán
CONDITIONAL   podría, podrías, podría, podríamos, (podríais), podrían

poner   *to put, place*
PAST PARTICIPLE   puesto
PRESENT INDICATIVE   pongo, pones, pone, ponemos, (ponéis), ponen
PRETÉRITO   puse, pusiste, puso, pusimos, (pusisteis), pusieron
FUTURE   pondré, pondrás, pondrá, pondremos, (pondréis), pondrán
CONDITIONAL   pondría, pondrías, pondría, pondríamos, (pondríais), pondrán
COMMAND FORM: tú   pon

producir   *to produce*
PRESENT INDICATIVE   produzco, produces, produce, producimos, (producís), producen
PRETÉRITO   produje, produjiste, produjo, produjimos, (produjisteis), produjeron

querer   *to wish, want*
PRESENT INDICATIVE   quiero, quieres, quiere, queremos, (queréis), quieren
PRETÉRITO   quise, quisiste, quiso, quisimos, (quisisteis), quisieron
FUTURE   querré, querrás, querrá, querremos, (querréis), querrán
CONDITIONAL   querría, querrías, querría, querríamos, (querríais), querrían

Irregular Forms of Verbs

saber   *to know*

PRESENT INDICATIVE	sé, sabes, sabe, sabemos, (sabéis), saben
PRESENT SUBJUNCTIVE	sepa, sepas, sepa, sepamos, (sepáis), sepan
PRETÉRITO	supe, supiste, supo, supimos, (supisteis), supieron
FUTURE	sabré, sabrás, sabrá, sabremos, (sabréis), sabrán
CONDITIONAL	sabría, sabrías, sabría, sabríamos, (sabríais), sabrían

salir   *to leave, go out*

PRESENT INDICATIVE	salgo, sales, sale, salimos, (salís), salen
FUTURE	saldré, saldrás, saldrá, saldremos, (saldréis), saldrán
CONDITIONAL	saldría, saldrías, saldría, saldríamos, (saldríais), saldrían
COMMAND FORM: tú	sal

ser   *to be*

PRESENT INDICATIVE	soy, eres, es, somos, (sois), son
PRESENT SUBJUNCTIVE	sea, seas, sea, seamos, (seáis), sean
IMPERFECT INDICATIVE	era, eras, era, éramos, (erais), eran
PRETÉRITO	fui, fuiste, fue, fuimos, (fuisteis), fueron
COMMAND FORM: tú	sé

tener   *to have*

PRESENT INDICATIVE	tengo, tienes, tiene, tenemos, (tenéis), tienen
PRETÉRITO	tuve, tuviste, tuvo, tuvimos, (tuvisteis), tuvieron
FUTURE	tendré, tendrás, tendrá, tendremos, (tendréis), tendrán

traducir   *to translate*

PRESENT INDICATIVE	traduzco, traduces, traduce, traducimos, (traducís), traducen
PRETÉRITO	traduje, tradujiste, tradujo, tradujimos, (tradujisteis), tradujeron

traer   *to bring*

PRESENT INDICATIVE	traigo, traes, trae, traemos, (traéis), traen
PRETÉRITO	traje, trajiste, trajo, trajimos, (trajisteis), trajeron

Irregular Forms of Verbs

venir   *to come*

PRESENT PARTICIPLE	viniendo
PRESENT INDICATIVE	vengo, vienes, viene, venimos, (venís), vienen
PRETÉRITO	vine, viniste, vino, vinimos, (vinisteis), vinieron
FUTURE	vendré, vendrás, vendrá, vendremos, (vendréis), vendrán
CONDITIONAL	vendría, vendrías, vendría, vendríamos, (vendríais), vendrían
COMMAND FORM: tú	ven

ver   *to see*

PAST PARTICIPLE	visto
PRESENT INDICATIVE	veo, ves, ve, vemos, (veis), ven
IMPERFECT INDICATIVE	veía, veías, veía, veíamos, (veíais), veían

APPENDIX B: CHARTS

Sección I

1 una calle
2 una tienda
3 una ciudad

4 una universidad
5 una película
6 una camisa

7. una carta
8 un lápiz
9 un libro

10 un disco
11 un saco
12 un cuaderno

13 un laboratorio de idiomas
14 un astronauta
15 un restaurante

Sección II

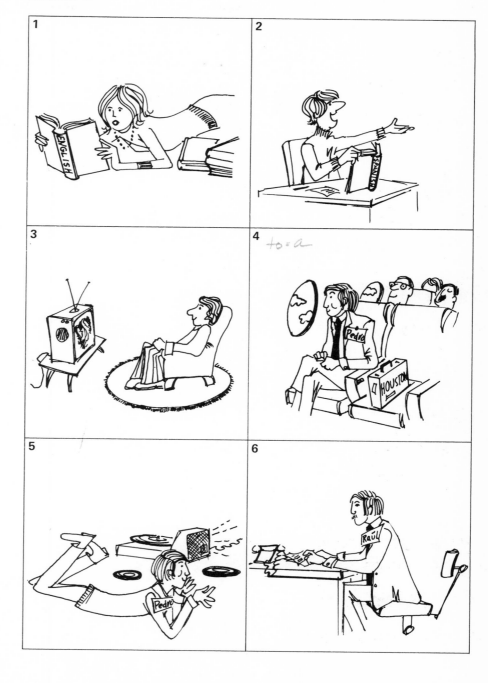

1. ERNESTO VENDE
   ROPA.

2. PEDRO lee el
   diario

3. Raul compra
   vino.

4. Roberto

Sección III

Sección IV

Sección V

Sección VI

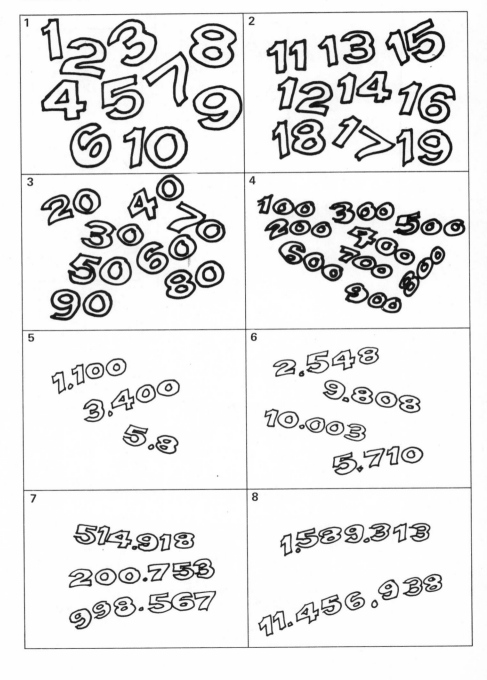

1 1 2 3 8 4 5 7 9 6 10	**2** 11 13 15 12 14 16 18 17 19
3 20 40 70 30 50 60 80 90	**4** 100 300 500 200 400 600 700 800 900
5 1.100 3.400 5.8	**6** 2.548 9.808 10.003 5.710
7 514.918 200.753 998.567	**8** 1.589.313 11.456.938

SPANISH-ENGLISH VOCABULARY

This vocabulary includes all words which occur in the eighteen *Temas* in the book, with the exception of identifiable cognates having the same meaning in both languages. The gender of nouns has been indicated (*m.* = masculine, *f.* = feminine). The definitions of words are followed by the number of the *Tema* in which they first appear. Idioms are listed both under the first word and the key word in the expression: **a poco de** is listed under **a** and **poco**. Stem-changing verbs have an indication of the type of stem-change that affects them. The irregular stems of verbs are included separately. Verbs are listed in their infinitive form. Verb forms that would not easily be associated with the infinitive have also been listed separately. Only the stem of adjectives ending in **-o** or **-a** is listed.

a to, for; on, upon; in, into; within; by; from; **a ver** let's see (III); **a caballo** on horseback (III); **a menudo** often (IV); **a eso de** at about (VI); **a propósito** by the way (X); **a unos** at about (VII); **a pesar de** in spite of (IX); **a medida que** as (IX); **a poco de** shortly after (XIII); **a través de** through (XV); **a partir de** starting (at a given time or point) (XVIII)

abiert- open (XIII)

abierto opened

abrazo *m.* hug (IV)

abrir to open (III)

abrocharse to fasten (XVI)

abuela *f.* grandmother (XV)

abuelo *m.* grandfather; **abuelos** grandparents (VII)

abundancia *f.* abundance (XVII)

aburrid- boring, bored (XII)

aburrimiento *m.* boredom (VI)

acabar to finish; **acabar de** + *inf.* to have just done something (XV)

acento *m.* accent (VI)

aceptar to accept (VIII)

acordarse (de) (o > ue) to remember (XV)

acordeón *m.* accordion (IX)

acostad- lying (XVI)

acostarse (o > ue) to go to bed (V)

acostumbrarse a to get accustomed to, to get used to (XII)

actor *m.* actor (XIII)

actuación *f.* performance (XIII)

actualmente at present, at the present time (VIII)

actuar to act (XV)

acuerd- stem of **acordar**

acuerdo *m.* agreement; **estar de acuerdo** to agree, to be in agreement (XIII)

acuest- stem of **acostar**

adaptarse to adjust (X)

adelantad- in advance (VIII)

adelante ahead; **más adelante** later on, further up (XII)

además besides (VII)

adivinar to solve (IX)

admitir to admit (VI)

adobe *m.* adobe, unburnt sun-dried brick (XV)

adonde where to (X)

aduana *f.* customhouse (XVI)

aereopuerto *m.* airport (V)

afeitar (se) to shave (V)

aficionad- fan (XIV)

afuera outside (V)

agradable pleasant (VI)

agradecer to thank (for) (VII); **agradecimiento** appreciation, gratitude (XV)

agua *f.* water (XVIII)

aguacero *m.* downpour (XVIII)

ahora now (II); **por ahora** for the time being (IV)

ahí there (XII)

ahorrar to save (V)

al (contraction **a** + **el**) to the (III); **al pie de** at the foot of (IV); **al principio** at the beginning
alcance reach; **a nuestro alcance** within our reach (XVII)
alcanzar to reach, to attain (XIV)
alegrar to cheer (IX)
alegrarse (de) to rejoice (at) (XIV)
alegría *f.* joy (V)
alemán *m.* German language (XVIII)
alentar to encourage, to pep up (XIV)
alfajor *m.* a type of scone or biscuit
Alfredo *m.* Alfred (XIII)
algo something (II)
alguien someone, somebody (XIV)
algun- some, any; **algunos de ustedes** some or any of you (VII); **en alguna parte** anywhere, somewhere(X)
alient- stem of **alentar**
almorzar (o > ue) to lunch (XI)
almuerz- stem of **almorzar**
almuerzo *m.* lunch (VIII)
alrededores *m.* environs (XIII)
alt- tall (IV); loud (VIII)
almíbar *m.* syrup (III)
alumna *f.* student, pupil (IX)
alumno *m.* student, pupil (IX)
allá there (VI)
allí there (I)
alquilar to rent (VIII)
amabilidad *f.* amiability, kindness (XI)
amable kind; **qué amable de su parte** how kind of him (XVI)
amarill- yellow (II)
ambiente *m.* atmosphere (IX)
amiga *f.* (female) friend (I)
amigo *m.* (male) friend (I)
Ana *f.* Ann (XVIII)
andar *m.* walk; gait; pace; **andar a caballo** to ride on horseback (VII); **andar en moto** to ride a motorcycle (IX)
andén *m.* railway platform (VI)
anduv- preterit stem of **andar**
animad- lively, animated (VI)
antes before (I); **antes de** before (IX)
anoche last night (XVIII)
antigu- old; long standing, old-fashioned (V)

antiamerican- anti-American (X)
anunciar to announce (V)
año *m.* year (IV); **el año que viene** next year; **el año pasado** last year (VIII) **unos cuantos años** quite a few years (XII)
aparecer to appear (IX)
apenas scarcely, hardly (V)
aperitivo *m.* aperitif, cocktail (VII)
apetito *m.* appetite (VII)
aplaudir to applaud, to clap (IX)
aprender to learn (VI); **aprender de memoria** to learn by heart (VIII)
aprovechar (de) to take advantage (of) (XVI)
apurad- in a hurry (V)
aquí here (II)
árabe *m.* Arabic (VII)
argentin- Argentinian (IV)
arqueólogo *m.* archeologist (IV)
arquitecto *m.* architect
arquitectura *f.* architecture (IV)
arpa *f.* harp (XVIII)
arreglad- fixed (XII)
arreglar to fix (X)
arte *f.* art (XVIII)
asado *m.* roast (V); **asado criollo** barbecue Argentinian style (VII)
ascensor *m.* elevator (XVIII)
asegurar to assure, to insure (XI)
asiento *m.* seat (VI)
asistir to attend (VIII)
asombrar to astonish (X)
aspecto *m.* aspect (IX)
astronauta *m.* astronaut
asustarse to be scared (XV)
atención *f.* attention; **llamar la atención de alguien** to catch someone's attention (X)
aterrizar to land (XVI)
atrasar to set back (clock, watch) (V)
atravesar (e > ie) to go through (VI)
atravies- stem of **atravesar**
atreverse to dare (IX)
atroz huge, atrocious (VI)
aula *f.* classroom (XVIII)
aumentar to increase (IX); to gain (weight) (XII)
aún even (X)

aun still, yet
aunque (*conj.*) although (XII)
autor *m.* author (XI)
avanzad- advanced (VI)
avenida *f.* avenue (XII)
avión *m.* plane (V)
ayer yesterday (V)
ayuda *f.* help (XV)
ayudar to help (XI)
azafata *f.* stewardess (XVI)
azul blue (II)

bailar to dance (VII)
baile *m.* dance (VI)
baj- low, under (II)
bajar to get off (V)
bañarse to take a bath (V)
barat- cheap, inexpensive (II)
baratísim- very cheap (X)
barco ship (XI)
barrio *m.* neighborhood, district (VIII)
basta enough (VIII)
bastante enough, quite; **bastante bien** quite well (XII)
batir to beat (IX)
beber to drink (IX)
bebida *f.* drink; **bebidas alcohólicas** alcoholic drinks (XVI)
beca *f.* scholarship (III)
belleza *f.* beauty (XII)
benévol- generous, benevolent (XVI)
biblioteca *f.* library (XVIII)
bien well (I); **más bien** rather (X)
bienvenid- welcome (VII)
bife *m.* steak (Argentina) (III)
biftec *m.* steak (Spain) (XVII)
blanc- white (II)
boda *f.* wedding (IV)
boleto *m.* ticket (V)
bonit- pretty (VI)
botella *f.* bottle (XVI)
brasileñ- Brazilian (XIII)
brindis *m.* toast (IX)
buen- good (II); **buenos días** good morning (II); **buena moza** good-looking girl (XII); **buenas tardes** good afternoon (III)

buscar to look for (II); **pasar a buscar a alguien** to pick someone up (VIII)

caballo *m.* horse; **andar a caballo** to ride on horseback (VII)
cabeza *f.* head; **dolor de cabeza** headache (IX); **romperse la cabeza** to think very hard (X)
cada each (VI)
caer to fall (XVIII)
café *m.* coffee, coffee shop (VI)
caig- stem of **caer**
calidad *f.* quality (II)
caliente warm (XII)
calmar to calm (VII)
calmarse to calm down (V)
calor *m.* heat; **hace calor** it's hot
callarse to become silent (VII)
calle *f.* street (IX)
cama *f.* bed (XV)
cambiar to change (V)
cambio *m.* change (VI); **en cambio** on the other hand (VI)
caminar to walk (VII)
camisa *f.* shirt (II)
campeón *m.* champion (XIV); **salir campeón** to become a champion (XIV)
campo *m.* country (VII)
canción *f.* song (IX)
cansad- tired
cansarse to get tired (VI)
cantar to sing (IX)
cantidad *f.* quantity (VII)
caña *f.* cane; **caña de pescar** fishing rod (VII)
captar to capture (XII)
cara *f.* face (VIII)
car- expensive, dear (X)
caramba good heavens! (V)
cargar to load; **cargar nafta** to get gas (XVIII)
cargo *m.* position, situation (II)
carne *f.* meat (XVI)
Carolina del Norte *f.* North Carolina (VI)
carrera *f.* race (IX)

carta *f.* letter (IV)
cartera *f.* purse (XI)
casa *f.* house (IV)
casad- married (VIII)
casarse to marry (IV)
casi almost (III)
casino *m.* casino (VII)
caso *m.* case, event (III)
castellano *m.* Spanish (XII)
casualmente incidentally, precisely (XIII)
catorce fourteen (III)
caza *f.* hunt (VII)
cazar to hunt (VII)
celador *m.* monitor (IX)
celeste light blue (II)
cena *f.* dinner (VIII)
centavo *m.* cent (XVIII)
centro *m.* downtown (XI)
cerca de near (IV); **más de cerca** more closely (XV)
cero zero (III)
certificado *m.* certificate (III)
cerrar (e > ie) to close (III)
cerveza *f.* beer (III)
cien, -to one hundred (II)
ciert- certain (X)
cinco five; **las cinco** it is five o'clock
cincuenta fifty (III)
cinturón *m.* belt (XVI)
ciudad *f.* city (II)
clar- clear; **es claro** of course (*lit.* it's clear) (VI)
clase *f.* class (I), kind; **qué clase de** what kind of (III)
clima *m.* climate (II)
cobrar to charge (VIII)
cocinera *f.* cook (VII)
cocodrilo *m.* crocodile (XI)
coche *m.* car (VI); **coche-comedor** dining car (VI)
cola *f.* waiting line, queue (V)
colegio *m.* school; **colegio secundario** secondary school (V); **Colegio Nacional** national high school (IX)
colgar (o > ue) to hang up (the telephone) (XVII)
comedor *m.* dining room (VI)
comenzar (e > ie) to begin (I)

comer to eat (III)
comida *f.* food, meal, dinner (VII)
comienz- stem of **comenzar**
como as, like (VI)
cómo how; **cómo no** of course (XVII)
cómod- comfortable (VII)
compañer- companion; **compañero de cuarto** roommate (V)
comparación *f.* comparison (XV)
compartir to share (X)
comprar to buy (II)
comprender to understand (II)
comprobar (o > ue) to check, to verify (VIII)
comprueb- stem of **comprobar**
común common (X)
con with (I); **conmigo** with me (VII); **contigo** with you (VII); **con mucho gusto** with much pleasure (XIV); **con soltura** fluently (XVII)
conciencia *f.* conscience (VI)
condiscípulo *m.* fellow student; **ex-condiscípulo** *m.* ex-fellow student (IX)
conducir to behave, to conduct oneself (XV)
conduj- stem of **conducir**
confitería *f.* tea room (XII)
conocer to know (a person or a place) (III); to be familiar with, (preterit) to meet for the first time; **conocer al dedillo** to know thoroughly
conseguir (e > i) to get, to obtain (III)
consejo *m.* piece of advice (XV)
consig- stem of **conseguir**
consulado *m.* consulate (III)
contar (o > ue) to tell, to count
content- glad, happy (IV)
contestar to answer (XIII)
continuar to continue (XIII)
contra against (IX)
contrari- contrary; **todo lo contrario** on the contrary (X)
corazón *m.* heart (XVII)
corbata *f.* tie (II)
correr to run (V)
corriente *f.* current; **estar al corriente** to be up to date (X)

cort- short (II)

cosa *f.* thing (X)

Costanera *f.* **Avenida Costanera** riverside road (XI)

costar (o > ue) to cost; **costarle a alguien entender** to be difficult for someone to understand (X)

costumbre *f.* custom (X); **de costumbre** usually (VI)

crema *f.* cream (III)

creer to believe (II)

criada *f.* maid (XI)

Cristina *f.* Christine (XII)

crítica *f.* critique, criticism (XII)

crítico *m.* critic, censurer (XII)

cuaderno *m.* notebook

cuadra *f.* block (V)

cuadro *m.* painting (VIII)

cuál which (I); **el cual, la cual, los cuales, las cuales** which, whom (XVIII)

cualquier- any (VII)

cuando, cuándo when (II)

cuant- how much; how many; **cuánto tiempo hace que . . .** how long has it been since . . . (X); **cuánto más . . . más** the more . . . the . . . (XV); **cuánto falta** how much longer will it take (XVI); **en cuanto a** as for (XVII)

cuarenta forty (II)

cuart- fourth

cuarto *m.* room (VI)

cuatro four

cuatrocient- four hundred

cubierta *f.* tire (XVIII)

cubrir to cover (XV)

cuent- stem of **contar**

cuenta *f.* count, calculation; **darse cuenta** to realize (IX); **cuenta corriente** checking account (XVIII)

cuero *m.* leather (XI)

cuest- stem of **costar**

cuestión *f.* matter (XVII)

culpa *f.* guilt, fault (IX)

cumpleaños *m.* birthday (IV)

cumplir to become . . . years old (IV)

curios- curious (X)

curso *m.* course (VI)

charla *f.* chat (VI)

che a word used to call the attention of the person addressed: " Say . . . " (XVII)

chica *f.* girl (VI)

chupar to suck; **chuparse los dedos** to lick one's fingers (VII)

churrasco *m.* steak (XVII) (Argentina)

dar to give (VII); **darse cuenta** to realize (IX); **dar una vuelta** to go out for a walk (XI); **dar examen** to take or to give a test (XVIII)

de of (I); from (VI); apart (VI); **de entrada** as an entrée (III); **de postre** for dessert (III); **de todo un poco** a little of everything (II); from (IV); **de veras** really (VI); **de** " than " after **más** or **menos** if followed by a number or an expression of quantity (VII); **de nuevo** again (VIII); **de fondo** as background (IX); **de manera que** so that (X); **de primera** first rate (XIII); **de verdad** true (XIII); **de todos modos** at any rate (XV); **de niño** as a child (XVII)

deber must, have to, ought to, should + infinitive (to express necessity or obligation) (XI); **se debe a que** it is due to the fact that (XIV)

debilidad *f.* weakness (VIII)

decidir to decide (VI)

décim- tenth (III)

decir (e > i) to say (II); **querer decir** to mean (XIV)

declarar to declare (XVI)

dedillo; conocer al dedillo to know thoroughly (X)

dedo *m.* finger (VII); **chuparse los dedos** to lick one's fingers (VII)

dejar to leave, to allow (V); **dejar de** to stop (XVII)

del (contraction of **de** + **el**) of the (II)

demasiado too, too much (XI)

dentro de within (I)

departamento *m.* apartment (Argentina) (XI)

deporte *m.* sport (XIV)
derecha *f.* right (direction) (XVIII)
desacuerdo *m.* disagreement (X)
desaparecer to disappear (VI)
desayuno *m.* breakfast (V); **de desayuno** for breakfast (VI); **tomar el desayuno** to have breakfast (V)
descansar to rest (IV)
desconfiar to distrust (XV)
desde from, since (II)
desear to wish (XVI)
desgraciadamente unfortunately (IX)
despedida *f.* farewell (IX)
despedirse (e > i) to say goodbye to one another (XIV)
despertarse (e > ie) to wake up (V)
despid- stem of **despedir**
despiert- stem of **despertar**
después (adv.) after, afterwards, later: **después de** after (V); **poco después** shortly after (VII)
detalle *m.* detail (VIII)
detrás (de) behind (VI)
devolver (o > ue) to return (XVI)
di familiar command form of **decir**
día day (I); **días de trabajo** working days (III); **buenos días** good morning (II); **hoy en día** nowadays (XVI)
diálogo *m.* dialogue (VIII)
diario *m.* newspaper (II)
dicho said (XIII)
diecinueve nineteen (III)
dieciocho eighteen (III)
dieciséis sixteen (III)
diecisiete seventeen (III)
diferencia *f.* difference (VI)
difícil difficult (X)
dificultad *f.* difficulty (II)
dig- stem of **decir**
diez ten (III)
dij- preterit stem of **decir**
dinero *m.* money (XI)
Dios *m.* God; **Dios mío** my goodness (*lit.* my God) (VIII)
diplomátic- diplomatic, diplomat (XV)
dir- future stem of **decir**
dirección *f.* address (IV); direction (VII)

dirigir to direct (VIII)
dirij- stem of **dirigir**
disco *m.* record (I); **casa de discos** record shop (XI)
discusión *f.* argument (VI)
disminuir to diminish (IX)
dispuest- ready, inclined (VIII)
distinguid- distinguished (IX)
distint- different (X)
divertirse (i > ie) to have fun, to enjoy yourself (IX)
dividid- divided (XII)
diviert- stem of **divertirse**
doce twelve; **las doce** it's twelve o'clock (III)
docena *f.* dozen (VII)
doctorado *m.* doctorate (IV)
doler to hurt, to ache (XV); **me duele la cabeza** I have a headache (IX)
dolor pain; **dolor de cabeza** headache (IX)
domingo *m.* Sunday (III)
dominio *m.* control (XVIII)
dónde, donde where (I) (III); **por dónde** whereabout (X); **adonde** where (X)
dormir (o > ue) to sleep (IV)
dormirse (o > ue) to fall asleep (V)
dos two (I)
doscient- two hundred (III)
doy present form of **dar**
ducharse to take a shower (V)
duda *f.* doubt (VIII)
dudar to doubt (VI)
duel- stem of **doler**
dueña *f.* owner (VIII)
dueño *m.* owner (II)
duerm- present stem of **dormir**
dulce sweet (VI)
durante during (I)
durar to last (XIII)
durm- preterit stem of **dormir**
durazno *m.* peach (III)

echar to throw; **echar de menos** to miss (X)
efecto *m.* effect, belonging (XVI)
ejemplo *m.* example (XVII)

el the (I); **él** he, him (II); **el que...** he who (XII)

elegir (e > i) to elect, to choose (XII)

ella she, her (VI)

ellas they, them (VI)

ellos they, them (VI)

embajador *m.* ambassador (XV)

embarque *m.* shipment; **puerta de embarque** gate (XVI)

empanada *f.* meat pie (VII)

empezar (e > ie) to begin (VI)

empiez- stem of **empezar**

empleado *m.* clerk (V)

en in (I); at (I); **en punto** on the dot, sharp (VI); **en cambio** on the other hand (XII); **en cuanto a** as for (XVII); **en vez de** instead of (XVII); **en vano** in vain (V)

encantad- delighted (VI)

encantarse to like something very much (XII)

encendid- lighted (VIII); **tener la luz encendida** to have the light on (VIII)

encontrar (o > ue) to find (VI)

encontrarse (o > ue) to meet, to find oneself; **encontrarse con** to come across (VIII)

encuentr- stem of **encontrar**

enero January (VI)

enferm- sick (II)

enfermera nurse (IX)

ensalada *f.* salad (III)

ensayo *m.* rehearsal; **ensayo general** dress rehearsal (VIII)

enseguida immediately (XVIII)

enseñar to teach (IV)

entender (e > ie) to understand; **costarle entender a alguien** to be difficult for someone to understand (X)

entiend- stem of **entender**

entonces then (III)

entrar to enter (VI); **entrada** admission (XII)

entre between, among (XVII)

entusiasmo *m.* enthusiasm (VIII)

entrada entry, entrance; **de entrada** as an entrée (III)

epidemia *f.* epidemic (XV)

época *f.* epoch, age; **en esta época del año** at this time of year (VII)

equipad- equipped (VII)

equipaje *m.* luggage (XVI)

equipo *m.* team (XIV); equipment (VII)

equivocarse to make a mistake (XII)

er- imperfect tense stem of **ser**

Ernesto *m.* Ernest (II)

ésa *f.* that (XV)

ésas those (XV)

escala *f.* stop (airplane) (XIV)

escapar to escape (IX)

escena *f.* scene (VIII)

escopeta *f.* shotgun (VII)

escribir to write (III)

escrit- written (XIII)

escritor *m.* writer, playwright (VIII)

escuchar to listen (I)

escuela *f.* school (VI)

ése, ese that (XV) (III)

esfuerzo *m.* effort (X)

eso that (V); **a eso de** at about (VI)

esos, ésos those (III) (XV)

España *f.* Spain (IV)

español *m.* Spanish (VIII)

español- Spanish, Spaniard (IV)

espectáculo *m.* spectacle (VI)

especializarse to specialize, to major (XII)

especialmente especially (IX)

esperar to wait for, to hope, to expect (IV)

espíritu *m.* spirit (XII)

esquiar to ski (X)

ésta this (XV)

estación *f.* station (XVIII)

estacionamiento *m.* parking (XI)

estadia *f.* stay (XIV)

Estados Unidos *m.* United States (I)

estampilla *f.* stamp (Argentina) (XI)

estancia *f.* ranch (Argentina) (V)

estar to be (II); **estar a la moda** to be "in", to be fashionable (VIII); **estar de acuerdo** to be in agreement, to agree (XII); **estar por** to be about to do something (XVI); **estar a** to sell for (XVIII).

éstas these (XV)

este, éste this; "er . . ." (VIII) (XV)
estereotipo *m.* stereotype (XV)
estilo *m.* style (VI)
estimad- dear
estimulante stimulant, stimulating (XVIII)
esto this (VI)
estos, éstos these (III) (XV)
estrenar to perform (a play) for the first time, to premiere (VIII)
estreno *m.* premiere (VIII)
estudiante *m.* student (III)
estudiar to study (I)
estuv- preterit stem of **estar**
evitar to avoid (XI)
examen *m.* exam, test (XI)
éxito *m.* success (VIII)
expectativa *f.* expectation, expectancy (IX)
experiencia *f.* experience (XVI)
experimental experimental; **teatro experimental** avant-garde theatre (VIII)
explicar to explain (IX)
expresar to express (XV)
exterior *m.* exterior (X)
extranjero foreigner; **en el extranjero** overseas (XV)
extrañar to be surprised (XVI)
extrañ- strange (XV)
extremo *m.* extreme, end (XIV)
Ezeiza Ezeiza Airport (near Buenos Aires) (V)

facultad *f.* school (of Medicine, of Architecture, etc.)
faltar to lack; **cuánto falta** how much longer will it take (XVI); **sin falta** without fail (IV)
fama *f.* fame, reputation (XIV)
familia *f.* family (I)
fenómen- phenomenal (XVII)
fantástic- fantastic (VII)
favor *m.* favor; **por favor** please (VIII)
felicitar (**por**) to congratulate (on) (IV)
felicitación *f.* congratulation
feliz happy (IV)

fiaca *f.* laziness (slang term used in Argentina for **pereza**) (XIII)
fiebre *f.* fever (XV)
ficha *f.* card (XVIII)
figura *f.* figure (IX)
fijarse to see, to look, to notice (XVI)
fila *f.* row (VIII)
filosofía *f.* philosophy (VI)
fin *m.* end (IV); **fin de semana** week end (V); **por fin** finally (XVIII)
firmar to sign (XVIII)
física *f.* physics (I); **física nuclear** nuclear physics (I)
flan *m.* custard (III)
folklóric- folkloric (XI)
fondo *m.* background; **de fondo** as background (IX)
fonógrafo *m.* record player (VIII)
formulario *m.* form, application blank (III)
foto *f.* photograph (VII)
fotografía *f.* photograph (III); photography (art or process) (VII)
francamente frankly (XVII)
frente a in front of (VII)
francés- French (XIII)
franc- frank (X)
frí- cold (X); **hace frío** it's cold (X)
frit- fried (XVIII)
frenar to stop, to apply the brake (IX)
freno *m.* brake (IX)
fu- preterit stem of **ir** and **ser**
fuera outside (XVIII)
fuerte strong (VI)
fumar to smoke (XVI)
función de vermut *f.* 6 o'clock performance (XII)
funcionar to operate, to function, to work (XIII)
fútbol *m.* football (VII)

ganar to earn, to win (IX)
garganta *f.* throat (XV)
gastar to spend (money) (XI)
gentileza *f.* kindness (XV)
gato *m.* cat (VIII)
generalmente generally, as a rule (I)
gente *f.* people (VI)

gerente *m.* manager (II)
giro *m.* draft (bank) (XVIII)
gobierno *m.* government (VI)
gord- fat (IX)
gracias *f.* thanks (III)
graduad- graduated, graduate (XVIII)
gratuit- free (X)
gran apocopated form of **grande** (used in front of the noun) great (IV)
grande large, great (VI)
gripe *f.* influenza (XV)
gris gray (II)
guap- handsome, good-looking, pretty (XII)
guerra *f.* war (VI)
gustar to please, to like (VII)
gusto *m.* pleasure (V); **con todo gusto, con mucho gusto** with pleasure (V) (XIV); **mucho gusto** gladly, nice meeting you (VI)

habr- future stem of **haber**
hacer to do, to make; **hace calor** it is hot, it is warm (II); **hace +** expression of time **+ que** it has been . . . ing (IV); **hace muchos años** many years ago (VI); **hacer vida sana** to lead a healthy life (VII); **hace frío** it's cold (X); **hacer la valija** to pack the suitcase (V)
haber to have (auxiliary verb used to form the perfect tenses) (VI)
habla speech, language; **de habla española** spanish speaking (XVII)
hablar to speak (I)
hacia towards (VI)
hag- a form of the present of **hacer**
har- future stem of **hacer**
hasta until, as far as, even (II)
hay there is, there are (II); **hay que + inf.** one must . . . (IV)
haz familiar command form of **hacer**
he form of the present of **haber**
hech- done (XIII)
hemos form of the present of **haber**
hermana *f.* sister (VII)
hermano *m.* brother (IX)
hígado *m.* liver (XVIII)

hija *f.* daughter (X)
hijo *m.* son (X)
hispano-american- Spanish American (XII)
hiz- preterit stem of **hacer**
Hola Hi! (VII)
hombre *m.* man (II)
hora *f.* hour (I)
hoy today (III); **hoy en día** nowadays (XVI)
hub- preterit stem of **haber**
humanidades *f.* humanities (VI)

idioma *m.* language (I)
iluminar to illuminate (VI)
imaginarse to imagine (V)
impermeable *m.* raincoat (II)
imponente imposing, impressive (IV)
importad- imported (II)
importante important (XII)
impresionante impressive (XVI)
impuesto *m.* tax (XVI)
incluir to include (XVIII)
incluy- stem of **incluir**
increíble incredible (XVI)
indio *m.* Indian (VI)
informad- informed (VI)
ingeniero *m.* engineer
Inglaterra *f.* England (II)
inglés- English (I)
inmediat-; de inmediato right away (III)
inoportun- inopportune, untimely (XV)
inscribirse to enroll, to register (X)
insistir to insist (VI)
instinto *m.* instinct (VII)
instituto institute (I)
instrucción *f.* direction (II)
intens- intense, intensive (IX)
intensamente intensively (I)
interés *m.* interest (XI)
interesante interesting (IV)
interesar to interest (VII)
interpretar to interpret, to play (a fact) (X)
interrumpir to interrupt (IX)
investigación *f.* research, investigation (IV)

invierno *m.* winter (VI)
invitación *f.* invitation (VII)
invitar to invite (IV)
ir to go (III)
irritarse to become irritated (V)
irse to go away, to leave (V)
italian- Italian (IX)

jamón *m.* ham (III)
jardín *m.* garden (VII)
José *m.* Joseph (V)
joven young (VI)
Juan *m.* John (XI); **Juancito** Johnny (XI)
Juana *f.* Jane (XI)
jubilarse to retire (XV)
jueg- stem of **jugar**
jueves *m.* Thursday (III)
jugar (u > ue) to play (VII)
jugador player (XIV)
julio *m.* July (IV)
junio June (IV)
junto near, close to (IX)
juntos together (VIII)
justamente precisely, justly (XI)
just- fair (XI)
juventud *f.* youth (VI)

kilo *m.* kilogram (XIV)
kilómetro *m.* kilometer (VII)

la *f.* the (I)
la her (IV)
laboratorio *m.* laboratory (I)
lamentar to lament, to regret, to be sorry (XIV)
lana *f.* wool (XI)
lápiz *m.* pencil
larg- long (II)
las *f.* the (I); them (IV)
lástima *f.* pity (II)
lavar to wash (VIII)
le to him, to her, to you (VII)
lección *f.* lesson (VI)
lejos far (VII)
les to them, to you (plural) (VII)

leche *f.* milk (VI)
leer to read (II)
levantarse to get up (V)
libra *f.* pound (XVIII)
libre free (II)
librería *f.* bookstore (XI)
libro *m.* book (XI)
liger- light, faint (VI)
liquidación *f.* sale (II)
lingüistic- linguistic
list- ready (VII); **ser listo** to be smart (XVII)
literatura *f.* literature (IV)
litro *m.* liter (XVIII)
lo him, it (IV); **lo nuestro** what is ours (XIII)
loc- *m.* crazy; **volverse loco** to wind up crazy (VIII); **ser loco** to be insane (XVII); **estar loco** to be crazy (XVII)
lo que that which (VIII)
los *m.* the (plural); them (IV); **los que** those who (XII)
luego later (IX)
lugar *m.* place (IV)
luna *f.* moon; **medias lunas** crescent-shaped rolls (VI); **luna de miel** honeymoon (IV)
lunes *m.* Monday (V)
luz *f.* light (VIII)

llegar to arrive (VII)
llamada *f.* call; **llamada telefónica** phone call; **llamada de larga distancia** long-distance phone call (V)
llamar to call; **llamar la atención de alguien** to catch someone's attention (X)
llenar to fill, to fill out (III)
llover (o > ue) to rain (IX)
lluev- stem of **llover**
lluvia *f.* rain (XVIII)

macanudo wonderful, great (expression used in Argentina) (XI)
magníficamente magnificently (XIV)
magníic- magnificent (II)

mal- bad (VI)

mamá *f.* mother, mom (XI)

mandar to send (IV)

manejar to drive (IX)

manera *f.* manner; **de manera que** so that (X)

manga *f.* sleeve (II)

manteca *f.* butter (Argentina) (VI)

mañana *f.* morning (III); **por la mañana** in the morning (III); tomorrow (III)

mar *m.* or *f.* sea (V)

María *f.* Mary (II)

marido *m.* husband (V)

marrón brown (II)

Marta *f.* Martha (I)

martes *m.* Tuesday (III)

marzo *m.* March (II)

más more; **no más** not anymore (II); **más bien** rather (X); **más . . . que** more than (XII); **más cerca de** more closely (XV); **cuánto más** the more (XV); **más adelante** later on, further up (XVIII)

masa *f.* mass (IX); pastry, petit-four (XII)

matrícula *f.* tuition (X)

mayo *m.* May (II)

mayoría *f.* majority (XII)

me me, to me (IV)

medi- half (III)

médico *m.* physician

medida *f.* measurement (II)

mediodía *m.* noon (III)

mejor better (IX)

mejorar to improve (XVIII)

melón *m.* melon (fruit) (III)

memoria *f.* memory (V); **aprender de memoria** to learn by heart (VIII)

menos minus (III); less (II); **echar de menos** to miss (X); **menos . . . que** less . . . than (XII); **por lo menos** at least (XVI)

menudo; a menudo often (IV)

merecid- deserved (VIII)

mes *m.* month (I)

mesa *f.* table (VII)

mí me, (VII); **mi-s** my (I)

mientras while (VII)

miércoles *m.* Wednesday (III)

mil one thousand (III)

milanesa *f.* breaded veal cutlet (III)

millón one million (III)

millonario millionaire (VI)

mínim- minimal (X)

minuto *m.* minute (V)

mí- mine, of mine (VIII)

mirar to look at (I)

mism- same (VIII); **lo mismo que** the same as (X); very (X); after subject it is used for emphasis (X)

moda *f.* fashion; **estar a la moda** to be "in", to be fashionable (VIII)

modo *m.* manner; **de todos modos** at any rate (XV)

molestar to bother (X)

momento *m.* moment (IV); **por el momento** for the time being

monografía *f.* term paper (XVIII)

montaña *f.* mountain (IV)

morirse (o > ue) to die (VI)

mostrar (o > ue) to show (XIII)

motivo *m.* reason (XV)

moto *f.* motorcycle; **andar en moto** to ride a motorcycle (IX)

motocicleta *f.* motorcycle (IX)

motociclismo *m.* motorcycling (IX)

moza *f.* girl; **buena moza** good-looking girl (XII)

mozo *m.* waiter (III)

mudarse to move (from one house to another) (X)

much- a lot; **muchas gracias** thank you; **mucho gusto** it's a pleasure (VI)

muchacho *m.* boy (VI)

muer- stem of **morir**

muestr- stem of **mostrar**

mujer *f.* woman (X)

multitud *f.* crowd (IX)

mundial world; **fama mundial** world fame (XIV)

mundo *m.* world (VI); **todo el mundo** everybody (XV)

mur- stem of **morir**

museo *m.* museum; **mueso de Bellas Artes** Fine Arts Museum (XI)

música *f.* music (XI)

muy very (I)

nacer to be born (V)
nadar to swim (XIV)
nadie none, nobody (VIII)
nafta *f.* gasoline (Argentina and Uruguay) (IX); **cargar nafta** to get gas (XVIII)
nada nothing (II)
napolitan- Neapolitan (IX)
natal native; **tierra natal** native land (XV)
nativo native (XVII)
Navidad *f.* Christmas (IV)
necesario necessary (III)
necesitar to need (I)
negocio *m.* business (XI)
ni . . . ni neither . . . nor (VII)
ningún- none, nobody (VII); **ninguno de** neither of (VII); **en ninguna parte** nowhere (X)
niño *m.* boy; **de niño** as a child (XVII)
no . . . más que only (XVI)
noche *f.* night, evening (I); **esta noche** tonight (VII); **por la noche** in the evening, at night (I)
nombre *m.* name (IV)
norte *m.* North (X)
norteamericano American (I)
nos us, to us (IV)
nosotr-s we, us (II)
nota *f.* note; **tomar nota** to write down (XII)
notar to notice (X)
noticia *f.* news (IV)
noticiero newsreel (XII)
novecient-s nine hundred (III)
novela *f.* novel (VI)
noven- ninth (III)
noventa ninety (III)
novia *f.* fiancée, bride (IV)
nuestr- our (IV)
nueve nine (III)
nuev- new (II); **de nuevo** again (VIII)
nuez *f.* nut, pecan (XVIII)
nunca never (IX)

obedecer to obey (XI)
obligar to force (XV)

obra *f.* work; **obra de teatro** play (VIII)
octav- eighth (III)
octubre October (II)
ocupad- busy (III)
ocupar to occupy (VI)
ocurrir to happen (VI)
ochenta eighty (III)
ocho eight (III)
ochocient-s eight hundred (III)
oficina *f.* office
oír (i > y) to hear (IX); **oír hablar de** to hear about (XVII)
ojo *m.* eye (IV)
ojalá I wish (XII)
omitir to omit (XV)
olvidarse to forget (V)
ómnibus *m.* bus (Argentina) (V)
once eleven (III)
organizar to organize (IX)
oro *m.* gold (XVIII)
oscur- dark (II)
otr- other, another (I)
oportunidad *f.* opportunity (IX)
oy- stem of **oír**

paciencia *f.* patience (VIII)
padre *m.* father (II)
padres *m.* parents (XI)
pagar to pay (VIII)
pago *m.* payment (VIII)
país *m.* country (IV)
paisaje *m.* landscape (XII)
palabra *f.* word (X)
palacio *m.* palace (III)
pampa *f.* La Pampa, region of grasslands (XII)
pantalones *m.* trousers, pants (II)
papá *m.* father, dad, daddy (VII)
papas *f.* potatoes; **papas fritas** french fried potatoes (III); **papas "soufflé"** puffed potatoes (III)
papel *m.* role, paper (VIII)
par *m.* couple; **un par de días** a couple of days (XVI)
para for; to; in order to; toward
para que in order that, so that (XI)
parad- standing (XVI)
paraíso *m.* paradise (IV)

parar to stop (IX)

parecer to seem; **qué les parece** how about (VII)

parecid- similar (X)

pared *f.* wall, (VIII)

pariente *m.* relative (VIII)

parte *f.* part (X); **en alguna parte** somewhere, anywhere (X); **en ninguna parte** nowhere (X)

particular; profesor particular private tutor (I)

partida *f.* departure (IX)

partido *m.* game (XIV)

partir to leave; **a partir de** starting (at a given time or point) (XVIII)

pasad- past, last (VI)

pasaje *m.* fare, passage; **pasaje de ida y vuelta** round trip ticket (XIV)

pasar to spend (time) (I); **pasar a buscar a alguien** to pick someone up (VIII)

pasear to take a walk (X)

pasatiempo *m.* hobby (VII)

pato *m.* duck (VII)

pedir (e > i) to ask for (VI)

Pedro *m.* Peter (I)

película *f.* film, movie (I)

peligro *m.* danger (IX)

pensar (e > ie) to think (I)

pensión *f.* board (in a boardinghouse) (VIII)

peor worse, worst (XII)

pequeñ- small (VIII)

perder (e > ie) to lose (IV); to miss (VIII)

perdiz *f.* partridge (VII)

perdonar to forgive, to excuse, to pardon (VI)

periodista *m.* newspaperman, newspaperwoman (XIII)

período *m.* period (VI)

perfeccionar to perfect (I)

permitir to allow (XI)

pero but (II)

peruan- a person from Peru (IV)

pescar to go fishing (VII); **caña de pescar** fishing rod (VII)

peso *m.* weight (XII)

pid- stem of **pedir**

pie *m.* foot; **al pie de** at the foot of, at the bottom of (IV)

piens- stem of **pensar**

pierd- stem of **perder**

pieza *f.* room (VIII)

pinchar to puncture (XVIII)

pintor *m.* painter (VIII)

piso *m.* floor, story (II)

placer *m.* pleasure (XIV)

plan *m.* project (II)

planchar to iron (VIII)

planta baja *f.* ground floor (II)

platense a native of La Plata (XIV)

plato *m.* course (at a meal) (III)

playa *f.* beach (IV)

plaza *f.* square (XI)

pobre poor (IX)

poc- little, few (II); **poco después** shortly after (VII); **a poco de** shortly after (XIII)

poder (o > ue) can, may, to be able (IV)

poema *m.* poem (IV)

policía *m.* police, policeman (IX)

política *f.* politics (VI)

pollo *m.* chicken (XVIII)

poner to put, (VIII)

por for, on account of, by, through, along, about, by way of, on behalf of, in exchange for; **por la tarde** in the afternoon (I); **por la noche** in the evening (I); **por la mañana** in the morning (III); **por el momento** for the time being; **por ahora** for the present (IV); **por favor** please (VIII); **por aquí** around here (X); **por dónde** whereabout (X); **por último** lastly (XV); **por lo menos** at least; **por fin** finally (XVIII); **por ejemplo** for example (XIII); **por supuesto** of course (XIII)

por qué why (I)

porque because (II)

porteñ- a native of Buenos Aires (XIII)

porvenir *m.* future (VIII)

postre *m.* dessert; **de postre** for dessert (III)

pozo *m.* well; **"como sapo de otro pozo"** like a man from another planet (X)

práctic- practical (XV)
practicar to practice (I)
precio *m.* price (II)
precisamente precisely (II)
preferir (e > ie) to prefer (II)
prefier- stem of **preferir**
pregunta *f.* question (XIII)
preguntar to ask a question (V)
prensa *f.* press (X)
preocuparse to worry (VI)
preparar to prepare (VII)
preparativo *m.* preparation (IV)
presentar to present, to introduce (VI)
prestar to loan (VII)
prima *f.*, **primo** *m.* cousin (XII)
primer, primero first (II); **de primera** first rate (XIII)
principio *m.* beginning (X)
probar (o > ue) to taste, to try (VII)
producir to produce (XV)
programa *m.* program (I)
prohibid- forbidden (VIII)
prometer to promise (VI)
pronto soon (I)
propina *f.* tip (XVIII)
propi- own (X)
propósito *m.* purpose; **a propósito** by the way (VI)
provechos- fruitful, beneficial (XIV)
próxim- next (IV)
publicar to publish (XII)
pud- stem of **poder**
pueblo village, town, (V)
pued- stem of **poder**
puerta *f.* door; **puerta de embarque** gate (XVI)
puest- put, placed (XIII)
punto *m.* point (IX); **en punto** on the dot, sharp (VI)
puntual punctual (XII)
pus- preterit stem of **poner**

que who, that, which (II); **qué** what (I); **¿Qué tal?** How is it going, how is, how was? (V)
quedar to be located (VII); **quedar en** to agree, to stay (VIII)
quejarse to complain (XV)

querer (e > ie) to want, to love (IV); **querer decir** to mean (XIV)
querid- dear (IV)
quién, quien who, whom (V)
quier- stem of **querer**
quince fifteen (III)
quinient-s five hundred (III)
quint- fifth (III)
quis- preterit stem of **querer**

rancho *m.* ranch (XV)
rápid- fast (X)
rápidamente quickly (V)
rar- strange, odd, sparse (VIII)
rara; rara vez rarely (XIII)
rato *m.* a while (X); **al rato** after a while (X)
razón *f.* reason; **tener razón** to be right (VI)
razonable reasonable (II)
realidad *f.* reality (X)
realmente really (II)
recetar to prescribe (XV)
recibir to receive (III)
recomendar (e > ie) to recommend (XIII)
recomiend- stem of **recomendar**
reconocer to recognize (XIII)
recordad- remembered (XIV)
recordar (o > ue) to remember (IV); **si mal no recuerdo** if I remember correctly (IX)
recorrer to tour (X)
recuerd- stem of **recordar**
régimen *m.* diet (III)
reloj *m.* watch (III); clock (V)
remedio *m.* recourse; **si no hay otro remedio** if it can't be helped (XII)
repetir (e > i) to repeat
repit- stem of **repetir**
resfrío *m.* cold (XV)
residencia *f.* dormitory, residence (XVIII)
respirar to breathe (XV)
resultar to result, to turn out to be (XVII)
retirar to take away (XVI)
reunión *f.* party (IX)

reunirse to get together (IX)
ric- rich, delicious (XII)
Ricardo *m.* Richard (V)
ridícul- ridiculous (XII)
riesgo *m.* risk (VI)
río *m.* river (VII)
romper to break; **romperse la cabeza** to rack one's brains (X)
ropa *f.* clothes (II); **ropa interior** underwear (II)
rubi- blonde (IV)
rueda *f.* wheel (XVIII)
ruido *m.* noise (IX)

sábado *m.* Saturday (III)
saber to know (a fact, how to, etc.) (III)
sabr- future stem of **saber**
sacar to buy (tickets), to take (pictures) (VII)
saco *m.* coat (II)
saldr- future stem of **salir**
salida *f.* departure (V); **salida del sol** sun-rise (VI)
salir to leave (V); **salir campeón** to become champion (XIV)
salud *f.* health
saludar to greet (IV)
salvaje wild (VII)
san- healthy (VII)
sándwich *m.*; **sándwich caliente** grilled ham and cheese sandwich (XII)
sapo *m.* toad (X); **como sapo de otro pozo** like a man from another planet (X)
se to him, to her, to you (VII); "one," "we," "you," "they" when used as an unspecified subject (VIII)
sé form of the present of **saber**
secundari- secondary (V)
sede *f.* premises, main office (XIV)
seguir (e > i) to follow (IV)
según according to; **según tengo entendido** as I understand (XIII)
segund- second (III); **segundo tiempo** second half of a game (XIV)
segur- sure, secure (VIII)

seis six (III)
seiscient-s six hundred (III)
selva *f.* forest (XV)
semana *f.* week (III); **fin de semana** week end (V)
semestre *m.* semester (XVIII)
sentad- seated, sitting (XVI)
sentarse to sit down (VI)
sentimiento *m.* feeling (X)
sentir (e > ie) to feel (VI)
señalar to point out (VI)
señor *m.* gentleman (II)
señora *f.* lady; Mrs. (VIII)
señorita *f.* miss (VI)
sep- subjunctive stem of **saber**
séptim- seventh (III)
ser to be (I)
seri- serious (IX)
servicio *m.* service (XV)
servid- served (XII)
servir (e > i) to serve (VIII); **¿Qué se van a servir?** What are you going to have? (XII)
sesenta sixty (III)
setecient-s seven hundred (III)
setenta seventy (III)
sext- sixth (III)
si if, whether (I)
sí yes (III); the affirmative adverb **sí** (by itself or followed by **que**) may be used to emphasize the ideas expressed by the verb (XIII)
siempre que provided that (XI)
siesta *f.* nap (VI)
siempre always; **como siempre** as usual (VI); **siempre que** as long as (X)
sient- stem of **sentir**
siete seven (III)
sig- stem of **seguir**
siglo *m.* century (V)
significado *m.* meaning (VIII)
significar to mean (X)
siguiente next; **a la mañana siguiente** the next morning (V)
silencio *m.* silence (IX)
simpátic- pleasant, agreeable, personable (VII)
sin without (II)

sincer- sincere (XV)

síntoma *f.* symptom (XV)

sirv- stem of **servir**

sobre on, upon, over;   **sobre todo** above all (VIII)

sobrevivir to survive (XV)

sobrina *f.* niece (V)

sobrino *m.* nephew (VI)

socio *m.* member (XIV)

sol *m.* sun (VI);   **salida del sol** sunrise (VI)

solamente only (X)

solo alone (VIII)

sólo only (V)

soltero *m.* single, bachelor (VIII)

soltura; con soltura fluently (XVII)

soportar to support (IV)

sorprender to surprise (X)

sorpresa *f.* surprise (II)

su-s his, her, your (polite), one's, its, their (I)

subir to go up (XVI)

subterráneo *m.* subway (Argentina) (XI)

sudamérica *f.* South America (XV)

sudamerican- South American (XV)

suerte *f.* luck;   **qué suerte que** how lucky (*lit.* what luck that) (VI)

suficiente enough (VIII)

sup- preterit stem of **saber**

sureñ- Southern (XVIII)

suy- yours (formal), his, their (XIII)

talento *m.* talent (IX)

también also (I)

tampoco neither

tan so (XII);   **tan ... como** as ... as (XII)

tant- so much, so many;   **tanto tiempo** such a long time (*lit.* so much time) (V)

tanque *m.* tank (XVIII)

tardar to take time to do something (V)

tarde *f.* afternoon;   **buenas tardes** good afternoon (III)

tarjeta *f.* card;   **tarjeta postal** post card (XI)

tarta *f.* pie;   **tarta de nueces** pecan pie (XVIII)

taza *f.* cup (VI)

te you, to you (informal singular) (IV)

té *m.* tea (XII)

teatral theatrical (VIII)

teatro *m.* theater; **obra de teatro** play (VIII);   **teatro experimental** avant-garde theatre (VIII);   **teatro al aire libre** open-air theatre (XIII)

techo *m.* ceiling (VIII)

tejan- Texan (XVII)

teléfono *m.* telephone (VIII)

tema *m.* subject, topic (VII)

temer to be afraid (XIII)

temporada *f.* season (theatrical season) (VII)

temprano early (V)

tendr- future stem of **tener**

tener to have;   **tener hambre** to be hungry (III);   **tener que** to have to (III);   **¿Qué hora tienes?** What time is it? (III);   **tener ... años** to be ... years old (IV);   **tener razón** to be right (VI);   **tener ganas de** to feel like (V);   **tener derecho** to have the right to (XV)

tercer- third (III)

terminar to finish (IV)

término *m.* term (XVII)

tesis *f.* thesis (IV)

ti you (informal singular) (VII)

tiempo *m.* time (VII);   **segundo tiempo** second half of a game (XIV)

tienda *f.* store (II)

tierra *f.* land;   **tierra natal** native land (XV)

tía *f.* aunt (XI)

tintorería *f.* drycleaners (XVIII)

tío *m.* uncle (XV)

tipo *m.* type (IX)

tocadiscos *m.* record player (VIII)

tocar to touch, to play a musical instrument (IX)

todavía still, yet (V)

tod- all (II);   **todo menos** all but (III);   **todo lo contrario** on the contrary (X);   **en todas partes** everywhere (X);   **todo el mundo** everybody (XV)

tomar to drink (III); to take (V); **tomar nota** to write down (XII)
tont- fool (V)
toser to cough (XV)
tostada *f.* toast (VI)
trabajar to work (I)
trabajo *m.* work, job; **días de trabajo** working days (III)
traducir to translate (XV); **traducción** translation (XIII)
traduj- stem of **traducir**
traer to bring (III)
traig- stem of **traer**
traje *m.* suit (II)
trámite *m.* procedure (III)
tranquil- quiet (VI)
tratar to try (X); **tratar de** to try to (XIII)
través; a través de through (XV)
travesura *f.* mischief, prank (IX)
trece thirteen (III)
tren *m.* train (V)
trescient-s three hundred (III)
treinta thirty (III)
tres three (I)
trimestre *m.* quarter (VI)
trucha *f.* trout (VII)
tú you (familiar form singular)
tu-s your (familiar) (IV)
turista *m.* tourist (X)
turnarse to take turns (IX)
tutear to address someone using the **tú** form (XIII)
tuv- preterit stem of **tener**
tuy- you, yours (informal) (XIII)

últim- latest, last (IV); **por último** lastly (XV)
últimamente lately (XII)
un- one; an, a (I)
únic- only (XIII)
universidad *f.* university (I)
universitari- pertaining to a university (X)
usar to use (XIII)
usted you (polite form) (I)
ustedes you (plural, formal)
útil useful (XV)

vacaciones *f.* vacation (IV)
vací- empty (VI)
valija *f.* suitcase (V)
vari-s several (IX)
vasc- Basque (IX)
vaso *m.* glass (III)
vast- vast (XV)
vay- subjunctive stem of **ir**
ve familiar command form of **ir** and **ver**; also: third person singular of **ver**
vehículo *m.* vehicle (IX)
veinte twenty (VII)
veinticinco twenty-five (III)
veinticuatro twenty-four (III)
veintidos twenty-two (III)
veintinueve twenty-nine (III)
veintiocho twenty-eight (III)
veintiséis twenty-six (III)
veintisiete twenty-seven (III)
veintitrés twenty-three (IV)
veintiún twenty-one (III)
vender to sell (II)
vendr- future stem of **venir**
venir to come (V)
ver to see (VI); **a ver** let's see (III)
verano *m.* summer (IX)
veras; de veras really (VI)
verdad *f.* true, truth; **¿verdad?** used as a tag question: don't you, can't we, etc.; **de verdad** true (XIII)
verde green (II)
verificar to verify, to check (V)
vestirse (e > i) to get dressed (V)
vez *f.* time (V); **una vez** once (X); **alguna vez** sometime (X); **algunas veces** sometimes (X); **rara vez** rarely (XIII); **tal vez** maybe (XIV); **en vez de** instead of (XVII)
vía aérea air mail (XI)
viajar to travel (I)
viaje *m.* trip (IV)
viajero *m.* traveler (IX)
vicuña *f.* vicuna, South American ruminant (XI)
vida *f.* life (IV); **¿Qué es de su vida?** What's become of her/him?
vidrio *m.* glass (XVI)
viej- old (V)
vien- stem of **venir**

viernes *m.* Friday (III)
vin- preterit stem of **venir**
vino *m.* wine (III);   **vino tinto** red wine (III)
visitar to visit (X)
vist- stem of **vestir**
vista *f.* view (XVI)
vist- seen (XIII)
vivir to live (III)
volar (o > ue) to fly (VII)
volver (o > ue) to return (IV);
    volver + infinitive: to do something again, e.g. **volver a ver** to see again (XIV)
volverse to turn into;   **volverse loco** to wind up crazy (VIII)
vos pronoun used in place of **tú** in Argentina, Uruguay and other areas of South America

vosotr-s pronoun—you (plural, informal) (Spain)
voz *f.* voice;   **tener voz** to have a voice (VI)
vuel- stem of **volar**
vuelta *f.* turn;   **dar una vuelta** to go for a walk (X)
vuelt- returned (XIII)
vuelv- stem of **volver**

y and (I)
ya already (XI);   **ya que** since (XVII)
yo I (II)

zanja *f.* ditch, trench (IX)
zapato *m.* shoe (XI)

INDEX

The numbers refer to grammar steps.

a, personal, 38
  omission before direct objects that
    refer to people, 138
a, preposition **a** followed by the
    definite article, 29
acabar de, 152
Adjectives, change in meaning
    depending on whether used with
    ser or **estar**, 182
  comparative of, 129
  demonstrative: **este, esta, ese, esa**, 32
    estos, estas, esos, esas, 33
  nominalized demonstratives, 158
  feminine, 10
  indefinite: use of **algún (alguna)**,
    **algunos (algunas), ningún
    (ninguna), unos (unas)**, 39
  masculine, 10
  position of, 37
  possessive: **mi, mis, su, sus**, 12
    tu, tus, su, sus, 47
    **nuestro, nuestra, nuestros,
    nuestras**, 48
    summary of, 49
  shortened forms, 141
  todo, toda, todos, todas, 64
  used before the noun with a different
    meaning, 142
Adverbs, comparative of, 129
  formation of, 106
  superlative, 133
  use of **mucho, muchos, poco,
    pocos, cuánto, cuántos, tanto
    tantos**, 109
algo, use of, 23
alguien, use of, 91
alguna vez, use of, 98
algunas veces, use of, 98
-ar verbs, present tense: **él, ella** form, 5
  usted form, 6
  ustedes, ellos, ellas form, 15
  nosotros, nosotras form, 17
  pretérito, 52
Article, definite: **el, la**, 3
  los, las, 4
  before a noun used in a general
    sense, 185

  before classifying nouns, 24
  nominalized definite articles, 94
  to indicate unit of measure, 189
  use preceding a noun that
    designates a part of the body or an
    article of clothing, 144
  indefinite: **un, una**, 1
  use with days of the week, 31

buscar, meaning of, 105

Causative construction: **hacer** +
    infinitive
Clauses, with **si**, 148
Commands, direct: **tú**-form, 88
  irregular command forms for **tú**, 90
  usted, ustedes, and **nosotros** forms,
    87
como si, use of imperfect subjunctive
    after, 159
Comparison, of adjectives and adverbs,
    129
  superlative of adjectives and adverbs,
    133
  of quantity, 83
Conditional, 147
  irregular stems, 155
  perfect, 134
Conjunctions that require the subjunctive,
    167
conocer, imperfect indicative, 70
  present, 25
cual, use as interrogative pronoun and
    adjective equivalent of what, 181
  use of, preceded by the definite article,
    192
cualquier, -a, use of, 108
cuanto, -os, use of, 109
**cuanto más (menos, etc.) . . . más
    (menos, etc.)**, 160

dar, Present indicative, 74, **pretérito**,
    100
de, use to indicate possession, 22
deber, use in conditional, 190
decir, present indicative, 46
demasiado . . . para, use of infinitive
    after, 184

Demonstrative adjectives (see Adjectives)
Direct object (see Pronouns)
-ducir verbs, present indicative and *pretérito*, 157

el, use with feminine nouns, 187
Emphasis, construction with inversion of word order, 124
   use of prepositional pronouns, 101
   use of **sí (que)**, 137
en alguna parte, use of, 112
en ninguna parte, use of 112,
en todas partes, use of, 112
-er verbs, present tense: **usted, él, ella** form, 13
     ustedes, ellos, ellas form, 16
     nosotros, nosotras form, 18
     pretérito, 53
esperar, meaning of, 105
estar, adjectives that change meaning depending on whether used with **ser** or **estar**, 182
   imperfect indicative, 70
   present indicative, 19
   with past participle, 135
Exclamations, 166

Future tense, 161
   to express probability, 171

gustar, constructions with, 86

haber, imperfect indicative, 70
   use in conditional, 190
hace . . . que, use of present indicative after, 51
hacer, present indicative, 45
   pretérito, 67
   hacer + infinitive, causative construction, 188
hay, use of, 139
hay que, impersonal expression, 62

-i/ar verbs, 163
Imperfect subjunctive (see Subjunctive)
Indicative, conditional, 147, 155
   conditional perfect, 174
   future, 161
   imperfect, 65

   denoting an unfinished action in the past, 67
   denoting habitual action, 66
   irregular forms, 69
   use of **ser, estar, tener, saber, conocer, haber, querer** in the imperfect indicative, 70
   pluperfect, 156
   present, after **hace . . . que**, 51
     after certain conjunctions, 121
     -ar verbs, 5, 6, 15
     -ducir verbs, 157
     -er verbs, 13, 16, 18
     first person singular: the **tú**-form, 7
     -ir verbs, 27
   perfect, all conjugations, 126
     irregular past participles, 144
   progressive, 72
   regular verbs (summary), 34
   pretérito, **-ar** verbs, 52
     -er and **-ir** verbs, 53
     of **-ir** stem-changing verbs, 59
     of verbs with irregular stems and endings, 105
     special meaning of certain verbs, 175
   use in exclamations, 166
   use with **tal vez**, 169
Indirect object (see Pronouns)
Infinitives after another verb, (I) 177; verb (II), 178; verb (III), 179
   after **demasiado . . . para**, 184
   after prepositions, 60
   al + infinitive, 76
in which, equivalents of, 99
ir, present indicative, 28
   pretérito, 68
-ir verbs, present, 27
   pretérito, 53
   stem changing, 59

jugar, present, 80

lo, -a; **los, -as**; use to recall a noun previously mentioned, 183
lo + adjective or adverb + **que**, 165
   + **hacer** to recall a verb, 162
   replacing the predicate, 176
lo que, use of, 97
   + **más**, 111

más + adjective, adverb or noun + **de**
  before a dependent clause, 164
mismo, -a; -os, -as, use of, 117
mucho, -os, use of, 109

nada, use of, 23
nadie, use of, 91
Negative, **no**, 9
ni . . . ni, use of, 78
no . . . más que, 173
Nominalization, 131
  nominalized demonstratives, 158
  with the article **lo**, 145
nos, use of to express reciprocity, 154
Noun, as count nouns and mass nouns,
    122
  denoting profession, nationality, etc.
      after **ser**, 140
  masculine nouns referring to both
      sexes, 132
  noun clauses attached to a noun or an
      adjective, 96
  plural of, 2
  use of the third person singular of verbs
      with collective nouns, 116
  use with verbs in the first and second
      person plural, 113
Numbers, cardinal, 35
  ordinal, 36
nunca, use of, 98

o . . . o, use of, 78
oír, irregular, 103
olvidarse de, meaning of, 105
otro, -a, -os, -as, use of, 11

Passive construction, 153
Past participle, 81
Present prefect: irregular past
      participles, 144
  ser or **estar** with the past participle,
      135
  use to indicate postures, 168
Pluperfect indicative (see Indicative)
poder, use in conditional, 190
Possession, **nuestro, nuestra,**
      nuestros, nuestras, 48
  mi, mis, su, sus, 12
  pronouns, 143

summary, 49
  tu, tus, su, sus, 47
  use of **de**, 22
Present perfect (see Indicative-present)
Present perfect subjunctive (see
      Subjunctive-present)
Present Progressive (see Indicative-
      present)
Pretérito (see Indicative)
Probability, use of future, 171
Pronouns, direct object: **lo, la, los, las**, 39
      me, nos, lo (you), **la** (you), **los**
        (you), **las** (you), 40
  indirect object: **le** and **les** in sentences
      with indirect object nouns, 123
    meanings of the indirect object, 97
    me, te, le, nos, les, 82
  interrogative, 75
  position of object and reflexive
      pronouns with the present
      progressive, 73
  of object pronouns, 44
  possessive, 143
  prepositionals, 84
    for emphasis
  reflexive: **me, te, nos**, 58
    se, 57
    when verbs denote actions affecting
      parts of the body or articles of
      clothing, 115
  relative pronoun **que**, 71
  sequence of pronouns, 85
    of pronouns with the command
      forms, 92
  subject, use with **también** and
      tampoco, 170
  todo, todos, todas, 102

qué, use as interrogative pronoun and
      adjective equivalent to what, 181
qué + noun (+ adjective), 61
      adjective
qué + noun + **más (tan)** + adjective,
      150
querer, imperfect indicative, 70
  use in conditional, 190

Reciprocity, use of **se** and **nos**, 154
Reflexive (see Pronoun)

saber, imperfect indicative, 70
  present indicative, 26
salir, present indicative, 54
se, indirect object pronoun to indicate
      unplanned occurrences, 86
  special uses of, 95
  use to express reciprocity, 154
ser, adjectives that change meaning
      depending on whether used with
      ser or **estar**, 182
  imperfect indicative, 70
  present indicative, 20
  pretérito, 68
  with past participles, 135
  use of nouns denoting profession,
      nationality, etc., 140
si, clauses, 148
sí (que), use for emphasis, 137
Stem changing in verb, **-e- > -i-**, 43
  -e- > -ie-, 42
  -o- > -ue-, 41
Subjunctive, after certain conjunctions,
      120
  conjunctions that require the
      subjunctive, 167
  exclamations, 166
  expressions of desire or preference, 119
    of doubt, 128
    of emotion, 151
  impersonal expressions denoting a
      wish, a personal bias, or
      probability, 127
  or the indicative after certain
      conjunctions, 121
  reference to undetermined things or
      persons, 134

relative clause, 180
  use in alternative expressions, 191
  with **tal vez**, 169
  imperfect subjunctive, 136
  present subjunctive, formation of, 118
  present perfect subjunctive, formation
    of, 130
Suffixes, **-ísimo (-ísima)**, **-ísimos**
    (-ísimas), 50
  -ito, -ita, 125

tal vez, use of subjunctive or indicative,
    169
también, use with subject pronouns, 170
tampoco, use with subject pronouns, 170
tanto, -os, use of, 109
tener, imperfect indicative, 70
  present indicative, 25
tener (haber) + noun or pronoun +
    que, 172
tener que, use in the conditional, 190
time, telling, 30
todo, -a; todos, -as, adjectives, 64
todo, -os, -as; pronouns, 172
traer, present indicative, 77

-u/ar verbs, 163
-uir verbs, 107
un, use with feminine nouns, 187

venir, present indicative, 55
ver, present indicative, 56

what, use of **qué** and **cuál** as
    interrogative pronouns and
    adjectives equivalent to, 181